# 기초탄탄
# GRAMMAR
# 3

Happy House

# 기초 탄탄 Grammar, 어떻게 구성했나요?

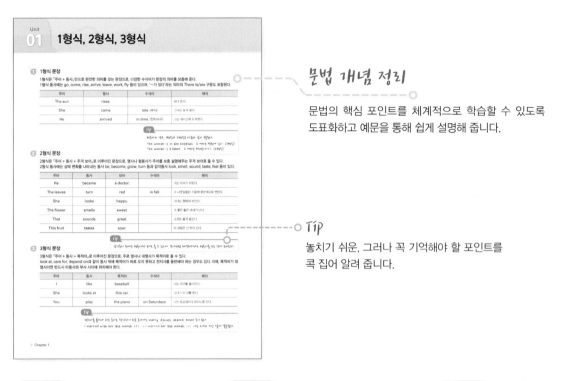

## 문법 개념 정리

문법의 핵심 포인트를 체계적으로 학습할 수 있도록
도표화하고 예문을 통해 쉽게 설명해 줍니다.

## TIP

놓치기 쉬운, 그러나 꼭 기억해야 할 포인트를
콕 집어 알려 줍니다.

## Grammar Start
### 개념 확인 문제

단원의 학습목표가 되는 문법 포인트를
콕 집어 그 원리를 확인하는 연습문제
입니다.

## Grammar Practice
### 심화 학습 문제

틀린 부분 고쳐 쓰기, 문장 유형 바꿔
쓰기, 단어 배열하기, 영작하기 등 단원
의 핵심 문법 포인트를 문장 속에서 파
악할 수 있도록 심화된 학습을 합니다.

## Upgrade Test
### 내신 테스트형 문제

학교 내신 유형의 문제로 단원 학습 내용을
통합 응용한 테스트형 문제입니다.

### Word List

새로 나온 단어들의 우리말 뜻을 제공하여
문제풀이에 도움을 줍니다.

### 서술형 주관식

내신 서술형 주관식 문제로
실전감을 더욱 높일 수 있습니다.

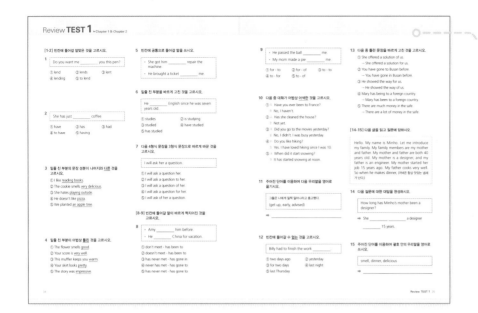

## Review Test

연계된 학습 흐름으로 구성된 두 개의
Chapter를 복습하는 문제로 다양한
유형을 다루어 줍니다.

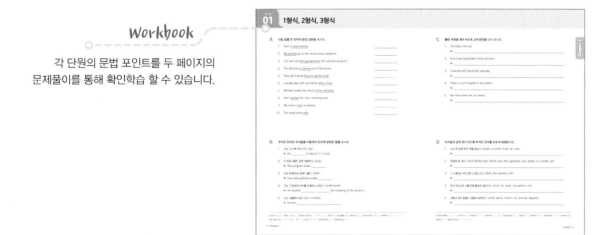

## Workbook

각 단원의 문법 포인트를 두 페이지의
문제풀이를 통해 확인학습 할 수 있습니다.

## 정답 및 해설

문장의 해석은 물론 내신형 문제의 문법 포인트를
친절하고 정확하게 해설해 줍니다.

# Contents

기초 탄탄 3
GRAMMAR

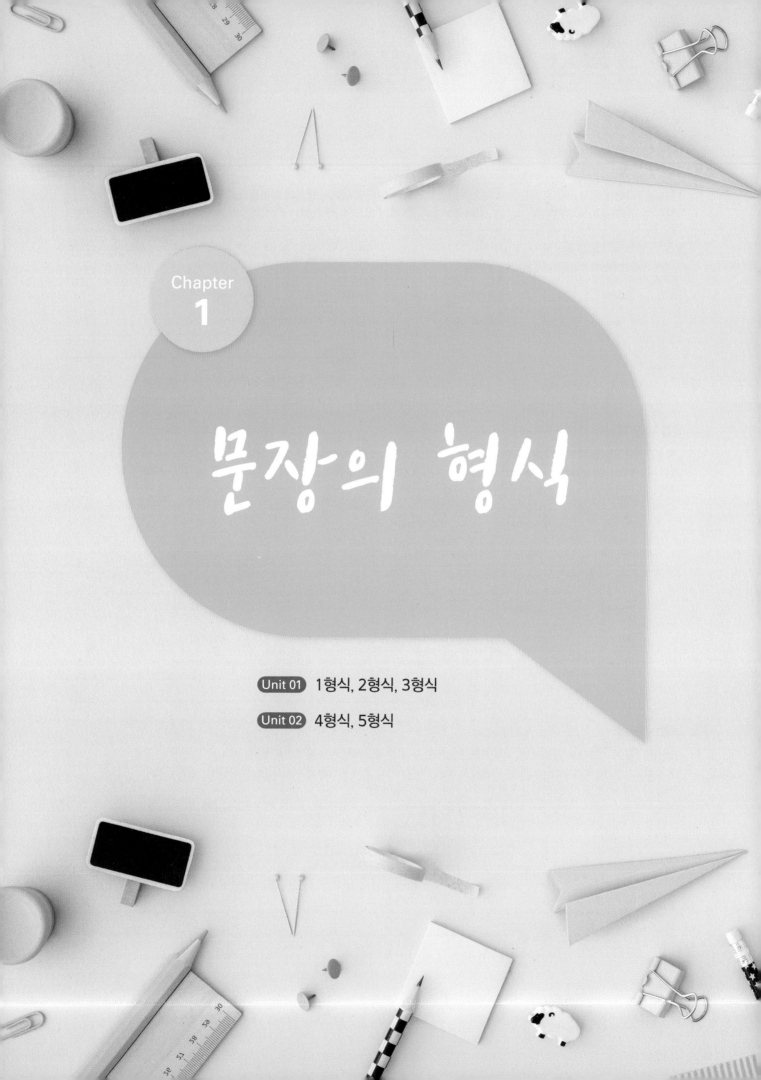

Chapter
1

# 문장의 형식

## ① 1형식 문장

1형식은 『주어 + 동사』만으로 완전한 의미를 갖는 문장으로, 다양한 수식어가 문장의 의미를 보충해 준다.
1형식 동사에는 go, come, rise, arrive, leave, work, fly 등이 있으며, '~가 있다'라는 의미의 There is/are 구문도 포함된다.

| 주어 | 동사 | 수식어 | 해석 |
|---|---|---|---|
| The sun | rises. | | 해가 뜬다. |
| She | came | late. (부사) | 그녀는 늦게 왔다. |
| He | arrived | in time. (전치사구) | 그는 제시간에 도착했다. |

> **Tip**
> be동사의 경우, 1형식과 2형식은 다음과 같이 구별된다.
> The woman is in the hospital. 그 여자는 병원에 있다. (1형식)
> The woman is a baker. 그 여자는 제빵사이다. (2형식)

## ② 2형식 문장

2형식은 『주어 + 동사 + 주격 보어』로 이루어진 문장으로, 명사나 형용사가 주어를 보충 설명해주는 주격 보어로 올 수 있다.
2형식 동사에는 상태 변화를 나타내는 동사 be, become, grow, turn 등과 감각동사 look, smell, sound, taste, feel 등이 있다.

| 주어 | 동사 | 보어 | 수식어 | 해석 |
|---|---|---|---|---|
| He | became | a doctor. | | 그는 의사가 되었다. |
| The leaves | turn | red | in fall. | 그 나뭇잎들은 가을에 붉은색으로 변한다. |
| She | looks | happy. | | 그녀는 행복해 보인다. |
| The flower | smells | sweet. | | 그 꽃은 좋은 냄새가 난다. |
| That | sounds | great. | | 그것은 좋게 들린다. |
| This fruit | tastes | sour. | | 이 과일은 신 맛이 난다. |

> **Tip**
> 감각동사 뒤에는 형용사만 보어로 올 수 있으며, 부사처럼 해석되더라도 형용사를 쓰는 것에 유의한다.

## ③ 3형식 문장

3형식은 『주어 + 동사 + 목적어』로 이루어진 문장으로, 주로 명사나 대명사가 목적어로 올 수 있다.
look at, care for, depend on과 같이 동사 뒤에 목적어가 바로 오지 못하고 전치사를 동반해야 하는 경우도 있다.
이때, 목적어가 대명사이면 반드시 동사와 부사 사이에 위치해야 한다.

| 주어 | 동사 | 목적어 | 수식어 | 해석 |
|---|---|---|---|---|
| I | like | baseball. | | 나는 야구를 좋아한다. |
| She | looks at | this car. | | 그녀가 이 차를 본다. |
| You | play | the piano | on Saturdays. | 너는 토요일마다 피아노를 친다. |

> **Tip**
> 전치사를 붙여야 하는 동사로 착각하기 쉬운 동사에는 marry, discuss, attend, enter 등이 있다.
> I married with her last month. (X) → I married her last month. (O) 나는 그녀와 지난 달에 결혼했다.

# Grammar START

## A 다음 괄호 안에서 알맞은 것을 고르시오.

1 His dog barks (loud / loudly).

2 This fish tastes (salt / salty).

3 We like (rainy / rain) days.

4 The music (hears / sounds) good.

5 The food (went / came) bad in the hot weather.

6 She speaks (quiet / quietly) to her children.

7 The girl smiles (happy / happily).

8 The song sounds (familiar / familiarity).

9 I entered (the house / into the house) with my shoes on.

bark 짖다
hear 듣다
sound ~처럼 들리다
loud 시끄러운
quiet 조용한
familiar 익숙한
familiarity 익숙함
enter 들어가다

## B 다음 밑줄 친 부분의 문장 성분을 고르시오.

1 John sells a lot of products <u>well</u>. (보어 / 목적어 / 수식어)

2 I felt <u>hungry</u> at midnight. (보어 / 목적어 / 수식어)

3 The clothes on the line smell <u>good</u>. (보어 / 목적어 / 수식어)

4 He bought <u>hamburgers</u> at the restaurant for us. (보어 / 목적어 / 수식어)

5 She hopes <u>to be the class president</u> next semester. (보어 / 목적어 / 수식어)

6 Jennifer's bicycle is <u>a very lovely pink one</u>. (보어 / 목적어 / 수식어)

7 There is a cat <u>under the chair</u>. (보어 / 목적어 / 수식어)

8 They don't know <u>the rules of the game</u>. (보어 / 목적어 / 수식어)

9 She felt <u>sad</u> when her baby cried. (보어 / 목적어 / 수식어)

10 I want <u>to travel to European countries</u> someday. (보어 / 목적어 / 수식어)

sell 팔다
product 제품
well 잘
clothes 옷
bought
(buy 사다)의 과거형
hamburger 햄버거
restaurant 레스토랑
class president 반장
semester 학기
bicycle 자전거
rule 규칙
travel 여행하다
European 유럽의
country 나라, 국가

# STEP 2
## Grammar PRACTICE

**A** 보기와 같이 밑줄 친 부분의 문장 성분을 쓰고 몇 형식 문장인지 쓰시오.

> 보기  Jenny is drawing a picture of her puppy.　　　　　3형식
> 　　　　주어　　동사　　　　목적어

1  Anthony looked really sick this morning.　　　　_____

2  She is waiting nervously for the results of the exam.　　_____

3  I often feel sleepy in the afternoon.　　　　_____

4  We got heavy snow last Saturday.　　　　_____

5  Is there a bookstore near here?　　　　_____

6  The leaves turn colorful in the fall.　　　　_____

7  Katherine explained the reason to us.　　　　_____

draw 그림을 그리다
sick 아픈, 병든
wait 기다리다
nervously 초조하게
result 결과
exam 시험
often 자주
sleepy 졸린
heavy 무거운, 많은
last 지난
bookstore 서점
near 가까운
colorful 다채로운
fall 가을
explain 설명하다
reason 이유

**B** 주어진 단어와 우리말을 이용하여 빈칸에 알맞은 말을 쓰시오.

1  Chris는 오늘 운이 좋았다. (lucky)

   ➡ Chris was _____ today.

2  캥거루는 매우 높이 점프할 수 있다. (high)

   ➡ Kangaroos can jump very _____.

3  그는 놀랄 만큼 침착하게 되었다. (calm)

   ➡ He became surprisingly _____.

4  Jane은 그 신발가게의 주인이다. (owner)

   ➡ Jane _____ the _____ of the shoe store.

5  나는 내 가방을 쉽게 찾지 못했다. (easy)

   ➡ I didn't find my bag _____.

6  우리 아버지는 아침에 항상 신문을 읽는다. (read)

   ➡ My father always _____ the newspaper in the morning.

lucky 운이 좋은
kangaroo 캥거루
high 높은, 높이
became
(become 되다)의 과거형
surprisingly 놀랄 만큼
calm 차분한
owner 주인
find 찾다
newspaper 신문

**C** 틀린 부분을 찾아 바르게 고쳐 문장을 다시 쓰시오.

1 Victoria is well at taking pictures.

➡ _____

2 We will discuss about the topic at the meeting.

➡ _____

3 There is a broken traffic light. You should be carefully.

➡ _____

4 I cannot smell good because I have a bad cold.

➡ _____

5 She entered into the classroom quietly.

➡ _____

6 Are you and your little brother closely to each other?

➡ _____

7 Will Harry marry to Sally next week?

➡ _____

8 All living things depend the sun.

➡ _____

take pictures 사진을 찍다
discuss 논의하다
topic 주제
meeting 회의
broken 망가진
traffic light 신호등
have a cold 감기에 걸리다
enter 들어가다
quietly 조용히
marry 결혼하다
depend 의지하다

**D** 우리말과 같은 뜻이 되도록 주어진 단어를 바르게 배열하시오.

1 우리 아빠는 조심스럽게 운전하신다. (carefully, drives, my dad)

➡ _____

2 Sam은 방과 후에 축구를 한다. (after school, plays, Sam, soccer)

➡ _____

3 그는 영화를 보는 도중에 잠들었다. (he, the movie, during, asleep, fell)

➡ _____

4 그녀가 가장 좋아하는 과목은 미술이다. (favorite, her, is, subject, art)

➡ _____

drive 운전하다
during ~하는 동안
fall asleep 잠들다
favorite 가장 좋아하는
subject 과목

**[1-3]** 빈칸에 들어갈 수 <u>없는</u> 것을 고르시오.

**1**

> Kelly felt _____ all day.

① bored      ② sleepy
③ happily      ④ thirsty
⑤ tired

**2**

> Sue is _____.

① nicely      ② smart
③ in the hospital      ④ friendly
⑤ a beautiful girl

**3**

> My mom got _____ because of me.

① mad      ② relax
③ serious      ④ happy
⑤ angry

**4** 다음 우리말을 영어로 바르게 옮긴 것을 고르시오.

> Tom은 정직해 보인다.

① Tom watches honest.
② Tom looks honest.
③ Tom looks honestly.
④ Tom looks like honest.
⑤ Tom is looking honest.

**5** 빈칸에 들어갈 말이 바르게 짝지어진 것을 고르시오.

> - The baby cried _____.
> - The red muffler looks _____.

① loudly - roughly      ② loud - friendly
③ loudly - softly      ④ loud - warmly
⑤ loudly - warm

**6** 밑줄 친 부분의 의미가 나머지와 <u>다른</u> 것을 고르시오.

① Mary <u>is</u> from England.
② My mother <u>is</u> in the kitchen.
③ The office <u>is</u> on the third floor.
④ The movie <u>is</u> not interesting at all.
⑤ <u>Is</u> there a police station around here?

**7** 빈칸에 공통으로 들어갈 말을 고르시오.

> - He looks _____ an American.
> - It sounded _____ a lot of fun.

① with      ② like      ③ for
④ to      ⑤ of

---

all day 하루 종일 nicely 멋지게 friendly 친절한 mad 몹시 화난 relax 휴식을 취하다 serious 심각한 honest 정직한 muffler 목도리
loudly 큰 소리로 roughly 대략, 거의 softly 부드럽게 warmly 따뜻하게 police station 경찰서

8 문장의 형식이 나머지와 다른 것을 고르시오.

① Here comes the bus.

② I drink milk every morning.

③ The singer sings very well.

④ The old lady smiled brightly.

⑤ My brother goes to school every day.

9 보기와 형식이 다른 문장을 고르시오.

> This cake tastes delicious.

① Steve became a teacher later.

② Finally, his dream came true.

③ The plane is flying over the clouds.

④ My sister got better after 3 days.

⑤ The sky grew dark in the evening.

10 밑줄 친 부분이 어법상 어색한 것을 고르시오.

① I will not give up easily.

② Please turn off the radio.

③ I should care for my little sister.

④ We discussed about the problem yesterday.

⑤ Jake is going to attend class tomorrow.

11 다음 중 어법상 어색한 문장을 고르시오.

① This pill works on me.

② She can speak English well.

③ It is not good for your health.

④ The event lasts for two weeks.

⑤ This food smells so badly.

12 다음 두 문장이 같은 뜻이 되도록 빈칸에 들어갈 알맞은 말을 쓰시오.

> Some snow is on the bench.
>
> = _____ _____ some snow on the bench.

→ _____

[13-14] 어법상 어색한 부분을 찾아 바르게 고쳐 쓰시오.

13

> The story sounds interestingly.

_____ → _____

14

> I picked up them on the street.

_____ → _____

15 주어진 단어를 바르게 배열하여 다음 우리말을 영어로 쓰시오.

> James는 농구 선수처럼 보인다.
>
> (a, looks, player, James, basketball, like)

→ _____

---

lady 숙녀, 부인   come true 이루어지다   give up 포기하다   turn off 끄다   discuss 의논하다   attend 참석하다   last 계속되다

# 4형식, 5형식

## 1 4형식 문장

4형식은 『주어 + 동사 + 간접목적어 + 직접목적어』로 이루어진 문장으로, 두 개의 목적어를 가지며
'~에게(간접목적어) …을(직접목적어) 해 주다'라고 해석한다.

| 주어 | 동사 | 간접목적어 | 직접목적어 | 해석 |
|---|---|---|---|---|
| I | gave | her | some flowers. | 나는 그녀에게 몇 송이의 꽃을 주었다. |
| Tom | sent | Kate | a letter. | Tom은 Kate에게 편지를 보냈다. |

**Tip**
4형식 동사를 수여동사라고 하며, 수여동사에는 tell, teach, send, give, write, buy, make, cook, ask 등이 있다.

## 2 4형식의 3형식 전환

4형식 문장은 직접목적어와 간접목적어의 위치를 바꾸고 전치사를 이용해 3형식 문장으로 만들 수 있다.

| 4형식 | 주어 + 동사 + 간접목적어 + 직접목적어 | He showed me a map.<br>그는 나에게 지도를 보여주었다.<br>I will buy my mother this ring.<br>나는 어머니께 이 반지를 사드릴 것이다.<br>The boy asked me some questions.<br>그 소년은 나에게 몇 가지 질문을 했다. |
|---|---|---|
| 3형식 | 주어 + 동사 + 직접목적어 + 전치사 + 간접목적어 | He showed a map to me.<br>I will buy this ring for my mom.<br>The boy asked some questions of me. |

**Tip**
이때, 동사에 따라 간접목적어 앞에 다른 전치사를 쓴다.

| 동사 | 전치사 |
|---|---|
| tell, teach, send, show, bring, give, write... | to |
| buy, make, cook, get... | for |
| ask, require... | of |

## 3 5형식 문장

5형식은 『주어 + 동사 + 목적어 + 목적격 보어』로 이루어진 문장으로, 목적어를 보충 설명해주는 목적격 보어로
명사(구), 형용사, to부정사 등이 올 수 있다.

| 주어 | 동사 | 목적어 | 목적격 보어 | 해석 |
|---|---|---|---|---|
| We | called | Alice | a walking dictionary. | 우리는 Alice를 걸어다니는 사전이라고 불렀다. |
| I | find | the flower | beautiful. | 나는 그 꽃이 아름답다고 생각한다. |
| We | expect | you | to come back. | 우리는 네가 돌아오기를 기대한다. |

**Tip**
이때, 동사에 따라 다른 목적격 보어를 쓴다.

| 동사 | 목적격 보어 |
|---|---|
| call, name, make... | 명사(구) |
| find, keep, think, make... | 형용사 |
| ask, advise, expect, allow, want, tell... | to부정사 |

# Grammar START

**A**   다음 괄호 안에서 알맞은 것을 고르시오.

1   I gave (him / to him) a book yesterday.

2   She bought (me / to me) some cookies for dessert.

3   Mr. Reese expects us (help / to help) our new classmate.

4   They named (their daughter / to their daughter) Lily.

5   The results made the teacher (happy / happily).

6   Did you tell him (bring / to bring) the box?

7   Some students asked (him / to him) too many questions.

8   Don't tell the story (anybody / to anybody).

9   Andrew was writing (his friend a postcard / a postcard his friend) at that time.

dessert 디저트, 후식
expect 기대하다
classmate 반 친구
bought
(buy 사다)의 과거형
result 결과
bring 가져오다
postcard 엽서

**B**   다음 밑줄 친 부분의 문장 성분을 고르시오.

1   My mom made <u>me</u> a nice meal.   (간접목적어 / 직접목적어 / 목적격 보어)

2   Keep your room <u>clean</u>.   (간접목적어 / 직접목적어 / 목적격 보어)

3   I'll tell you <u>something important</u>.   (간접목적어 / 직접목적어 / 목적격 보어)

4   The silence made people <u>nervous</u>.   (간접목적어 / 직접목적어 / 목적격 보어)

5   I cooked <u>her</u> some Italian dishes.   (간접목적어 / 직접목적어 / 목적격 보어)

6   Mr. Parker teaches us <u>math</u>.   (간접목적어 / 직접목적어 / 목적격 보어)

7   She wanted me <u>to close the door</u>.   (간접목적어 / 직접목적어 / 목적격 보어)

8   He offered her <u>some cake</u>.   (간접목적어 / 직접목적어 / 목적격 보어)

9   I thought <u>him</u> a very kind person.   (간접목적어 / 직접목적어 / 목적격 보어)

10   We asked our teacher <u>to explain it again</u>.   (간접목적어 / 직접목적어 / 목적격 보어)

meal 식사
important 중요한
silence 침묵
nervous 긴장한
Italian 이탈리아의
dish 접시, 요리
offer 제공하다
person 사람
explain 설명하다

**A**  보기와 같이 밑줄 친 부분의 문장 성분을 쓰고 몇 형식 문장인지 쓰시오.

> 보기  Her lie made her parents angry.                    5형식
> 　　　주어　동사　목적어　목적격 보어

1  The clerk got me a discount coupon.                 _____

2  Andrew told us an interesting story.                 _____

3  His mother told him to do the laundry himself.       _____

4  Mrs. May wants her daughter to become a doctor.     _____

5  My parents give me a beautiful doll for Christmas every year.  _____

6  They found her attitude rude.                        _____

7  He only allows his son to play computer games on Sundays.  _____

lie 거짓말, 거짓말하다
clerk 계산원
get 받다, 얻다
discount 할인
coupon 쿠폰
laundry 빨래
himself 그 스스로
daughter 딸
beautiful 아름다운
attitude 태도
rude 무례한
allow 허락하다

**B**  다음 4형식 문장을 3형식 문장으로 바꿔 쓰시오.

1  Can I ask you a favor?

　➡ _____

2  My mother bought me a new cellphone.

　➡ _____

3  Heather made me a scarf last winter.

　➡ _____

4  She will bring her friend some juice.

　➡ _____

5  I will show you a beautiful scene.

　➡ _____

favor 호의, 친절, 부탁
cellphone 휴대폰
scarf 목도리
bring 가져오다
scene 장면

**C** 틀린 부분을 찾아 바르게 고쳐 문장을 다시 쓰시오.

1 My sister always keeps her room cleanly.

➡ _____

2 I bought a chocolate bar to my friends.

➡ _____

3 Please give it for me.

➡ _____

4 I advised him take the medicine.

➡ _____

5 Could you lend five dollars me?

➡ _____

6 The interviewer will ask a few questions to you.

➡ _____

7 The movie made him very popularly.

➡ _____

8 My dad always cooks dinner to us on weekends.

➡ _____

keep 유지하다
cleanly 깨끗하게
advise 충고하다
medicine 약
lend 빌려주다
interviewer
인터뷰하는 사람
question 질문
popularly 대중적으로

**D** 우리말과 같은 뜻이 되도록 주어진 단어를 바르게 배열하시오.

1 그녀는 나에게 새 가방을 사주었다. (me, bought, a new backpack, she)

➡ _____

2 나는 내 고양이를 Leo라고 이름 지었다. (my cat, named, I, Leo)

➡ _____

3 이 차가 너를 편안하게 만들어 줄 것이다. (you, will, this tea, make, comfortable)

➡ _____

4 그들은 나에게 새로운 아이디어를 제안했다. (me, suggested, they, a new idea, to)

➡ _____

5 그는 나에게 사진을 보여주었다. (me, he, a picture, showed)

➡ _____

backpack 배낭, 가방
named
(name 이름을 붙이다)의 과거형
tea 차
comfortable 편안한
suggest 제안하다
picture 사진, 그림

**1** 빈칸에 들어갈 알맞은 것을 고르시오.

> My mom cooked pasta _____ us.

① to　　　② in　　　③ on
④ for　　　⑤ of

**2** 빈칸에 들어갈 수 <u>없는</u> 것을 고르시오.

> He _____ me to exercise regularly.

① wanted　　② asked　　③ advised
④ thought　　⑤ allowed

**3** 주어진 단어를 바르게 배열할 때, <u>네 번째로</u> 오는 것을 고르시오.

> will, she, teach, English, us

① us　　　② English　　③ she
④ will　　⑤ teach

**4** 빈칸에 공통으로 들어갈 말을 고르시오.

> • His invention _____ him a rich man.
> • The movie _____ me sad.

① asked　　② thought　　③ called
④ named　　⑤ made

**5** 다음 우리말을 영어로 바르게 옮긴 것을 <u>모두</u> 고르시오.

> 그녀는 나에게 문자 메시지를 보냈다.

① She sent me to a letter.
② She sent a text message to me.
③ She sends me a text message.
④ She sent a text message for me.
⑤ She sent me a text message.

**6** 빈칸에 들어갈 말이 바르게 짝지어진 것을 고르시오.

> • Can I _____ a favor of you?
> • We expect you _____ well during the game.

① get - do　　　② tell - doing
③ ask - to do　　④ make - doing
⑤ show - to do

**7** 밑줄 친 부분의 쓰임이 다음과 같은 것을 고르시오.

> My teacher wants you <u>to tell</u> the truth.

① I arrived <u>at the station</u>.
② He loaned me <u>his bike</u>.
③ He felt a little <u>nervous</u>.
④ I should wash <u>the dishes</u>.
⑤ My mom allowed me <u>to go</u> out.

allow 허락하다　advise 조언하다　regularly 규칙적으로, 정기적으로　invention 발명품　text message 문자 메시지　truth 진실
loan 빌려주다, 대여하다

**8** 빈칸에 들어갈 말이 나머지와 <u>다른</u> 것을 고르시오.

① He brought an umbrella _____ me.

② I wrote a letter _____ my parents.

③ Kelly made a paper doll _____ her sister.

④ She showed her picture _____ me.

⑤ I will lend my textbook _____ him.

**9** 밑줄 친 부분의 쓰임이 나머지와 <u>다른</u> 것을 고르시오.

① I <u>made</u> my parents upset.

② She <u>made</u> me a nice sweater.

③ The jacket will <u>make</u> you warm.

④ I'll <u>make</u> you a famous actress.

⑤ The exam results <u>made</u> me disappointed.

**10** 다음 중 어법상 <u>틀린</u> 것을 고르시오.

The clerk ① <u>showed</u> ② <u>a colorful dress</u> ③ <u>for me</u>. It ④ <u>will make</u> me ⑤ <u>pretty</u>.

**11** 다음 중 어법상 <u>어색한</u> 문장을 고르시오.

① We found the party nice.

② I found the problem difficult.

③ She asked him to call her again.

④ They call the movie star a goddess.

⑤ The refrigerator keeps fruits freshly.

**12** 다음 두 문장이 같은 뜻이 되도록 빈칸에 들어갈 알맞은 말을 쓰시오.

Kate told me something.

= Kate told _____ _____

_____ .

→ _____

**13** 어법상 어색한 부분을 찾아 바르게 고쳐 문장을 다시 쓰시오.

Her voice makes me comfortably.

→ _____

**14** 다음 문장에서 괄호 안의 단어를 알맞은 형태로 바꿔 쓰시오.

The doctor advised me (drink) a lot of water.

→ _____

**15** 주어진 단어를 바르게 배열하여 다음 우리말을 영어로 쓰시오.

올해에도 산타가 우리에게 선물을 줄까?

(give, this year, will, presents, to, Santa, us)

→ _____

textbook 교과서  upset 속상한  sweater 스웨터  disappointed 실망한, 낙담한  goddess 여신  refrigerator 냉장고  comfortably 편안하게  present 선물

기초 탄탄 3
GRAMMAR

Chapter
**2**

# 현재완료

# 현재완료의 의미와 용법

## 1 현재완료

현재완료는 과거의 일이 현재에도 영향을 미칠 때 사용하는 시제로 『have/has + 과거분사』의 형태이다.

| 주어 | have/has | 과거분사 | 해석 |
|------|----------|----------|------|
| I | have | finished my homework. | 나는 숙제를 끝냈다. |
| She | has | met him before. | 그녀는 그를 전에 만난 적이 있다. |

> **TIP**
> PP.126-128 불규칙 동사표 참조

## 2 현재완료의 용법

현재완료는 의미에 따라 완료, 경험, 결과, 계속의 용법으로 구분할 수 있다.

| 용법 | 의미와 쓰임 | 예문 |
|------|------------|------|
| 완료 | • 과거에 시작한 동작이 이제 막 완료됨<br>• '(지금) 막 ~했다'라는 의미<br>• already(이미), just(방금), yet(아직)와 함께 쓰임 | We have just had breakfast.<br>우리는 방금 아침을 다 먹었다.<br>She has not finished her work yet.<br>그녀는 아직 일을 끝내지 못했다. |
| 경험 | • 과거부터 현재까지의 경험<br>• '~한 적이 있다'라는 의미<br>• before(전에), never(결코 ~ 않다), once(한 번), twice(두 번), ever(이제까지), recently/lately(최근에)와 함께 쓰임 | I have seen his dog once.<br>나는 그의 개를 한 번 본 적이 있다.<br>He has never cooked on his own.<br>그는 한 번도 스스로 요리해 본 적이 없다. |
| 결과 | • 과거의 일이 현재에 남긴 결과<br>• '~했다(그 결과 ~하다)'라는 의미<br>• go, come, grow, become, lose, leave 등의 동사가 주로 쓰임 | He has lost his key.<br>그는 열쇠를 잃어버렸다. (지금도 열쇠가 없음)<br>My sister has left her suitcase.<br>우리 언니는 여행가방을 두고 갔다. (지금도 여행가방이 없음) |
| 계속 | • 과거의 일이 지금까지 계속됨<br>• '계속 ~해오고 있다'라는 의미<br>• since(~이래로), for(~동안)와 함께 쓰임 | I have known Tom since last year.<br>나는 Tom을 작년부터 알고 지내왔다. (지금까지 알고 지냄)<br>My brother has played computer games for 2 hours.<br>내 남동생은 2시간 동안 컴퓨터 게임을 했다. (지금도 하고 있음) |

> **TIP**
> 계속 용법에서 since 뒤에는 '특정 시점'이 나오고, for 뒤에는 '지속된 기간'이 온다.

## 3 현재완료의 부정문과 의문문

| 부정문 | have/has + not + 과거분사 | She has not eaten Indian food.<br>그녀는 인도 음식을 먹어본 적이 없다. |
|--------|--------------------------|----------------------------------|
| 의문문 | Have/Has + 주어 + 과거분사? | A: Have you heard the news? 너는 그 소식 들었니?<br>B: Yes, I have. / No, I haven't. 응, 들었어. / 아니, 못 들었어. |

# Grammar START

**A** 다음 괄호 안에서 알맞은 것을 고르시오.

1 Eric (has stayed / stayed) in Paris since last year.

2 We (haven't finished / don't have finished) the work yet.

3 Sujin (studied / has studied) English for almost 6 years.

4 The bus (arrived / has arrived) now.

5 (Have you met / Do you have met) her before?

6 My family has lived in California (since / for) 2012.

7 Mr. Williams (has worked / worked) in the factory for 10 years.

8 I (have already read / already read) the book last year.

9 I (wore / have worn) glasses for 5 years.

stay 머무르다
yet 아직
finish 끝내다
almost 거의
already 이미
arrive 도착하다
factory 공장
wear - wore - worn 입다
glasses 안경

**B** 주어진 단어와 우리말을 이용하여 빈칸에 알맞은 말을 쓰시오.

1 그는 아이였을 때부터 동전을 모으고 있다. (collect)

➡ He _____ _____ coins since he was a child.

2 너는 최근에 우리 부모님을 본 적이 있니? (see)

➡ _____ _____ _____ my parents recently?

3 그녀는 그녀의 낡은 옷들을 자선단체에 주었다. (give)

➡ She _____ _____ her old clothes to charity.

4 Tom은 결코 스페인어를 공부한 적이 없다. (study)

➡ Tom _____ _____ _____ Spanish.

5 그들은 아직 바구니 안의 모든 오렌지를 먹지 않았다. (eat)

➡ They _____ _____ all the oranges in the basket yet.

collect 모으다
charity 자선단체
Spanish 스페인어

**A** 주어진 단어를 이용하여 현제완료 시제의 문장을 완성하시오.

1 He _____ _____ weight since last year. (lose)

2 They _____ _____ chopsticks since last week. (use)

3 Lucy _____ _____ _____ to school yet. (not, come)

4 _____ you ever _____ Greek food? (eat)

5 _____ Jack _____ his homework yet? (finish)

6 Mr. Smith _____ _____ the project successfully. (complete)

7 I _____ _____ _____ about *Doctor Strange*. (never, hear)

8 _____ you ever _____ to Paris before? (be)

9 The express train for Busan _____ _____ at Seoul Station. (arrive)

10 I _____ _____ Chinese since last winter. (learn)

lose weight 살이 빠지다
chopsticks 젓가락
complete 완료하다
successfully 성공적으로
express train 고속열차
arrive 도착하다

**B** 다음 문장을 지시에 따라 바꿔 쓰시오.

1 Nick has donated money to the WWF for 5 years.

[의문문] ➡ _____

2 I have visited the Louvre Museum.

[부정문] ➡ _____

3 She has lived in a small town before.

[의문문] ➡ _____

4 Mr. Hudson has waited for them for an hour.

[의문문] ➡ _____

5 My parents have stayed at my grandmother's house since yesterday.

[부정문] ➡ _____

donate 기부하다
WWF (World Wide
Fund for Nature)
세계자연기금
visit 방문하다
the Louvre Museum
루브르 박물관
wait 기다리다

## C 틀린 부분을 찾아 바르게 고쳐 문장을 다시 쓰시오.

1  She doesn't have written a letter to her family.

    ➡ _____

2  I didn't see Jennifer for 3 months.

    ➡ _____

3  Have you ever are to Barcelona?

    ➡ _____

4  I have been awake since 24 hours.

    ➡ _____

5  It is rained hard since last night.

    ➡ _____

6  She drove that car since 2005.

    ➡ _____

7  My brother hasn't saw a panda before.

    ➡ _____

8  He never has forgotten your address.

    ➡ _____

Barcelona
바르셀로나(스페인의 도시)
awake 깨어 있는
hard 심하게
address 주소

## D 주어진 단어를 이용하여 다음 우리말을 영어로 쓰시오.

1  나는 전에 말을 타본 적이 있다. (ride, I, before, horse)

    ➡ _____

2  우리는 2주 동안 이번 인터뷰를 준비했다. (2 weeks, this interview, for, we, prepare for)

    ➡ _____

3  그 집은 여러 해 동안 비어 있었다. (be, many years, for, empty, the house)

    ➡ _____

4  그는 그의 자전거를 고치는 것을 막 끝냈다. (fixing his bike, just, he, finish)

    ➡ _____

5  Harold는 딱 한 번 스케이트를 타본 적이 있다. (once, skate, Harold)

    ➡ _____

horse 말
interview 인터뷰
prepare for ~
~을 준비하다
empty 빈
fix 고치다
once 한 번
skate 스케이트 타다

**[1-2] 빈칸에 들어갈 알맞은 것을 고르시오.**

**1**

> Mia has _____ the violin for 3 hours.

① play　　　② played　　　③ will play
④ playing　　⑤ to play

**2**

> A  Have you emptied my wastebasket?
>
> B  _____

① Yes, I have.　　② Yes, I did.
③ No, I wasn't.　　④ No, I didn't.
⑤ No, I haven't.

**3 빈칸에 들어갈 수 없는 것을 고르시오.**

> The soccer player has played soccer since
> _____.

① 2010　　　　② last year
③ 10 years　　　④ 5 years ago
⑤ he was a child

**4 빈칸에 들어갈 말로 알맞은 것을 고르시오.**

> A  What has happened to Jeff?
>
> B  _____

① He lost his new smartphone.
② He is going to lost his new smartphone.
③ He has just lost his new smartphone.
④ He has never lost his new smartphone.
⑤ He will have lost his new smartphone.

**5 다음 세 문장을 한 문장으로 바르게 표현한 것을 고르시오.**

> She got up at 7 in the morning. It is 11 o'clock at night now. She is still awake.

① She got up for 16 hours.
② She been awake for 16 hours.
③ She has got up since 16 hours.
④ She has been awake for 16 hours.
⑤ She has been awake since 16 hours.

**6 다음 우리말과 같은 뜻이 되도록 빈칸에 들어갈 알맞은 것을 고르시오.**

> Alice는 등산을 해 본 적이 없다.
>
> = Alice _____ a mountain.

① has never climbed
② not has climbed
③ have climbed not
④ has climbed never
⑤ have never climbed

**7 빈칸에 들어갈 말이 나머지와 다른 것을 고르시오.**

① I have slept _____ 7 hours.
② He has been sick _____ last month.
③ My family has lived in Seoul _____ 10 years.
④ My mom has been doing the dishes _____ 10 minutes.
⑤ Jane has studied math _____ 4 hours.

---

empty 비우다　wastebasket 쓰레기통　awake 깨어 있는　climb 등산을 하다　do the dishes 설거지를 하다

**8** 다음 중 현재완료의 용법이 나머지와 <u>다른</u> 것을 고르시오.

① Kate has seen you before.

② She has not kept a diary before.

③ Have you ever visited Vietnam?

④ Nick has read the book twice.

⑤ He hasn't arrived at the bus stop yet.

**9** 현재완료의 용법이 다음과 같은 것을 고르시오.

> He has planted trees since he was 12.

① He has just canceled his order.

② She has already found her missing watch.

③ I have not done the laundry before.

④ He has studied Engligh for 6 years.

⑤ My family has moved three times.

**10** 밑줄 친 부분의 쓰임이 나머지와 <u>다른</u> 것을 고르시오.

① Esther has <u>left</u> Seoul.

② Many people are <u>excited</u> about the game.

③ I have <u>heard</u> about the exhibition.

④ How long have you <u>lived</u> here?

⑤ Why has Cathy <u>already</u> ordered the item?

**11** 다음 중 어법상 **틀린** 문장을 고르시오.

① I have exercised since last Saturday.

② Kelly has done her shopping for 2 hours.

③ My mom has made cookies recently.

④ I have practiced the piano every day.

⑤ How long have you worked there?

**12** 다음 두 문장이 같은 뜻이 되도록 빈칸에 들어갈 알맞은 말을 쓰시오.

> John returned to Prague, so he is not here now.
>
> = John _____ _____ to Prague.

→ _____

**[13-14]** 어법상 <u>어색한</u> 부분을 찾아 바르게 고쳐 쓰시오.

**13**
> Have the repairman already fixed the computer?

_____ → _____

**14**
> Mia has work here for 8 years.

_____ → _____

**15** 주어진 단어를 바르게 배열하여 다음 우리말을 영어로 쓰시오.

> 너는 최근에 Steve가 이사간 것을 들었니?
>
> (heard, have, moved, Steve, recently, you, that)

→ _____

_____

---

keep a diary 일기를 쓰다  cancel 취소하다  order 주문, 주문하다  missing 잃어버린  do the laundry 빨래하다  exhibition 전시회
Prague 프라하(체코의 수도)  return 돌아가다  repairman 수리공

# 현재완료 사용에 주의할 점

## ❶ 현재완료 VS 과거 시제

현재완료 시제는 과거의 어떤 시점에 일어난 일이 현재까지 영향을 미칠 때 사용하는 시제이며, 과거 시제는 현재와 관계 없이 과거 특정 시점에 일어났던 일만을 말하는 시제이다.

| 시제 | 쓰임 | 함께 쓰는 부사 | 예문 |
|---|---|---|---|
| 현재완료 | 과거의 일이 현재에 영향을 미치거나 계속되고 있을 때 | already, just, before, once, twice, ever, since, for | I have cleaned my room.<br>나는 내 방을 청소했다.<br>(현재도 방이 깨끗하다.) |
| 과거 | 과거에 일어났던 일로 이미 끝난 일일 때 | yesterday, ago, last, when, then, in + 과거 연도 | I cleaned my room.<br>나는 내 방을 청소했다.<br>(현재도 깨끗한지 아닌지 알 수 없다.) |

**Tip**

현재완료는 yesterday나 last year과 같은 명백한 과거 시점 부사를 단독으로 사용할 수 없으며, 특정 과거 시점이 나올 경우 반드시 since가 와야 한다.

(과거) I read the novel last night. 나는 어젯밤에 그 소설을 읽었다.

(현재완료) I have read the novel since last night. 나는 어젯밤부터 그 소설을 읽었다.

## ❷ have been to VS have gone to

'~에 가 본 적이 있다'는 경험을 나타낼 때에는 'have/has been to'를 쓰고, '~에 가고 없다'는 결과를 나타낼 때는 'have/has gone to'를 쓴다.

| 시제 | 쓰임 | 의미 | 예문 |
|---|---|---|---|
| have/has been to | 경험 | ~에 가 본 적이 있다 | I have been to Japan.<br>나는 일본에 가 본 적이 있다. |
| have/has gone to | 결과 | ~에 가고 없다 | Daniel has gone to his house.<br>Daniel은 그의 집으로 가버렸다.<br>(그는 지금 여기에 없다.) |

**Tip**

have/has gone to는 '~에 가고 없다'라는 의미이기 때문에 I, we, you는 주어로 사용하지 않고, 3인칭 he, she, they 등에만 사용되는 것에 유의한다.

I have gone to New York. (X)

He has gone to New York. (O) 그는 뉴욕에 가고 없다.

**A** 다음 괄호 안에서 알맞은 것을 고르시오.

1 She (lived / has lived) in London since last year.

2 I (boiled / have boiled) water in the pot 10 minutes ago.

3 The accident (happened / has happened) last night.

4 A (Did you ever go / Have you ever been) to China?    B Yes, I have.

5 He (was / has been) interested in the subject for 2 years.

6 I (have been / have gone) to Jeju island.

7 When we got to the bus stop, the bus (left / has left).

8 John (has never danced / danced never) on stage before.

9 They (found / have found) the key under the chair last night.

boil 끓다, 끓이다
pot 주전자
happen
(사건, 일이) 일어나다
be interested in
~에 관심이 있다
subject 과목, 주제
island 섬
stage 무대

**B** 다음 문장을 우리말로 해석하시오.

1 Have they gone to the Amazon?

   ➡ _____

2 I have been to a foreign country.

   ➡ _____

3 My sister has been in the United States of America.

   ➡ _____

4 When I was in the sixth grade, I took violin lessons after school.

   ➡ _____

5 Julia has gone to Australia, so she can't attend the meeting.

   ➡ _____

Amazon 아마존
foreign 외국의
country 나라, 국가
the United States of
America 미국
grade 학년
Australia 호주
attend 참석하다
meeting 회의

# Grammar PRACTICE

**A** 다음 문장에서 밑줄 친 부분을 올바르게 고쳐 쓰시오.

1  A  Where is Charles?

   B  He <u>has been to</u> the library.  ➡ _____

2  A  How long has she been in Korea?

   B  She <u>is</u> in Korea <u>for</u> 2013.  ➡ _____

3  A  When <u>has</u> George <u>gone to</u> Greece?  ➡ _____

   B  4 days ago.

4  A  When <u>have</u> you <u>finished</u> doing the dishes?  ➡ _____

   B  I finished them at 5 p.m.

5  Beethoven <u>has composed</u> many songs.  ➡ _____

6  She <u>was</u> in Washington, D.C. for 2 weeks.  ➡ _____

library 도서관
Greece 그리스
compose 작곡하다
Washington, D.C.
워싱턴

**B** 주어진 단어와 우리말을 이용하여 문장을 완성하시오.

1  당신은 작년에 일본에 머물렀었나요? (stay)

   ➡ Did you _____ in Japan last year?

2  그는 서점에 가고 없다. (go)

   ➡ He _____ the bookstore.

3  우리 할머니는 2주째 우리 집에 계신다. (be)

   ➡ My grandmother _____ in my house for 2 weeks.

4  그들은 어제 잔디를 깎았다. (mow)

   ➡ They _____ the grass yesterday.

5  나는 유럽에 가본 적이 없다. (be)

   ➡ I _____ Europe.

6  한 여자아이가 방금 창문을 열었다. (just, open)

   ➡ A girl _____ the window.

Japan 일본
stay 머무르다
bookstore 서점
grass 잔디, 풀
mow 깎다
Europe 유럽

**C** 틀린 부분을 찾아 바르게 고쳐 문장을 다시 쓰시오.

1 Mr. Bane lived in France for 5 years.

➡ _____

2 They have studied German 10 months ago.

➡ _____

3 We have gone to New Zealand twice.

➡ _____

4 I'll lend you this book as soon as I will read it.

➡ _____

5 Where did you been since last night?

➡ _____

6 When I was a student, I have had P.E. class three times a week.

➡ _____

7 She was never been in Spain, so she really wants to travel there.

➡ _____

France 프랑스
German 독일어
New Zealand 뉴질랜드
twice 두 번
lend 빌려주다
as soon as ~ ~하자마자
P.E. class 체육시간
Spain 스페인

**D** 주어진 단어를 이용하여 다음 우리말을 영어로 쓰시오.

1 당신은 언제 그 책을 출판했나요? (publish, the book, when)

➡ _____

2 나는 그녀의 고향에 가본 적이 있다. (be, her hometown)

➡ _____

3 그는 1년째 영국에 머무르고 있다. (be, in England)

➡ _____

4 Jason은 하와이로 휴가를 가고 없다. (go, Hawaii, for vacation)

➡ _____

5 나는 멕시코를 두 번 방문했다. (visit, Mexico, twice)

➡ _____

publish 출판하다
hometown 고향
England 영국
Hawaii 하와이
vacation 휴가, 방학
Mexico 멕시코
visit 방문하다

**1** 빈칸에 들어갈 알맞은 것을 고르시오.

> She _____ a doctor since 5 years ago.

① is      ② was      ③ has been
④ being      ⑤ will be

**2** 빈칸에 들어갈 수 <u>없는</u> 것을 고르시오.

> He broke his glasses _____ .

① in 2017      ② last weekend
③ yesterday      ④ 2 hours ago
⑤ before

**[3-4]** 빈칸에 들어갈 알맞은 것을 고르시오.

**3**
> The player has won two medals _____ 2012.

① since      ② for      ③ last
④ during      ⑤ before

**4**
> Cathy _____ this cake 3 hours ago.

① makes      ② made
③ will make      ④ have made
⑤ has made

**5** 다음 우리말을 영어로 바르게 옮긴 것을 고르시오.

> 그는 프랑스에 가본 적이 있다.

① He went to France.
② He have gone to France.
③ He has been to France.
④ He has gone to France.
⑤ He is going to France.

**[6-7]** 빈칸에 들어갈 말이 바르게 짝지어진 것을 고르시오.

**6**
> - I have known Alice _____ I was a child.
> - I started playing the piano _____ I was 11 years old.

① already - since      ② since - since
③ for - when      ④ since - when
⑤ for - last

**7**
> - I have never _____ to Vietnam.
> - Sam has _____ to Ghana.

① be - go      ② been - gone
③ been - been      ④ gone - gone
⑤ gone - been

---

won (win 이기다, 따다)의 과거형, 과거분사형   medal 메달   Vietnam 베트남   Ghana 가나

**8** 빈칸에 들어갈 수 <u>없는</u> 것을 고르시오.

> Nick _____ yesterday.

① cooked pizza      ② helped his father
③ has been sick      ④ bought a book
⑤ submitted his homework

**9** 밑줄 친 부분의 쓰임이 <u>잘못된</u> 것을 고르시오.

① I <u>have met</u> her two times.
② <u>Have you ever been</u> to Paris?
③ Tom <u>has lost</u> his watch last Saturday.
④ My father <u>has just come</u> back home.
⑤ My brother <u>has been to</u> China.

**10** 다음 중 어법상 <u>틀린</u> 것을 고르시오.

> A Where ① <u>did</u> you go last weekend?
> B I ② <u>went</u> to the zoo with my sister.
> A Sounds ③ <u>fun</u>.
> B Yes, I ④ <u>didn't go</u> there ⑤ <u>for</u> a long time.

**11** 다음 중 어법상 <u>틀린</u> 문장을 고르시오.

① I have lost the book.
② I have gone to the dog café.
③ Have you ever seen the film?
④ Joe has met a famous actor.
⑤ He has watched that quiz show before.

**12** 다음 두 문장이 같은 뜻이 되도록 빈칸에 들어갈 알맞은 말을 쓰시오.

> Kate went to New York 3 years ago.
> = Kate _____ _____ _____ New York before.

→ _____

**13** 어법상 어색한 부분을 찾아 바르게 고쳐 문장을 다시 쓰시오.

> Kevin has taken a walk in the morning.

_____ → _____

**14** 다음 문장에서 괄호 안의 단어를 올바른 형태로 고쳐 쓰시오.

> Mr. Smith (go) to Germany for a business trip and he is not back yet.

→ _____

**15** 주어진 단어를 바르게 배열하여 다음 우리말을 영어로 쓰시오.

> 그는 지난달부터 중국어를 배우고 있다.
> (learned, last month, he, since, has, Chinese)

→ _____

submit 제출하다   zoo 동물원   film 영화   take a walk 산책하다   Germany 독일   business trip 출장   Chinese 중국어

# Review **TEST 1** ▸ Chapter 1 & Chapter 2

[1-2] 빈칸에 들어갈 알맞은 것을 고르시오.

**1**

> Do you want me _____ you this pen?

① lend        ② lends        ③ lent
④ lending     ⑤ to lend

**2**

> She has just _____ coffee.

① have        ② has        ③ had
④ to have     ⑤ having

**3** 밑줄 친 부분의 문장 성분이 나머지와 <u>다른</u> 것을 고르시오.

① I like <u>reading books</u>.
② The cookie smells <u>very delicious</u>.
③ She hates <u>playing outside</u>.
④ He doesn't like <u>pizza</u>.
⑤ We planted <u>an apple tree</u>.

**4** 밑줄 친 부분이 어법상 <u>틀린</u> 것을 고르시오.

① The flower smells <u>good</u>.
② Your score is <u>very well</u>.
③ This muffler keeps you <u>warm</u>.
④ Your skirt looks <u>pretty</u>.
⑤ The story was <u>impressive</u>.

**5** 빈칸에 공통으로 들어갈 말을 쓰시오.

> • She got him _____ repair the machine.
> • He brought a ticket _____ me.

**6** 밑줄 친 부분을 바르게 고친 것을 고르시오.

> He _____ English since he was seven years old.

① studies        ② is studying
③ studied        ④ have studied
⑤ has studied

**7** 다음 4형식 문장을 3형식 문장으로 바르게 바꾼 것을 고르시오.

> I will ask her a question.

① I will ask a question her.
② I will ask a question to her.
③ I will ask a question of her.
④ I will ask a question for her.
⑤ I will ask of her a question.

[8-9] 빈칸에 들어갈 말이 바르게 짝지어진 것을 고르시오.

**8**

> • Amy _____ him before.
> • He _____ China for vacation.

① don't meet - has been to
② doesn't meet - has been to
③ has never met - has gone in
④ never has met - has gone to
⑤ has never met - has gone to

**9**

> • He passed the ball _____ me.
>
> • My mom made a pie _____ me.

① for - to      ② for - of      ③ to - to

④ to - for      ⑤ to - of

**10** 다음 중 대화가 어법상 <u>어색한</u> 것을 고르시오.

① A Have you ever been to France?

    B No, I haven't.

② A Has she cleaned the house?

    B Not yet.

③ A Did you go to the movies yesterday?

    B No, I didn't. I was busy yesterday.

④ A Do you like hiking?

    B Yes. I have loved hiking since I was 10.

⑤ A When did it start snowing?

    B It has started snowing at noon.

**11** 주어진 단어를 이용하여 다음 우리말을 영어로 옮기시오.

> 그들은 나에게 일찍 일어나라고 충고했다.
>
> (get up, early, advised)

➡ _____

**12** 빈칸에 들어갈 수 <u>없는</u> 것을 고르시오.

> Billy had to finish the work _____.

① two days ago      ② yesterday

③ for two days      ④ last night

⑤ last Thursday

**13** 다음 중 틀린 문장을 바르게 고친 것을 고르시오.

① She offered a solution of us.

    → She offered a solution for us.

② You have gone to Busan before.

    → You have gone in Busan before.

③ He showed the way for us.

    → He showed the way of us.

④ Mary has being to a foreign country.

    → Mary has been to a foreign country.

⑤ There are much money in the safe.

    → There are a lot of money in the safe.

**[14-15] 다음 글을 읽고 질문에 답하시오.**

> Hello. My name is Minho. Let me introduce my family. My family members are my mother and father. My mother and father are both 40 years old. My mother is a designer, and my father is an engineer. My mother started her job 15 years ago. My father cooks very well. So when he makes dinner, (저녁은 항상 맛있는 냄새가 난다.)

**14** 다음 질문에 대한 대답을 완성하시오.

> How long has Minho's mother been a designer?

➡ She _____ _____ a designer

    _____ 15 years.

**15** 주어진 단어를 이용하여 괄호 안의 우리말을 영어로 쓰시오.

> smell, dinner, delicious

➡ _____

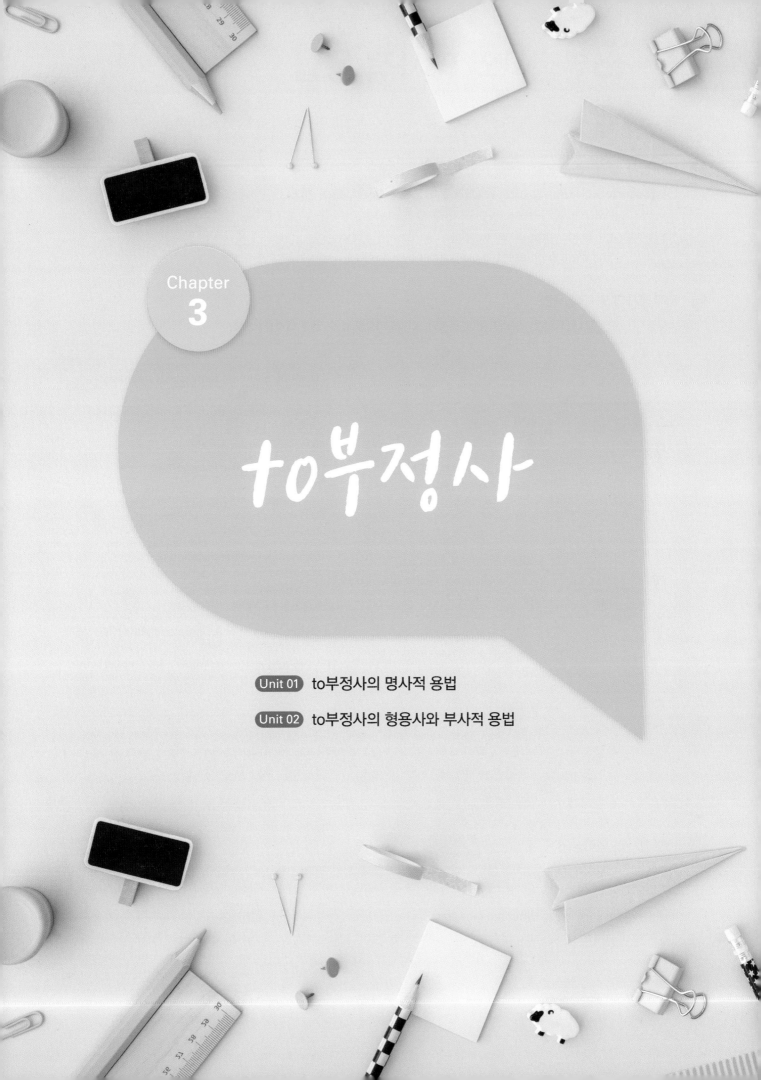

# Chapter 3

## to부정사

# to부정사의 명사적 용법

## ① to부정사

to부정사는 『to + 동사원형』의 형태로 문장에서 명사, 형용사, 부사의 역할을 한다.

| | | |
|---|---|---|
| 명사 역할 | I wish to go abroad. | 나는 해외에 나가기를 바란다. |
| 형용사 역할 | He needs some water to drink. | 그는 약간의 마실 물이 필요하다. |
| 부사 역할 | She wore sunglasses to protect her eyes. | 그녀는 눈을 보호하기 위해 선글라스를 썼다. |

## ② to부정사의 명사적 용법

to부정사는 문장에서 명사처럼 사용되어 주어, 목적어, 보어의 역할을 할 수 있다. 이것을 to부정사의 명사적 용법이라고 한다.

| 역할 | 해석 | 특징 | 예문 |
|---|---|---|---|
| 주어 | ~하는 것은 | • 3인칭 단수 취급하여 단수 동사가 옴<br>• 주어 역할을 하는 to부정사구가 너무 긴 경우, 가주어 it을 문장 맨 앞에 쓰고, 진주어인 to부정사구를 뒤로 보내고, 가주어 it은 해석하지 않음 | To study a foreign language is not easy.<br>　　　(진주어)<br>= It is not easy to study a foreign language.<br>(가주어)　　　　　　　　(진주어)<br>외국어를 공부하는 것은 쉽지 않다.<br><br>To keep a promise is important.<br>(진주어)<br>= It is important to keep a promise.<br>(가주어)　　　　(진주어)<br>약속을 지키는 것은 중요하다. |
| 목적어 | ~하는 것을 | • to부정사만 목적어로 취하는 동사:<br>want, wish, hope, decide, plan, need, agree, promise, expect 등 | I want to know her vacation plans.<br>나는 그녀의 방학 계획을 알고 싶다.<br>Amy needs to visit her grandparents.<br>Amy는 그녀의 조부모님을 방문해야 한다. |
| 보어 | ~하는 것이다 | • 주격 보어와 목적격 보어의 역할 | My dream is to be a basketball player. (주격 보어)<br>내 꿈은 야구선수가 되는 것이다.<br>Mom told us to read many books. (목적격 보어)<br>엄마는 우리에게 많은 책을 읽으라고 말씀하셨다. |

> **Tip**
>
> 의문사 who, what, which, when, where, how는 to부정사와 결합하여 문장에서 목적어 역할을 할 수 있다. 또한 『의문사 + 주어 + should + 동사원형』으로 바꿔 쓸 수 있다. 단, why는 『의문사 + to부정사』 형태로 쓰지 않는다.
> She knows how to fix the machine. 그녀는 그 기계를 어떻게 고치는지 알고 있다.
> = She knows how she should fix the machine.

## ③ to부정사의 의미상의 주어

가주어 it이 쓰인 문장에서 to부정사의 행위를 하는 주체가 필요할 때, 형용사와 to부정사 사이에 의미상의 주어를 『for + 목적격』 또는 『of + 목적격』의 형태로 쓴다. 일반적으로는 『for + 목적격』을, 사람의 성격이나 성향을 나타내는 형용사가 오면 『of + 목적격』을 쓴다.

It is dangerous for her to climb the mountain. 그녀가 그 산을 오르는 것은 위험하다.

It is kind of you to solve the problem. 네가 그 문제를 해결해 주다니 친절하구나.

> **Tip**
>
> 사람의 성격 및 성향 형용사
> kind 친절한, careful 신중한, honest 정직한, rude 무례한, smart 똑똑한, stupid 어리석은

**A** 다음 괄호 안에서 알맞은 것을 고르시오.

1  I want (wear / to wear) a nice dress.

2  (Help / To help) the poor is desirable.

3  They like (play / to play) with the children.

4  To go to bed late (is / are) not a good habit.

5  She expects (to get / to gets) the money from the owner.

6  The comic books (are / to be) interesting.

7  My dream is (to become / become) an actor.

8  To see is (believe / to believe).

9  The pilot hoped (flying / to fly) an airplane.

the poor 가난한 사람들
desirable 바람직한
habit 습관
expect 기대하다
owner 주인
comic book 만화책
dream 꿈
actor 영화배우
believe 믿다
pilot 파일럿
fly 조종하다, 날리다

**B** 다음 밑줄 친 부분의 문장 성분을 고르시오.

1  John wants <u>to drink something cold</u>.　　　　(주어 / 목적어 / 보어)

2  <u>To understand the theory</u> is not easy.　　　　(주어 / 목적어 / 보어)

3  Her job is <u>to write fairytale books</u>.　　　　(주어 / 목적어 / 보어)

4  <u>To solve the problem</u> is our final goal.　　　　(주어 / 목적어 / 보어)

5  She promised <u>to help me with my homework</u>.　　　　(주어 / 목적어 / 보어)

6  He likes <u>to take pictures of landscapes</u>.　　　　(주어 / 목적어 / 보어)

7  My goal is <u>to be a doctor</u>.　　　　(주어 / 목적어 / 보어)

8  <u>To exercise every</u> day is difficult for me.　　　　(주어 / 목적어 / 보어)

9  His dream is <u>to live in Hawaii</u>.　　　　(주어 / 목적어 / 보어)

10  Steve decided not <u>to join the club</u>.　　　　(주어 / 목적어 / 보어)

understand 이해하다
theory 이론
job 직업
fairytale 동화
solve 풀다, 해결하다
problem 문제
final 최종적인
goal 목표
promise 약속하다
landscape 풍경
exercise 운동하다
difficult 어려운
decide 결심하다
join 가입하다

# Grammar **PRACTICE**

**A** 주어진 단어와 우리말을 이용하여 다음 문장을 완성하시오.

1 스트레스를 받는 것은 너의 건강에 나쁘다. (get)

  ➡ _____ stress is bad for your health.

2 우리는 마지막 게임에서 이길 것이라고 예상한다. (win)

  ➡ We expect _____ the final game.

3 나는 한 번도 홍콩에 가본 적이 없지만, 나는 거기에 가보고 싶다. (go)

  ➡ I've never been to Hong Kong, but I'd like _____ there.

4 이 주변에서 기다리는 것은 나를 긴장하게 만든다. (wait)

  ➡ _____ around here makes me nervous.

5 Andy와 Susan은 그들의 계획을 바꿀 필요가 있다. (change)

  ➡ Andy and Susan need _____ their plans.

6 누군가에게 선물을 주는 것은 멋진 일이다. (give)

  ➡ It is a great thing _____ somebody a gift.

stress 스트레스
expect 예상하다
around 주변에
nervous 긴장한
change 바꾸다
plan 계획

**B** 주어진 말을 올바른 위치에 넣어 문장을 다시 쓰시오.

1 His wish is a new computer. (to buy)

  ➡ _____

2 She liked strange questions. (to ask)

  ➡ _____

3 Baseball with my friends is interesting. (to play)

  ➡ _____

4 Annie planned to Canada. (to travel)

  ➡ _____

5 Here is dangerous. (to swim)

  ➡ _____

wish 소망, 소원
computer 컴퓨터
strange 이상한
question 질문
baseball 야구
favorite 가장 좋아하는
hobby 취미
plan 계획하다
travel 여행하다
dangerous 위험한

## C 틀린 부분을 찾아 바르게 고쳐 문장을 다시 쓰시오.

1 Lisa wants to meets Jeremy tomorrow.

   ➡ _____

2 I've decided advertise for a new product.

   ➡ _____

3 To make wooden desks are his task.

   ➡ _____

4 I expect to seeing her this Sunday.

   ➡ _____

5 We planned hold a dinner party.

   ➡ _____

6 It is not easy to speaking English fluently.

   ➡ _____

7 To eat carrots are good for your eyes.

   ➡ _____

8 See beautiful scenery is a great pleasure.

   ➡ _____

advertise 광고하다
product 상품
wooden 나무로 된
task 일
hold 개최하다, 열다
fluently 유창하게
scenery 풍경
pleasure 기쁨

## D 주어진 단어와 to부정사를 이용하여 다음 우리말을 영어로 쓰시오.

1 나의 목표는 올해 50권의 책을 읽는 것이다. (this year, read, goal, fifty books)

   ➡ _____

2 그들은 부산에 기차로 가는 것을 선택했다. (chose, by train, go, Busan)

   ➡ _____

3 우리의 역사를 기억하는 것은 중요하다. (our history, remember, important)

   ➡ _____

4 밤에 이곳을 걷는 것은 안전하지 않다. (safe, at night, here, walk)

   ➡ _____

5 그들은 그 박물관을 방문하기로 결정했다. (decide, museum, visit)

   ➡ _____

chose
(choose 선택하다)의 과거형
train 기차
history 역사
remember 기억하다
important 중요한
safe 안전한
museum 박물관
visit 방문하다

# Upgrade **TEST**

**1** 빈칸에 들어갈 알맞은 것을 고르시오 .

> My hope is _____ the game.

① win        ② won        ③ to win
④ will win        ⑤ to winning

**2** 빈칸에 들어갈 수 <u>없는</u> 것을 고르시오.

> She decided to _____ .

① go abroad
② be a pianist
③ write him a letter
④ gave up on her dream
⑤ invite Amy to her house

**3** 빈칸에 들어갈 알맞은 것을 고르시오.

> James will teach me _____ to ski.

① how        ② what        ③ where
④ when        ⑤ who

**4** 빈칸에 들어갈 말이 바르게 짝지어진 것을 고르시오.

> - _____ is fun to go on the rides.
> - It was easy _____ his explanation.

① It - understand
② It - to understand
③ This - understand
④ This - to understand
⑤ That - to understanding

**5** 다음 우리말과 같은 뜻이 되도록 빈칸에 들어갈 알맞은 것을 고르시오.

> 이 약을 언제 복용해야 하는지 알려주세요.
>
> = Please tell me _____ this medicine.

① how to take        ② when to take
③ who to take        ④ where to take
⑤ what to take

**6** 빈칸에 들어갈 말이 바르게 짝지어진 것을 고르시오.

> - It was silly _____ him to make such a decision at that moment.
> - It is necessary _____ you to drink plenty of water.

① in - from        ② for - to
③ of - for        ④ of - to
⑤ for - of

**7** 빈칸에 들어갈 수 <u>없는</u> 것을 고르시오.

> It is _____ for her to come up with new ideas.

① easy        ② surprising
③ clever        ④ difficult
⑤ hard

---

go abroad 외국에 가다   give up 포기하다   go on the rides 놀이기구를 타다   explanation 설명   medicine 약   make a decision 결정하다
such 그러한   necessary 필요한   plenty 충분한   come up with ~ ~을 생각해내다   surprising 놀라운   clever 영리한   hard 어려운

**8** 다음 밑줄 친 부분과 쓰임이 <u>다른</u> 것을 고르시오.

> I like <u>to cook</u> for my family.

① The baby started <u>to cry</u>.
② I need <u>to meet</u> my friends.
③ Esther is planning <u>to go</u> to Europe.
④ He promised <u>to call</u> me back.
⑤ My wish is <u>to travel</u> around the world.

**9** 밑줄 친 부분의 쓰임이 나머지와 <u>다른</u> 것을 고르시오.

① <u>To see</u> is to believe.
② It is rude <u>to cut</u> in line.
③ <u>To regret</u> the past is useless.
④ They want <u>to know</u> her name.
⑤ It is wise <u>to plan</u> in advance.

**10** 다음 중 어법상 <u>틀린</u> 문장을 고르시오.

① Be careful to not point at people.
② Our goal is to finish our work in time.
③ The doctor told me to get enough sleep.
④ It is exciting to watch a soccer game together.
⑤ I plan to do volunteer work at an orphanage.

**11** 밑줄 친 부분이 어법상 <u>틀린</u> 것을 고르시오.

① Did you decide <u>when to open</u> your café?
② They are discussing <u>which to choose</u>.
③ Did you plan <u>where to go</u> for your vacation?
④ I don't know <u>why to call</u> him.
⑤ I didn't know <u>whom to vote</u> for as class president.

**12** 다음 두 문장이 같은 뜻이 되도록 빈칸에 들어갈 말을 쓰시오.

> I didn't decide what to eat on my birthday.
>
> = I didn't decide what _____ _____ eat on my birthday.

→ _____

**13** 다음 두 문장이 같은 뜻이 되도록 빈칸에 알맞은 말을 쓰시오.

> To stay healthy is not easy.
>
> = _____ is not easy _____ _____ healthy.

**14** 어법상 <u>어색한</u> 부분을 찾아 바르게 고쳐 쓰시오.

> I promised feeding the cat every evening.

_____ → _____

**15** 주어진 단어를 바르게 배열하여 다음 우리말을 영어로 쓰시오.

> 나는 주말에 늦잠을 자지 않겠다고 결심했다.
>
> (decided, weekends, get up, I, on, not, late, to)

→ _____

---

rude 무례한   cut in line 새치기하다   regret 후회하다   useless 소용없는   wise 현명한   in advance 미리   point 가리키다   enough 충분한
volunteer work 봉사활동   orphanage 고아원   vote 뽑다, 투표하다   discuss 의논하다   stay healthy 건강을 유지하다

# to부정사의 형용사와 부사적 용법

## ① to부정사의 형용사적 용법

to부정사가 문장에서 형용사처럼 사용되어, 앞에 있는 명사나 대명사를 수식하는 것을 to부정사의 형용사적 용법이라고 한다.

| 역할 | 해석 | 특징 | 예문 |
|------|------|------|------|
| 형용사 | ~할,<br>~하는 | • 명사나 대명사를 뒤에서 수식<br>• -thing, -one, -body로 끝나는 명사는 형용사가 뒤에서 수식하기 때문에 「-thing, -body, -one + 형용사 + to부정사」 순서로 씀<br>• to부정사가 수식하는 명사가 to부정사에 이어지는 전치사의 목적어인 경우는 전치사를 그대로 써 줌 | I have many books to read.<br>나는 읽을 책이 많이 있다.<br>I want to hire someone diligent to help me.<br>나는 나를 도와줄 성실한 사람을 고용하고 싶다.<br>We found a house to live in.<br>우리는 살 집을 구했다. |

## ② to부정사의 부사적 용법

to부정사가 문장에서 부사처럼 쓰여 동사, 형용사, 부사를 수식하는 것을 to부정사의 부사적 용법이라고 한다.

| 역할 | 해석 | 특징 | 예문 |
|------|------|------|------|
| 부사 | ~하기 위해서,<br>~하려고 | • 목적을 나타냄<br>• = in order to, so as to | We went to the bakery to buy some bread.<br>= We went to the bakery in order to buy some bread.<br>= We went to the bakery so as to buy some bread.<br>우리는 약간의 빵을 사기 위해 제과점에 갔다. |
| | ~해서,<br>~하니 | • 감정의 원인을 나타냄<br>• 「감정 형용사 + to부정사」의 형태 | The old lady was happy to receive her grandson's letter.<br>그 노부인은 손자의 편지를 받아서 행복했다. |
| | ~하는 것을 보니 | • 판단의 근거를 나타냄<br>• 주로 조동사 must(~임에 틀림없다)와 함께 쓰임 | He must be rich to buy the expensive car.<br>그가 비싼 차를 사는 것을 보니 부유한 것이 틀림없다. |
| | (결국) ~하다 | • 결과를 나타냄<br>• 주로 grow up, live, wake up과 함께 쓰임 | Kelly grew up to be a famous singer.<br>Kelly는 자라서 유명한 가수가 되었다.<br>My grandfather lived to be 95 years old.<br>우리 할아버지는 95세까지 사셨다. |
| | ~하기에 | • 형용사를 수식 | The yoga was difficult to learn.<br>그 요가는 배우기에 어려웠다. |

> **Tip**
>
> to부정사의 부정형은 to 앞에 not을 붙이며 in order to와 so as to의 부정형도 각각 to 앞에 not을 붙인다.

# Grammar START

**A** 다음 괄호 안에서 알맞은 것을 고르시오.

1  Italian food is (easy to make / to make easy).

2  What is the best way (learn / to learn) English?

3  We were amazed (seeing / to see) you there.

4  He was (ready to go / ready go) to the amusement park.

5  She grew up (become / to become) a famous scientist.

6  He brought a dictionary (to look up / look up) difficult words.

7  The man must be a nice person (do / to do) such a good thing.

8  She has a lot of children (take care of / to take care of).

9  I don't have anybody (to play / to playing) table tennis with.

best 최고의
amazed 놀란
amusement park
놀이공원
grow up 성장하다
famous 유명한
scientist 과학자
take care of 돌보다
table tennis 탁구

**B** 다음 밑줄 친 부분의 문장 성분을 고르시오.

1  I'm sorry to hear the sad news.  (명사 / 형용사 / 부사)

2  Your dream to go to Greenland will come true.  (명사 / 형용사 / 부사)

3  She did her best to get a scholarship.  (명사 / 형용사 / 부사)

4  Do you have any real friends to rely on?  (명사 / 형용사 / 부사)

5  To wait for Billy is pleasant.  (명사 / 형용사 / 부사)

6  My sister doesn't have many toys to play with.  (명사 / 형용사 / 부사)

7  To succeed, patience and hard work are necessary.  (명사 / 형용사 / 부사)

8  Hank ran fast to get to school on time.  (명사 / 형용사 / 부사)

9  She needed a pen to write with.  (명사 / 형용사 / 부사)

10  I have something to tell you.  (명사 / 형용사 / 부사)

Greenland
그린란드 (덴마크령의 세계에
서 가장 큰 섬)
come true 이루어지다
do one's best
최선을 다하다
scholarship 장학금
rely on 기대다
pleasant 기쁜
patience 인내심
necessary 필요한
succeed 성공하다
on time 제시간에

# Grammar **PRACTICE**

**A** 주어진 단어와 우리말을 이용하여 다음 문장을 완성하시오.

1 그녀는 그렇게 좋은 친구를 가져서 운이 좋았다. (have)

➡ She was lucky _____ such a good friend.

2 그는 너에게 줄 정보가 거의 없다. (give)

➡ He has little information _____ you.

3 그녀가 그것을 이해하다니 똑똑한 것이 틀림없다. (understand)

➡ She must be smart _____ it.

4 우리는 암기할 단어가 너무 많다. (memorize)

➡ We have too much vocabulary _____ .

5 나는 그녀에게 어떤 것을 말하기 위해 그녀를 만날 것이다. (tell)

➡ I will meet her _____ her something.

6 생각해 볼 문제가 있다. (think, about)

➡ There is a problem _____ .

lucky 운이 좋은
information 정보
thoughtful 생각이 깊은
understand 이해하다
vocabulary 단어
memorize 암기하다

**B** 주어진 말을 올바른 위치에 넣어 문장을 다시 쓰시오.

1 Can you give me something? (to drink)

➡ _____

2 My daughter was sad her grandparents leave. (to see)

➡ _____

3 He is bored. He wants to buy a book. (to read)

➡ _____

4 There is somebody here today. (to visit)

➡ _____

5 The problem was too serious for me. (to ignore)

➡ _____

daughter 딸
grandparents 조부모
bored 지루한
serious 심각한
ignore 무시하다

## C 틀린 부분을 찾아 바르게 고쳐 문장을 다시 쓰시오.

1 Do you know anything to do fun?

   ➡ _____

2 I came here borrowing a laptop.

   ➡ _____

3 They stopped working watch a movie.

   ➡ _____

4 James has many friends play with.

   ➡ _____

5 She has to do her best in order win first prize.

   ➡ _____

6 He has some money buying a present for her.

   ➡ _____

7 Your parents will be happy receive your card.

   ➡ _____

8 To talk a lot with foreigners is the best way learn English.

   ➡ _____

## D 주어진 단어를 이용하여 다음 우리말을 영어로 쓰시오.

1 그는 첫 기차를 타기 위해서 역으로 갔다. (went, get, the station, the first train)

   ➡ _____

2 이 도시에는 방문할 곳이 많다. (there, in this city, places, visit, many)

   ➡ _____

3 Jane은 그녀의 어머니를 도우려고 설거지를 한다. (do the dishes, help)

   ➡ _____

4 이 문장은 이해하기 어렵다. (sentence, understand, difficult)

   ➡ _____

5 이 강은 수영하기에 너무 더럽다. (dirty, river, swim in)

   ➡ _____

**1** 빈칸에 공통으로 들어갈 말을 고르시오.

> • He lost the key _____ open the door.
> • The police are hiding _____ catch the thief.

① to ② so ③ on
④ in ⑤ for

**2** 빈칸에 들어갈 알맞은 것을 고르시오.

> Alice has many friends _____.

① play ② to play
③ playing ④ to play with
⑤ to playing

**3** 다음 우리말과 같은 뜻이 되도록 빈칸에 들어갈 알맞은 것을 고르시오.

> Alex는 내년을 준비하기 위해 달력을 샀다.
> = Alex bought a calendar _____ for next year.

① prepare ② prepares
③ prepared ④ to prepare
⑤ to preparing

**4** 빈칸에 들어갈 알맞은 것을 고르시오.

> A Are you busy? I have a favor _____ of you.
> B I'm not busy. What is that?

① ask ② to ask ③ asking
④ to asking ⑤ asked

**5** 다음 우리말을 영어로 바르게 옮긴 것을 고르시오.

> 그의 연설에서는 기억해야 할 중요한 것이 없었다.

① There is something important to remember in his speech.
② There is nothing important to remember in his speech.
③ There is something to remember important in his speech.
④ There is nothing to important remember in his speech.
⑤ There is nothing to remember important in his speech.

**6** 빈칸에 들어갈 말이 바르게 짝지어진 것을 고르시오.

> • I bought some pens _____.
> • There are no chairs _____.

① to write – to sit
② to write on – to sit
③ to write with – to sit in
④ to write with – to sit
⑤ to write on – to sit in

**7** 다음 밑줄 친 부분의 쓰임이 다음과 같은 것을 고르시오.

> I'm glad <u>to meet</u> you.

① Nick grew up <u>to be</u> a firefighter.
② Sue is very sad <u>to say</u> good-bye to them.
③ She must be smart <u>to solve</u> the problem.
④ The woman's words are easy <u>to understand</u>.
⑤ My mom bought some fruit <u>to make</u> a salad.

---

hide 숨다  thief 도둑  calendar 달력  prepare 준비하다  favor 부탁  speech 연설  fruit 과일  salad 샐러드

**8** 빈칸에 들어가는 것이 나머지와 <u>다른</u> 것을 고르시오.

① I have some books _____ return today.

② He must be stupid _____ behave like that.

③ I have no friends _____ call now.

④ _____ is interesting to read foreign novels.

⑤ I got up early so as not _____ be late for the meeting.

**9** 밑줄 친 부분의 쓰임이 나머지와 <u>다른</u> 것을 고르시오.

① I brought a camera <u>to take</u> pictures.

② She did the dishes <u>to help</u> her mom.

③ I bought magazines <u>to read</u> at a bookstore.

④ Mia opened the window <u>to clean</u> the room.

⑤ He turned on the computer <u>to send</u> an email.

**10** 다음 중 어법상 <u>틀린</u> 것을 고르시오.

The boy had ① <u>many good</u> books ② <u>to read</u>. He went ③ <u>to the library</u> ④ <u>to study</u> every day. Finally, he grew up ⑤ <u>becoming</u> a lawyer.

**11** 다음 중 어법상 <u>틀린</u> 문장을 고르시오.

① Hanoi is a fun city to visit.

② He spoke to her to ask for directions.

③ The doctor has a lot of patients to take care of.

④ Jeff was nervous to speak in English.

⑤ She didn't eat dinner in order to not put on weight.

**12** 다음 두 문장이 같은 뜻이 되도록 빈칸에 들어갈 말을 쓰시오.

Jack studied late at night not to fail the test.
= Jack studied late at night _____ _____ _____ _____ fail the test.

→ _____

**13** 어법상 어색한 부분을 찾아 바르게 고쳐 쓰시오.

Do you have time talk with me this evening?

_____ → _____

**14** 다음 두 문장을 to부정사를 이용하여 한 문장으로 바꿔 쓰시오.

• I wanted to buy a blouse to wear at the party.
• I went to the department store.

→ _____

**15** 주어진 단어를 바르게 배열하여 다음 우리말을 영어로 쓰시오.

나는 환경을 보호하기 위해 버스를 타지 않는다.
(the, take, environment, a bus, protect, I, to, don't)

→ _____

behave 행동하다  foreign 외국의  magazine 잡지  bookstore 서점  turn on 켜다  lawyer 변호사  ask for directions 길을 묻다  patient 환자  put on weight 체중이 늘다  department store 백화점  protect 보호하다  environment 환경

기초 탄탄 3
GRAMMAR

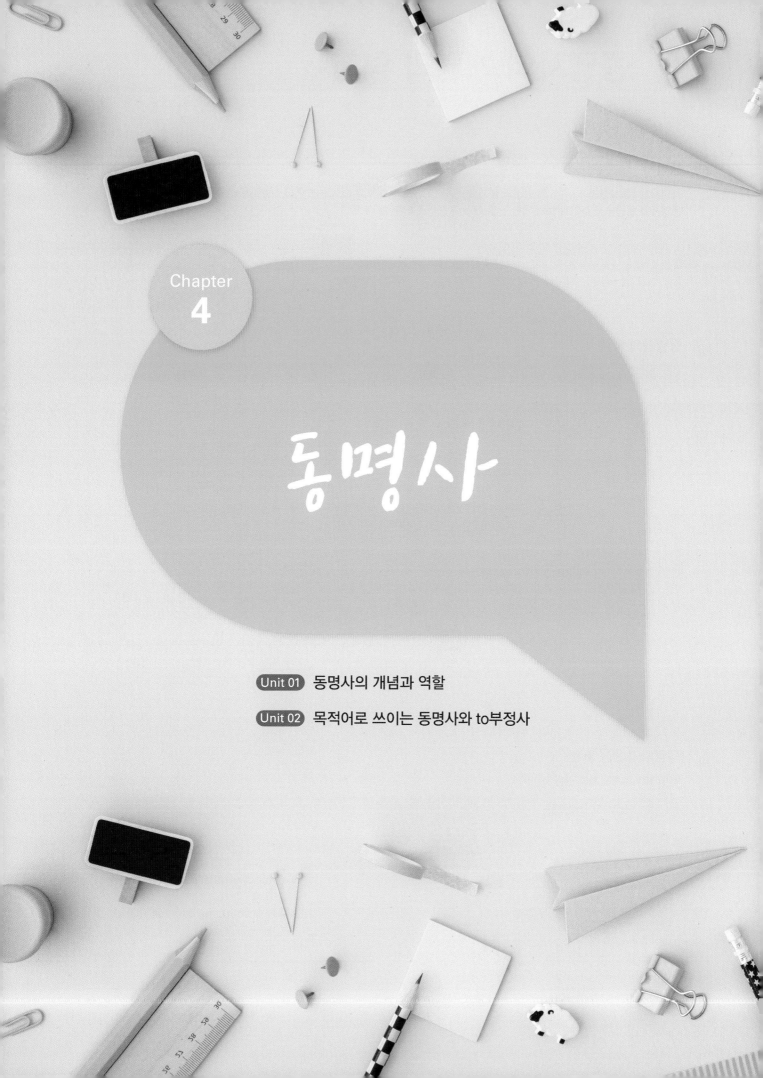

Chapter
**4**

# 동명사

# 동명사의 개념과 역할

## 1 동명사

동명사는 『동사원형 + -ing』의 형태의 명사로 '~하는 것, ~하기'라고 해석하며 주어, 보어, 목적어의 역할을 한다.
동명사가 문장에서 주어나 보어 역할을 할 때 to부정사로 바꿔 쓸 수 있다.

> **Tip**
> 동명사의 부정형은 동명사 앞에 not을 쓴다.
> I'm sorry for not telling you. 너에게 말하지 않아서 미안해.

## 2 동명사의 역할

| 역할 | 해석 | 특징 | 예문 |
|---|---|---|---|
| 주어 | ~하는 것은, ~하기 | • 3인칭 단수 취급하여 단수 동사가 옴 | Exercising regularly is good for your health.<br>규칙적으로 운동하는 것은 건강에 좋다.<br>Having good friends is important.<br>좋은 친구를 두는 것은 중요하다. |
| 목적어 | ~하는 것을, ~하기를 | • 동사의 목적어는 물론 전치사의 목적어로 쓰임<br>• 동명사만을 목적어로 쓰는 동사:<br>finish, enjoy, mind, keep, avoid, give up, practice, deny, suggest, stop 등 | He finished doing his homework.<br>그는 숙제 하는 것을 끝마쳤다. (동사의 목적어)<br>Brian is good at swimming.<br>Brian은 수영을 잘한다. (전치사의 목적어) |
| 보어 | ~하는 것이다 | • be동사 뒤에 옴 | Mary's hobby is taking pictures.<br>Mary의 취미는 사진을 찍는 것이다.<br>Eric's favorite activity is playing basketball.<br>Eric이 가장 좋아하는 활동은 농구를 하는 것이다. |

> **Tip**
> 동사 stop 뒤에 동명사가 오면, '~하는 것을 멈추다'라는 뜻으로 동명사가 stop의 목적어로 쓰인다.
> 동사 stop 뒤에 to부정사가 오면, '~하기 위해 멈추다'라는 목적의 의미를 나타낸다.

## 3 동명사의 관용 표현

자주 쓰이는 동명사의 관용 표현이 있다.

| 동명사의 관용 표현 | 해석 | 예문 |
|---|---|---|
| by -ing<br>be busy -ing<br>be good at -ing<br>feel like -ing<br>go -ing<br>be interested in -ing<br>look forward to -ing<br>spend time/money -ing<br>What/How about -ing? | ~함으로써<br>~하느라 바쁘다<br>~을 잘하다<br>~하고 싶다<br>~하러 가다<br>~하는 데 관심 있다<br>~을 고대하다<br>~하는 데 시간/돈을 쓰다<br>~하는 게 어때? | He was busy finishing his project in July.<br>그는 7월에 그의 프로젝트를 끝내느라 바빴다.<br>My sister is good at dancing.<br>우리 언니는 춤을 잘 춘다.<br>Kate went shopping with her friends.<br>Kate는 그녀의 친구들과 함께 쇼핑하러 갔다.<br>What about going to the movies?<br>영화 보러 가는 게 어때? |

**A**  다음 괄호 안에서 알맞은 것을 고르시오.

1  My dog doesn't like (take / taking) a bath.

2  (Read / Reading) many books is useful.

3  Baking cookies (is / are) very fun.

4  Your reason for (be / being) late for class is understandable.

5  My brother is good at (play / playing) tennis.

6  (Do / Doing) homework is important for students.

7  I apologize for (not keep / not keeping) my promise yesterday.

8  Mr. Elliot is interested in (take / taking) pictures.

9  He is fond of (cook / cooking).

take a bath 목욕하다
useful 유용한
enjoy 즐기다
reason 이유
understandable
이해할 수 있는
tennis 테니스
apologize 사과하다
promise 약속
be interested in ~
~에 흥미가 있다.
be fond of~ ~을 좋아하다

**B**  다음 밑줄 친 부분의 문장 성분을 고르시오.

1  <u>Driving a car</u> makes me nervous.                    (주어 / 목적어 / 보어)

2  His hobby is <u>drawing cartoons</u>.                        (주어 / 목적어 / 보어)

3  <u>Drinking coffee</u> can keep you awake.                (주어 / 목적어 / 보어)

4  Did you finish <u>washing the dishes</u>?                   (주어 / 목적어 / 보어)

5  My pleasure is <u>giving them presents</u>.               (주어 / 목적어 / 보어)

6  <u>Eating vegetables</u> is good for your health.        (주어 / 목적어 / 보어)

7  <u>Learning a language</u> is easier at a young age.   (주어 / 목적어 / 보어)

8  Mary keeps <u>talking about her problems</u>.          (주어 / 목적어 / 보어)

9  I enjoyed <u>getting some rest</u> in the afternoon.    (주어 / 목적어 / 보어)

10  She will never give up <u>singing</u>.                        (주어 / 목적어 / 보어)

nervous 긴장한
hobby 취미
draw 그리다
cartoon 만화
awake 깨어 있는
wash 씻다
hope 희망
vegetable 채소
language 언어
easier 더 쉬운
get some rest 쉬다

STEP **2**
# Grammar **PRACTICE**

**A** 주어진 단어와 우리말을 이용하여 다음 문장을 완성하시오.

1 그 산을 올라가는 것은 위험했다. (climb up)

➡ _____ the mountain was dangerous.

2 우리 엄마의 취미는 영화를 보는 것이다. (watch movies)

➡ My mom's hobby is _____.

3 그녀를 위해 머핀을 좀 만드는 게 어때? (make)

➡ How about _____ some muffins for her?

4 이 식당은 좌석을 예약하는 것이 필요하다. (book)

➡ _____ a table at this restaurant is necessary.

5 때때로 그는 혼자 있는 것을 즐긴다. (be alone)

➡ Sometimes he enjoys _____.

6 그 의사는 음악을 듣는 것을 제안했다. (listen to)

➡ The doctor suggested _____ music.

mountain 산
dangerous 위험한
climb up 올라가다
muffin 머핀
restaurant 식당
book 예약하다
necessary 필요한
alone 혼자
suggest 제안하다

**B** 주어진 말을 올바른 위치에 넣어 문장을 다시 쓰시오.

1 Do you mind the salt? (passing me)

➡ _____

2 To protect environment, avoid paper cups. (using)

➡ _____

3 Basketball is a fun activity. (playing)

➡ _____

4 My sister is afraid of plane. (going by)

➡ _____

5 Vitamins are good for your health. (taking)

➡ _____

salt 소금
pass 건네다
protect 보호하다
environment 환경
avoid 피하다, 막다
basketball 농구
activity 활동
be afraid of ~
~을 무서워하다
plane 비행기
vitamin 비타민
health 건강

**C** 틀린 부분을 찾아 바르게 고쳐 문장을 다시 쓰시오.

1 Study hard is important.

   ➡ _____

2 I'm sorry for not arrive on time.

   ➡ _____

3 Jason always dreams about to travel around the world.

   ➡ _____

4 Did your father finally give up smoke?

   ➡ _____

5 Jump high makes me feel good.

   ➡ _____

6 Do you mind open the window?

   ➡ _____

7 Walk on a cloud is impossible.

   ➡ _____

8 One of my favorite activities is ride my bike.

   ➡ _____

hard 열심히
arrive 도착하다
travel 여행하다
world 세계
finally 마침내
smoke 담배를 피다
cloud 구름
impossible 불가능한
favorite 가장 좋아하는
activity 활동

**D** 주어진 단어를 이용하여 다음 우리말을 영어로 쓰시오.

1 그녀는 강아지들을 돌보는 것을 좋아한다. (like, puppies, take care of)

   ➡ _____

2 나는 토요일에 쇼핑 가는 것을 피한다. (go shopping, on Saturdays, avoid)

   ➡ _____

3 나는 이메일 쓰는 것을 끝냈다. (finish, an email, write)

   ➡ _____

4 그는 여행하는 것을 즐기지 않는다. (enjoy, take trips)

   ➡ _____

5 아침식사를 거르는 것은 네 건강에 좋지 않다. (good for, skip, breakfast, health)

   ➡ _____

puppy 강아지
take care of ~ ~을 돌보다
shopping 쇼핑
finish 끝내다
trip 여행
good for ~ ~에 좋은
skip 건너뛰다

**1** 빈칸에 들어갈 알맞은 것을 고르시오.

> _____ to music is my favorite hobby.

① Listen          ② Listened
③ Listening      ④ Be listened
⑤ To listening

**2** 빈칸에 들어갈 수 <u>없는</u> 것을 고르시오.

> She _____ cooking for my friends.

① enjoyed        ② kept
③ finished       ④ decided
⑤ practiced

**3** 빈칸에 들어갈 알맞은 것을 고르시오.

> Thank you for _____ me.

① help           ② to help
③ helping        ④ helped
⑤ to helping

**4** 밑줄 친 부분과 바꿔 쓸 수 있는 것을 고르시오.

> <u>Reading</u> books is a lot of fun.

① Read           ② To read
③ For read       ④ Being read
⑤ To reading

**5** 다음 우리말을 영어로 바르게 옮긴 것을 고르시오.

> 너는 그 약을 먹는 것을 지금 당장 멈추어야 한다.

① You should stop take the medicine right now.
② You should stop taken the medicine right now.
③ You should stop taking the medicine right now.
④ You should stop to take the medicine right now.
⑤ You should stop to taking the medicine right now.

**6** 다음 두 문장이 같은 뜻이 되도록 빈칸에 들어갈 알맞은 말을 고르시오.

> I want to drink some cool water now.
> = I _____ some cool water now.

① feel at drinking       ② feel for drinking
③ feel like to drink     ④ feel for to drink
⑤ feel like drinking

**7** 빈칸에 들어갈 말이 바르게 짝지어진 것을 고르시오.

> • I look forward _____ you again.
> • In winter, we go _____ or skiing.

① see - skate
② to seeing - skating
③ to see - to skate
④ to seeing - to skate
⑤ to see - skating

---

decide 결정하다   medicine 약   right now 지금 당장   skate 스케이트를 타다   ski 스키를 타다

**8** 밑줄 친 부분의 쓰임이 나머지와 다른 것을 고르시오.

① The movie is worth <u>watching</u>.

② His bad habit is <u>shaking</u> his leg.

③ My dad is <u>cleaning</u> the garden.

④ Do you mind <u>opening</u> the window?

⑤ <u>Eating</u> vegetables is good for your health.

**9** 밑줄 친 부분을 to부정사로 바꿀 수 없는 것을 고르시오.

① <u>Telling</u> lies is not right.

② <u>Having</u> a pet is not easy.

③ I like <u>taking</u> pictures.

④ She starts <u>eating</u> lunch.

⑤ I'm sorry for <u>breaking</u> my promise.

**10** 다음 ①~⑤ 중 어법상 틀린 것을 고르시오.

> A I spent all my money ① <u>to travel</u> in Europe.
> I ② <u>have difficulty</u> ③ <u>saving</u> money these days.
>
> B ④ <u>How about</u> ⑤ <u>keeping</u> a spending diary?
>
> A I'll try that. Thanks.

**11** 다음 중 어법상 틀린 문장을 고르시오.

① She is worried about taking the exam.

② He suggested getting a driver's license.

③ Babies should avoid to use sharp objects.

④ Alice is staying healthy by exercising every day.

⑤ I am interested in joining the badminton club.

**12** 다음 문장에서 괄호 안의 단어를 알맞은 형태로 바꿔 쓰시오.

> A Do you have any plans for your vacation?
>
> B I'm thinking of (go) skiing with my family.

→ _____

**13** 어법상 어색한 부분을 찾아 바르게 고쳐 쓰시오.

> Brian gave up to take part in that competition.

_____ → _____

**14** 다음 우리말과 같은 뜻이 되도록 괄호 안의 단어를 알맞은 형태로 바꿔 쓰시오.

> 스마트폰을 갖고 있지 않는 것은 불편하다.
>
> = (Have) a smartphone is inconvenient.

→ _____

**15** 주어진 단어를 바르게 배열하여 다음 우리말을 영어로 쓰시오.

> 나는 그에게 물어봄으로써 그 문제에 대한 해결책을 찾을 수 있었다.
>
> (find, problem, the, by, I, him, could, to, a solution, asking)

→ _____

_____

worth ~할 가치가 있는  difficulty 어려움  competition 대회, 시합  inconvenient 불편한

# 목적어로 쓰이는 동명사와 to부정사

**1** **동명사만 목적어로 취하는 동사 VS to부정사만 목적어로 취하는 동사**

동명사와 to부정사는 둘다 문장에서 목적어의 역할을 할 수 있는데, 동사에 따라 동명사만 목적어로 취하기도 하고,
to부정사만 목적어로 취하기도 한다.

| 구분 | 종류 | 형태 | 예문 |
|---|---|---|---|
| 동명사만<br>목적어로 취하는 동사 | finish, enjoy, mind, keep, avoid, give up,<br>practice, deny, suggest, stop… | + 동명사 | I practiced playing the guitar every day.<br>나는 매일 기타 치는 것을 연습했다.<br>The thief denied committing a crime.<br>그 도둑은 범죄를 저지른 것을 부인했다. |
| to부정사만<br>목적어로 취하는 동사 | want, wish, hope, decide, plan, need,<br>wish, agree, refuse, promise, expect… | + to부정사 | I hope to see the blue sea.<br>나는 푸른 바다를 보기를 바란다.<br>I agreed to change the plan.<br>나는 그 계획을 바꾸는 것에 동의했다. |

**2** **동명사와 to부정사 모두 목적어로 취하는 동사**

동명사와 to부정사 둘 다 목적어로 취하는 동사들이 있는데, 목적어에 따라 의미가 달라지지 않는 동사도 있고,
의미가 달라지는 동사도 있다.

| 구분 | 종류 | 형태 | | 예문 |
|---|---|---|---|---|
| 의미가<br>달라지지 않는 동사 | like, love,<br>hate, start,<br>begin, continue… | + 동명사<br>+ to부정사 | | I love taking pictures.<br>= I love to take pictures.<br>나는 사진 찍는 것을 매우 좋아한다.<br>The chef began preparing dinner.<br>= The chef began to prepare dinner.<br>그 요리사는 저녁을 준비하기 시작했다. |
| 의미가<br>달라지는 동사 | remember | + 동명사 | ~한 것을 기억하다<br>(과거) | I remember seeing a doctor.<br>나는 병원에 간 것을 기억한다. |
| | | + to부정사 | ~할 것을 기억하다<br>(미래) | I remember to see a doctor.<br>나는 병원에 갈 것을 기억한다. |
| | forget | + 동명사 | ~한 것을 잊다<br>(과거) | I forgot sending the email to him.<br>나는 그에게 이메일을 보냈던 것을 잊었다. |
| | | + to부정사 | ~할 것을 잊다<br>(미래) | I forgot to send the email to him.<br>나는 그에게 이메일을 보낼 것을 잊었다. |
| | try | + 동명사 | 한번 ~해보다<br>(시도) | I tried finishing it by 6 o'clock.<br>나는 6시까지 그것을 끝내는 걸 시도해 봤다. |
| | | + to부정사 | ~하려고 노력하다<br>(노력) | I tried to finish it by 6 o'clock.<br>나는 6시까지 그것을 끝내려고 노력했다. |
| | regret | + 동명사 | ~한 것을 후회하다<br>(후회) | I regretted telling her the secret.<br>나는 그녀에게 비밀을 말한 것을 후회했다. |
| | | + to부정사 | ~하게 되어 유감스럽다<br>(유감) | I regretted to tell her the secret.<br>내가 그녀에게 비밀을 말하게 되어 유감스럽다. |

# Grammar START

**A** 다음 괄호 안에서 알맞은 것을 고르시오.

1 He promised (to go / going) on a picnic.

2 She finished (to do / doing) her homework.

3 Mike refused (to sing / singing) last night.

4 They expect (to arrive / arriving) early.

5 My father stopped (to smoke / smoking) for his health.

6 She agreed (to play / playing) basketball.

7 I need (to look / looking) for my car key right now.

8 He suggested (to have / having) a meeting on Monday.

9 Please remember (to turn / turning) off the lights when you go out.

promise 약속하다
picnic 소풍
finish 끝내다
refuse 거절하다
expect 예상하다
smoke 담배피다
agree 동의하다
remember 기억하다
turn off 끄다

**B** 다음 문장을 우리말로 쓰시오.

1 Don't forget to feed the dog.

   ➡ _____

2 He stopped resting and began to work.

   ➡ _____

3 Please try to be quiet in the conference room.

   ➡ _____

4 Alex doesn't remember writing down your address last week.

   ➡ _____

5 She tried wearing the uniform.

   ➡ _____

forget 잊어버리다
feed 먹이를 주다
rest 쉬다
began
(begin 시작하다)의 과거형
quiet 조용한
conference 회의
wear 입다
uniform 교복, 제복

# Grammar **PRACTICE**

**A** 다음 괄호 안에서 어법상 가능한 것을 <u>모두</u> 고르시오.

1 My friend agreed (do / to do / doing) some volunteer work.

2 Harry likes (fly / to fly / flying) kites on the riverside.

3 He started (shout / to shout / shouting) on the top of the mountain.

4 Michael avoided (tell / to tell / telling) the truth.

5 My mom decided (buy / to buy / buying) a new wristwatch.

6 Stella loves (listen / to listen / listening) to classical music.

7 We are talking about (write / to write / writing) in English.

8 My friends don't forget (keep / to keep / keeping) their promises.

9 He gave up (be / to be / being) a model.

10 I regret (say / to say / saying) that I can't help you.

agree 동의하다
volunteer work 자원봉사
riverside 강가
shout 소리치다
top 꼭대기
mountain 산
avoid 피하다
truth 진실
decide 결심하다
wristwatch 손목시계
classical 고전적인

**B** 주어진 단어와 우리말을 이용하여 다음 문장을 완성하시오.

1 그녀는 그에게 말하는 것을 멈추었다. (talk)

➡ She stopped _____ to him.

2 Bob은 그의 직업을 그만두기로 결심했다. (quit)

➡ Bob decided _____ his job.

3 나는 John을 초대하는 것을 잊었다. (invite)

➡ I forgot _____ John.

4 그녀는 그와 지금 나가기를 원하니? (go out)

➡ Does she want _____ with him right now?

5 나는 네가 너무 그리워. 너를 곧 보기를 소망하고 있어. (see)

➡ I miss you so much. I hope _____ you soon.

6 그는 너와 연락하려고 며칠이나 노력했다. (contact)

➡ He has tried _____ you for days.

talk 말하다
quit 그만두다
invite 초대하다
go out 나가다
miss 그리워하다
hope 소망하다
soon 곧
contact 연락하다

## C 틀린 부분을 찾아 바르게 고쳐 문장을 다시 쓰시오.

1 Suji wants go abroad someday.

&rArr; _____

2 He felt like to drink cold water a few minutes ago.

&rArr; _____

3 Ben enjoys to read comic books.

&rArr; _____

4 He stopped drink beer, so he looks good.

&rArr; _____

5 The rain kept to fall all afternoon.

&rArr; _____

6 I agreed make Jake wash his car.

&rArr; _____

7 We hope eating Chinese food tonight.

&rArr; _____

8 She regrets helping not her brother.

&rArr; _____

abroad 해외로
someday 언젠가
enjoy 즐기다
beer 맥주
well 잘, 좋은
fall 떨어지다
agree 동의하다
choose 선택하다
regret 후회하다

## D 주어진 단어를 이용하여 다음 우리말을 영어로 쓰시오.

1 그녀는 그녀의 반지를 서랍에 넣는 것을 잊었다. (forget, put, ring, in the drawer)

&rArr; _____

2 그들은 내일 시험에 통과하기를 기대한다. (the test, expect, pass, tomorrow)

&rArr; _____

3 그는 다음 달에 사과를 재배하려고 계획한다. (plan, grow, apples, next month)

&rArr; _____

4 그녀는 채소를 시험 삼아 먹어봤다. (try, vegetables, eat)

&rArr; _____

5 집에 오는 길에 책 한 권을 사야 하는 것을 기억해라. (remember, buy, on your way home)

&rArr; _____

drawer 서랍
expect 기대하다
grow 기르다
try 시도하다
vegetable 채소

[1-2] 빈칸에 들어갈 알맞은 것을 고르시오.

**1**

> I promise _____ healthy food.

① eat      ② to eat      ③ eating
④ ate      ⑤ to eating

**2**

> He suggested _____ good habits.

① develop      ② developed
③ to develop      ④ developing
⑤ being develop

**3** 빈칸에 들어갈 수 없는 것을 고르시오.

> I _____ to go on a trip overseas.

① enjoy      ② hope      ③ wish
④ want      ⑤ plan

**4** 빈칸에 들어갈 말이 바르게 짝지어진 것을 고르시오.

> • When do you expect _____ back?
> • The magician keeps _____ magic.

① be - practice
② to be - to practice
③ being - to practice
④ to be - practicing
⑤ being - practicing

**5** 다음 우리말을 영어로 바르게 옮긴 것을 모두 고르시오.

> Alex는 시험 삼아 그 요리에 약간의 소금을 넣어보았다.

① Alex tried add some salt to the dish.
② Alex tried to add some salt to the dish.
③ Alex tried adding some salt to the dish.
④ Alex tried being add some salt to the dish.
⑤ Alex tried added some salt to the dish.

**6** 두 개의 빈칸에 모두 들어갈 수 <u>없는</u> 것을 고르시오.

> Mary _____ singing in front of people.
> = Mary _____ to sing in front of people.

① likes      ② loves      ③ starts
④ enjoys      ⑤ hates

**7** 다음 두 문장을 한 문장으로 바르게 바꿔 쓴 것을 고르시오.

> • Sue received her birthday gift last week.
> • She remembered it.

① She remembered receive her birthday gift.
② She remembered receiving her birthday gift.
③ She remembered to receive her birthday gift.
④ She remembered received her birthday gift.
⑤ She remembered to receiving her birthday gift.

---

healthy 건강에 좋은   suggest 제안하다   develop 개발하다, 발생하다   habit 습관   go on a trip 여행을 가다   overseas 해외에, 외국에
expect 예상하다   magician 마술사   add 추가하다   receive 받다   remember 기억하다

**8** 빈칸에 들어갈 말이 바르게 짝지어진 것을 고르시오.

> • Don't forget _____ the books.
> • Remember _____ your passport tomorrow.

① return - bring
② returning - bringing
③ to return - to bring
④ to return - bringing
⑤ returning - to bring

**[9-10]** 다음 중 어법상 틀린 것을 고르시오.

**9**

> I like ① watching baseball games. I wanted ② to go ③ to the baseball stadium ④ on the weekend. So I finished ⑤ to do my homework first.

**10**

> I often ① forget ② to turn off the light. So I am trying ③ changing my habit. I plan ④ to leave notes ⑤ for myself.

**11** 다음 중 어법상 틀린 것을 고르시오.

① I decided to take a taxi.
② I enjoy watching musicals.
③ She really wants to learn yoga.
④ I remember going on a picnic with him.
⑤ She wishes taking a trip to Rome.

**[12-13]** 다음 두 문장이 같은 뜻이 되도록 괄호 안의 단어를 알맞은 형태로 바꿔 쓰시오.

**12**

> My mom forgot that she had to turn down the gas.
>
> = My mom forgot (turn) down the gas.

→ _____

**13**

> Remember to call me when you arrive.
>
> = (forget) to call me when you arrive.

→ _____

**14** 다음 문장에서 괄호 안의 단어를 알맞은 형태로 바꿔 쓰시오.

> I regret not (go) to the movies with Amy.

→ _____

**15** 주어진 단어를 바르게 배열하여 다음 우리말을 영어로 쓰시오.

> 나는 당신이 와 준 것에 대해 감사를 표현하는 것을 잊었어요.
>
> (you, party, I, to, coming, thank, forgot, for, the, to)

→ _____

_____

---

return 돌려주다, 반납하다   bring 가져오다   passport 여권   turn down 줄이다

**[1-2]** 빈칸에 들어갈 알맞은 것을 고르시오.

**1**

Thank you for _____.

① call me        ② to call me
③ called me      ④ calling me
⑤ calls me

**2**

Our plan is _____ a house here.

① build      ② builds      ③ built
④ to build      ⑤ for build

**3** 다음 중 어법상 올바른 문장을 고르시오.

① I can't give up to ski.
② Grace likes reading novels.
③ She did her best to finding the truth.
④ He needs cleaning his room.
⑤ The kids hope going out for dinner.

**4** 밑줄 친 to부정사의 쓰임이 나머지와 다른 것을 고르시오.

① Kate wants to join the music club.
② She promised to help us.
③ I am happy to get a prize.
④ We like to take a walk at night.
⑤ He decided to get up early.

**5** 주어진 문장과 같은 의미가 되도록 문장을 완성하시오.

It is not difficult to drive a car.
= _____ is not difficult.

**6** 빈칸에 공통적으로 들어갈 말을 고르시오.

• The girl began _____.
• He finished _____.

① cry      ② cried      ③ crying
④ to cry      ⑤ to crying

**7** 다음 우리말을 영어로 바르게 옮긴 것을 고르시오.

나는 너에게 보여줄 흥미진진한 것이 있다.

① I have something exciting to show you.
② I have exciting something to show you.
③ I have something to show you exciting.
④ I have exciting to show you something.
⑤ I have to show you something exciting.

**[8-9]** 다음 빈칸에 들어갈 말이 바르게 짝지어진 것을 고르시오.

**8**

• John would like _____ steak.
• John feels like _____ steak.

① eat – to eat      ② to eat – to eat
③ to eat – eating      ④ eating – to eat
⑤ eating – eating

**9**

• He stopped _____ some water.
• We wanted _____ a picture on the wall.

① drink - draw      ② drinking - draw
③ drinking - drawing      ④ to drink - to draw
⑤ to drink - drawing

**10** 다음 중 두 문장의 의미가 같지 <u>않은</u> 것을 고르시오.

① He didn't start to do his work.

    = He didn't start doing his work.

② I hate to be alone at home.

    = I hate being alone at home.

③ Sam stopped to listen to music.

    = Sam stopped listening to music.

④ When will you begin to fix the bike?

    = When will you begin fixing the bike?

⑤ My sister loves to eat chocolate.

    = My sister loves eating chocolate.

**11** 주어진 단어를 이용하여 다음 우리말을 영어로 쓰시오.

> 나는 거기에서 그녀를 만났던 것을 기억한다.
>
> (remember, meet, there)

➡ _____

**12** 다음 문장의 밑줄 친 부분의 역할이 같은 것끼리 짝지어진 것을 고르시오.

> ⓐ <u>To wait</u> in line is boring.
>
> ⓑ They stopped <u>kicking</u> the ball.
>
> ⓒ The child finally gave up <u>climbing</u> up the tree.
>
> ⓓ <u>Getting</u> up early is a good habit.
>
> ⓔ One of her dreams is <u>to become</u> an astronaut.

① ⓐ, ⓑ      ② ⓐ, ⓔ      ③ ⓑ, ⓒ

④ ⓐ, ⓓ, ⓔ      ⑤ ⓑ, ⓒ, ⓔ

**13** 다음 중 어법상 <u>틀린</u> 문장을 고르시오.

① Bill wants to give her something.

② Jenifer regrets not doing volunteer work.

③ Thomas agreed to take a walk with me.

④ To playing the guitar is not difficult.

⑤ He is fond of playing chess.

**[14-15]** 다음 글을 읽고 질문에 알맞은 말을 쓰시오.

> Lizzy is a middle school student. She is quite diligent, but she sometimes forgets ① <u>to do</u> her homework. Her math teacher gave an assignment last Tuesday. Lizzy had to ② <u>help</u> her mother, so she postponed ③ <u>doing</u> it. The following days, she forgot to do her math homework. Yesterday, she suddenly remembered ④ <u>to do</u> her homework, but there wasn't enough time. (그녀는 그녀의 숙제를 마치려고 노력했다.) Unfortunately, she couldn't finish ⑤ <u>to do</u> it by today.

**14** 밑줄 친 ①~⑤중 어법상 <u>틀린</u> 것을 골라 바르게 고쳐 쓰시오.

_____ ➡ _____

**15** 주어진 단어를 이용하여 괄호 안의 우리말을 영어로 쓰시오.

> complete, try, homework

➡ _____

기초 탄탄 **3**
**GRAMMAR**

# 의문문

# 부가의문문

## 1 부가의문문

부가의문문은 상대방에게 동의나 확인을 구하기 위해 평서문 뒤에 덧붙이는 의문문으로 '그렇지?' 또는 '그렇지 않니?'라고 해석한다. 『동사 + 주어?』 형태로 쓰고, 주어는 인칭대명사로 쓴다.

Stella is a doctor, isn't she?  Stella는 의사지, 그렇지 않니?

Eric is not a student, is he?  Eric은 학생이 아니야, 그렇지?

> **TIP**
> 부가의문문의 부정형은 반드시 축약형으로 쓴다.

## 2 부가의문문 만드는 방법

부가의문문을 만드는 방법은 다음과 같다.

| 방법 | | 예문 |
|---|---|---|
| Step 1 | be동사와 조동사는 그대로 사용하고 일반동사는 do / does / did로 쓴다. | You are hungry, aren't you?  너는 배고프지, 그렇지 않니?<br>You can swim, can't you?  너는 수영을 할 수 있어, 그렇지 않니?<br>He came to Korea, didn't he?  그는 한국에 왔어, 그렇지 않니? |
| Step 2 | 앞 문장이 긍정일 때는 부정으로, 앞 문장이 부정일 때는 긍정으로 바꾼다. | She likes pizza, doesn't she?  그녀는 피자를 좋아해, 그렇지 않니?<br>He isn't a soccer player, is he?  그는 축구 선수가 아니야, 그렇지? |
| Step 3 | 주어는 대명사로 바꾼다. | Mia can't speak Chinese, can she?  Mia는 중국어를 말할 수 없어, 그렇지? |

> **TIP**
> 명령문의 부가의문문은 내용에 상관없이 문장 끝에 will you?를 쓰고, 청유문은 shall we?를 쓴다.
> Open the window, will you?  창문을 열어라, 그럴 거지?
> Let's go to the movies, shall we?  영화 보러 가자, 그럴래?

## 3 부가의문문에 대답하기

부가의문문에 대한 대답은 우리말과 상관없이 긍정이면 Yes, 부정이면 No를 사용한다.

A You aren't tired, are you?  너는 피곤하지 않지, 그렇지?

B Yes, I am.  응, 피곤해. / No, I'm not.  아니, 피곤하지 않아.

A She won't clean her desk, will she?  그녀는 그녀의 책상을 청소하지 않을 거야, 그렇지?

B Yes, she will.  응, 할거야. / No, she won't.  아니, 하지 않을 거야.

A He didn't go to the meeting, did he?  그는 회의에 참석하지 않았어, 그렇지?

B Yes, he did.  응, 참석했어. / No, he didn't.  아니, 하지 않았어.

# Grammar START

**A**  다음 괄호 안에서 알맞은 것을 고르시오.

1  She is your mother, (is / isn't) she?

2  Let's go home now, (let / shall) we?

3  The movie is interesting, (is / isn't) it?

4  The lights weren't bright enough, (were / weren't) they?

5  Those flowers are beautiful, (isn't it / aren't they)?

6  Don't cry like a baby, (will / won't) you?

7  The puppy didn't eat the chocolate, (does it / did it)?

8  It looks like a wonderful day, (does it / doesn't it)?

9  The baseball team can't win the game tonight, (can it / can't it)?

interesting 흥미로운
light 빛, 전등
bright 밝은
enough 충분히
wonderful 훌륭한, 좋은

**B**  다음 빈칸에 알맞은 형태의 동사를 쓰시오.

1  Tony won't be late, _____ he?

2  There are a lot of people here, _____ there?

3  You _____ seen Jenny today, have you?

4  She can't answer all the questions, _____ she?

5  It _____ a good play, wasn't it?

6  Jim should take his medicine, _____ he?

7  _____ not wait for him here, shall we?

8  They didn't know the truth, _____ they?

9  Tracy has lived in Seoul for a long time, _____ she?

10  Olivia isn't able to play basketball, _____ she?

late 늦은
people 사람들
answer 대답하다
question 질문
play 연극
wait 기다리다

**A** 주어진 우리말을 이용하여 빈칸에 알맞은 말을 쓰시오.

1 그녀는 매우 아름다운 목소리를 가졌다, 그렇지 않니?

➡ She _____ a very beautiful voice, _____ she?

2 나에게 이메일을 빨리 써, 그럴 거지?

➡ _____ me an e-mail soon, _____ you?

3 일요일에 영화 보러 가자, 응?

➡ _____ go to the movies on Sunday, _____ _____?

4 테이블 위에 사과 하나가 있었다, 그렇지 않니?

➡ There _____ an apple on the table, _____ _____?

5 그는 그녀를 전에 만난 적이 없다, 그렇지?

➡ He _____ never met her before, _____ he?

6 그들은 여행을 가고 싶어 했다, 그렇지?

➡ They _____ to take a trip, _____ they?

voice 목소리
e-mail 이메일
soon 곧, 빨리
before 전에
take a trip 여행을 가다

**B** 주어진 문장에 알맞은 부가의문문을 넣어서 다시 쓰시오.

1 Eric doesn't look too good today.

➡ _____

2 It's warm. Open the window.

➡ _____

3 She won't mind if I use her phone.

➡ _____

4 The river is very long.

➡ _____

5 Let's go out and play.

➡ _____

warm 따뜻한
mind 꺼리다
if 만약 ~라면
river 강

## C 틀린 부분을 찾아 바르게 고쳐 문장을 다시 쓰시오.

1 They were late for school last Thursday, aren't they?

➡ _____

2 You don't want to come, do I?

➡ _____

3 Tracy likes flowers, doesn't Tracy?

➡ _____

4 She and you are preparing for the presentation, aren't she?

➡ _____

5 Let's go out for dinner, will we?

➡ _____

6 You have never been to a foreign country, do you?

➡ _____

7 There is a lot of traffic, wasn't there?

➡ _____

8 Don't forget to keep your promise, shall you?

➡ _____

late 늦은
prepare 준비하다
presentation 발표
dinner 저녁식사
foreign 외국의
country 나라
traffic 교통, 차량
forget 잊다
keep 지키다
promise 약속

## D 주어진 단어를 이용하여 다음 우리말을 영어로 쓰시오.

1 그 지갑은 비싸다, 그렇지 않니? (the wallet, expensive)

➡ _____

2 그녀는 첼로 연주를 하지 않는다, 그렇지? (play the cello)

➡ _____

3 그는 그 일을 할 것이다, 그렇지 않니? (do the work)

➡ _____

4 Jane은 젓가락을 잘 쓴다, 그렇지 않니? (use, chopsticks, well)

➡ _____

5 우리 같이 피아노 수업을 듣자, 그럴래? (take piano lessons)

➡ _____

wallet 지갑
expensive 비싼
cello 첼로
chopsticks 젓가락
lesson 수업
piano 피아노

**[1-2]** 빈칸에 들어갈 알맞은 것을 고르시오.

**1**

| Sam is from Australia, _____ ? |
| --- |

① does he   ② is he
③ doesn't he   ④ isn't he
⑤ do he

**2**

| Jenny doesn't like sports, _____ ? |
| --- |

① she is   ② isn't she
③ is she   ④ doesn't she
⑤ does she

**3** 빈칸에 들어갈 수 <u>없는</u> 것을 고르시오.

| The girl _____ pictures, didn't she? |
| --- |

① took   ② paint   ③ sold
④ drew   ⑤ colored

**4** 밑줄 친 우리말을 영어로 바르게 옮긴 것을 고르시오.

| A  You won't come to the party, will you? |
| --- |
| B  응, 가지 않을 거야. |

① Yes, I am.   ② Yes, I will.
③ Yes, I won't.   ④ No, I won't.
⑤ No, I will.

**5** 빈칸에 들어갈 말이 순서대로 바르게 짝지어진 것을 고르시오.

| • You have many jackets, _____ ? |
| --- |
| • She is writing a letter, _____ ? |
| • You can't use your phone in class, _____ ? |

① aren't you - is she - can't you
② don't you - is she - can't you
③ do you - isn't she - can you
④ don't you - isn't she - can you
⑤ do you - is she - can you

**6** 빈칸에 들어갈 알맞은 것을 고르시오.

| Lisa went to the library, _____ ? |
| --- |

① was she   ② wasn't she
③ didn't she   ④ did she
⑤ isn't she

**7** 밑줄 친 우리말을 영어로 바르게 옮긴 것을 고르시오.

| A  He didn't spend all his money, did he? |
| --- |
| B  아니, 다 썼어. |

① Yes, he did.   ② Yes, he didn't.
③ No, he didn't.   ④ No, he did.
⑤ No, he spent.

in class 수업 중에   spend 쓰다, 소비하다

**8** 다음 우리말을 영어로 바르게 옮긴 것을 고르시오.

> Alice는 학교에 걸어 다녀, 그렇지 않니?

① Alice walks to school, does she?
② Alice walks to school, didn't she?
③ Alice walks to school, doesn't she?
④ Alice walks to school, will she?
⑤ Alice walks to school, is she?

**9** 다음 중 어법상 틀린 것을 고르시오.

> A You like robots, ① don't you?
> B ② Yes, I do. Why?
> A This Saturday is your birthday, ③ is it?
> ④ Here is your birthday gift.
> B Wow, thank you ⑤ so much!
> A No problem.

**10** 밑줄 친 부분의 쓰임이 잘못된 것을 고르시오.

① The doll is pretty, isn't it?
② She wears glasses, does she?
③ Turn off the light, will you?
④ He is riding his bike, isn't he?
⑤ She won't get any rest, will she?

**11** 다음 중 어법상 틀린 문장을 고르시오.

① Let's dance, shall we?
② Jane visited her relatives, didn't she?
③ He is able to fix the computer, isn't he?
④ He didn't forget her birthday, did he?
⑤ She can't play the flute, could she?

**12** 우리말에 맞게 빈칸에 들어갈 적절한 부가의문문을 쓰시오.

> A There was a movie theater next to the post office, 그렇지 않니?
> B Yes, there was.

→ _____

**[13-14]** 밑줄 친 부분을 어법상 바르게 고쳐 쓰시오.

**13**
> Eric is interested in cooking, doesn't he?

→ _____

**14**
> Let's go out for a walk, will you?

→ _____

**15** 주어진 단어를 바르게 배열하여 다음 우리말을 영어로 쓰시오.

> Kelly는 매년 겨울 스키장에 가, 그렇지 않니?
> (a ski resort, doesn't, winter, goes, to, every, she, Kelly)

→ _____

gift 선물   turn off 끄다   get some rest 휴식을 취하다   relative 친척

# 간접의문문

## 1 간접의문문

간접의문문이란 의문사가 이끄는 절이 다른 문장의 일부인 형태로 주어, 목적어, 보어가 되는 명사절의 기능을 하는 의문문이다.

| 직접의문문 | Do you know? + What is it? | 너는 아니? + 그것이 무엇이니? |
| 간접의문문 | Do you know what it is? | 너는 그것이 무엇인지 아니? |

## 2 간접의문문의 형태

간접의문문은 의문사가 있는 의문문과 의문사가 없는 의문문이 있으며, 의문사가 없는 의문문인 경우 접속사 if / whether '~인지 아닌지'를 사용한다. 이때, 조동사가 없어지면 동사의 형태가 달라지는 것에 주의한다.

|   | 의문사가 있는 간접의문문 | 의문사가 없는 간접의문문 |
|---|---|---|
| 형태 | 의문사 + 주어 + 동사 | if / whether + 주어 + 동사 |
| 예문 | Can you tell me? + What time is it now?<br>→ Can you tell me what time it is now?<br>지금 몇 시인지 말해 줄래?<br><br>Do you know? + When does your vacation begin?<br>→ Do you know when your vacation begins?<br>너 방학이 언제 시작하는지 아니? | I don't know. + Is he a teacher?<br>→ I don't know if(whether) he is a teacher.<br>나는 그가 선생님인지 아닌지 모르겠다.<br><br>I wonder. + Does she live in Paris?<br>→ I wonder if(whether) she lives in Paris.<br>나는 그녀가 파리에 살고 있는지 궁금하다. |

> **Tip**
>
> 연결되는 문장의 동사가 believe, think, guess, suppose, imagine 등과 같이 생각을 나타내는 동사일 경우에는 의문사를 문장의 맨 앞에 써야 한다.
>
> Do you think? + what is the problem? 너는 생각하니? + 문제가 무엇이니?
> → what do you think the problem is? (O)  Do you think what the problem is? (X)
>    너는 문제가 뭐라고 생각하니?

> **Tip**
>
> 의문사가 주어인 경우에는 『의문사 + 동사 + 주어』 어순으로 쓰는 것에 주의한다.
>
> Do you know? + who invited her?  너는 아니? + 누가 그녀를 초대했니?
> → Do you know who invited her?  누가 그녀를 초대했는지 알고 있니?

**A** 다음 괄호 안에서 알맞은 것을 고르시오.

1  Do you know (that / whether) Jane is American or Canadian?

2  Can you tell me (where can I / where I can) find him?

3  Do you know who (is that boy / that boy is)?

4  Can you tell me (whether / when) the bus stops here?

5  Do they know what (it is / is it)?

6  Can you tell me when (your birthday is / is your birthday)?

7  Do you know (what time is it / what time it is)?

8  Can you tell me (how long / if long) the bird lives?

9  Do they know why Amy ( left / to leave) early?

American 미국인
Canadian 캐나다인
find 찾다
birthday 생일
bird 새
live 살다

**B** 주어진 문장을 빈칸에 알맞은 형태로 넣어 간접의문문을 완성하시오.

1  Is she my new science teacher?

  ➡ Do you know _____

2  What do you want?

  ➡ Can you tell me _____

3  Why is she so angry?

  ➡ Do they know _____

4  Is your mother at home?

  ➡ Do you know _____

5  Who is the woman?

  ➡ Can you tell me _____

science 과학
angry 화난
at home 집에

# Grammar PRACTICE

**A**   주어진 우리말을 이용하여 빈칸에 알맞은 말을 쓰시오.

1   내가 그 클럽에 가입할 수 있는지 말해 줄래?

   ➡ Can you tell me _____ I could join the club?

2   너는 그가 왜 파티에 오지 않았는지 아니?

   ➡ Do you know _____ he _____ come to the party?

3   너는 몇 시에 영화가 시작하는지 아니?

   ➡ Do you know _____ _____ the movie begins?

4   너는 그녀가 여행을 하고 싶은지 물어봤니?

   ➡ Did you ask her _____ I wanted to travel.

5   너의 엄마는 그것이 얼마나 걸릴지 아시니?

   ➡ Does your mother know _____ _____ it takes?

6   날씨가 좋은지 아닌지 나에게 말해 줄래?

   ➡ Can you tell me _____ the weather is nice?

join 가입하다
wonder 궁금해하다
movie 영화
begin 시작하다
ask 묻다
travel 여행하다
take (시간 따위가) 걸리다
weather 날씨

**B**   주어진 두 문장을 간접의문문을 이용해 한 문장으로 다시 쓰시오.

1   Do you know? + Where does she live?

   ➡ _____

2   Can you tell me? + Is there a bank near here?

   ➡ _____

3   Do you remember? + When did he leave?

   ➡ _____

4   Do you know? + Did Harold go for a walk?

   ➡ _____

5   Can you tell me? + How far is the nearest train station?

   ➡ _____

bank 은행
near 가까운
remember 기억하다
leave 떠나다
go for a walk 산책하다
nearest 가장 가까운
train 기차
station 역

## C 틀린 부분을 찾아 바르게 고쳐 문장을 다시 쓰시오.

1 Do you know if is she coming?

   ➡ _____

2 Did you know how she is?

   ➡ _____

3 Can you tell me why is the sky blue?

   ➡ _____

4 Do you know what time the post office to close?

   ➡ _____

5 Can you tell me when you did during your vacation?

   ➡ _____

6 Do you know if is the story true?

   ➡ _____

7 Do you remember you parked the car where?

   ➡ _____

8 Can you show me how long it will cost?

   ➡ _____

ask 묻다
blue 파란색
post office 우체국
during ~ ~동안
vacation 방학, 휴가
true 진실인
remember 기억하다
park 주차하다
cost 가격이 나가다

## D 주어진 단어를 이용하여 다음 우리말을 영어로 쓰시오.

1 너는 Ann이 어디 있는지 아니? (know, where)

   ➡ _____

2 너는 기차가 언제 출발하는지 아니? (depart, the train, when)

   ➡ _____

3 너는 내일 비가 올지 아니? (rain, tomorrow, will, whether)

   ➡ _____

4 그들은 우리가 어디를 갔는지 알고있니? (where, go)

   ➡ _____

5 너는 지금 무엇을 하는 중인지 나에게 말해줄 수 있니? (doing, now, what)

   ➡ _____

depart 출발하다
tomorrow 내일

**[1-2] 빈칸에 들어갈 알맞은 말을 고르시오.**

**1**

> Do you know _____ yesterday?

① when he leave     ② when he leaves

③ when he left     ④ when did he leave

⑤ when does he leave

**2**

> Can you tell me _____ ?

① she works where     ② where she work

③ where did she work     ④ where she works

⑤ where does she work

**3 빈칸에 들어갈 말이 바르게 짝지어진 것을 고르시오.**

> A Why did he _____ your sister?
>
> B I'm not sure why he _____ .

① call - call     ② call - called

③ called - call     ④ called - called

⑤ calling - to call

**4 다음 두 문장을 한 문장으로 바꿔 쓸 때 빈칸에 들어갈 수 있는 말을 모두 고르시오.**

> • Do you know?
>
> • Will he take part in the race?
>
> → Do you know _____ he will take part in the race?

① why     ② if     ③ when

④ where     ⑤ whether

**5 다음 우리말을 영어로 바르게 옮긴 것을 고르시오.**

> 너는 그가 그녀에게 뭐라고 말했는지 기억나니?

① Do you remember what do he say to her?

② Do you remember what does he say to her?

③ Do you remember what did he say to her?

④ Do you remember what he say to her?

⑤ Do you remember what he said to her?

**6 빈칸에 들어갈 알맞은 말을 고르시오.**

> A I wonder _____ .
>
> B I have two dogs.

① you have a pet

② if you have a pet

③ do you have a pet

④ what you have a pet

⑤ what do you have a pet

**7 다음 두 문장을 한 문장으로 바르게 바꿔 쓴 것을 고르시오.**

> • Do you know?
>
> • How tall is Steve?

① Do you know how Steve tall is?

② Do you know how tall Steve is?

③ Do you know how Steve is tall?

④ Do you know how tall Steve was?

⑤ How do you know if Steve is tall?

---

leave 떠나다   race 경주   remember 기억하다   wonder 궁금하다   pet 애완동물

**8** 다음 우리말과 같은 뜻이 되도록 주어진 단어를 배열할 때 여섯 번째로 오는 것을 고르시오.

> 나는 그들이 몇 시에 만났는지 모른다.
>
> (what, met, don't, time, I, they, know)

① know     ② time     ③ met
④ they     ⑤ what

**9** 빈칸에 if가 들어갈 수 없는 것을 고르시오.

① Can you tell me _____ happened?
② I don't know _____ you can help me.
③ I'd like to know _____ they had dinner.
④ I want to know _____ he likes my gift.
⑤ I asked her _____ she knew his phone number.

**10** 빈칸에 의문사가 들어갈 수 없는 것을 고르시오.

① I don't know _____ she lives.
② I know _____ she looks so sad.
③ Tell me _____ your favorite sport is.
④ I asked him _____ he came home last night.
⑤ I don't know _____ she is a doctor.

**11** 다음 중 어법상 틀린 문장을 고르시오.

① Do you know what his name is?
② I wonder if the story is true.
③ Do you think what the problem is?
④ I'm not sure if I can find my missing ring.
⑤ Do you know who took care of the dog?

**12** 어법상 어색한 부분을 찾아 바르게 고쳐 문장을 다시 쓰시오.

> Can you tell me if can you hear my voice?

→ _____

**13** 다음 두 문장이 같은 뜻이 되도록 빈칸에 들어갈 알맞은 말을 쓰시오.

> Do you know if she will go on a picnic?
>
> = Do you know _____ she will go on a picnic?

→ _____

**14** 우리말과 같은 뜻이 되도록 주어진 단어를 바르게 배열하여 문장을 완성하시오.

> 너는 무대에서 누가 노래를 부르고 있는지 아니?
>
> = Do you know (stage, is, on, who, the, singing).

→ Do you know _____

_____

**15** 주어진 단어를 바르게 배열하여 다음 우리말을 영어로 쓰시오.

> 나는 그녀가 서울로 이사를 갈지 안 갈지 궁금하다.
>
> (if, Seoul, I, to, moved, she, wonder)

→ _____

---

happen 일어나다, 발생하다  voice 목소리  go on a picnic 소풍 가다  stage 무대

기초 탄탄 3
GRAMMAR

Chapter
**6**

# 5형식 문장

### 1 지각동사

지각동사는 대표적인 5형식 동사로, 감각기관을 통해 보고, 듣고, 냄새 맡고, 느끼는 것을 표현하는 동사이다.
지각동사가 사용된 문장은 목적격 보어 자리에 동사원형이 오며 '(목적어)가 ~하는 것을 보다/듣다/냄새 맡다/느끼다'라고 해석한다.

| 종류 | 의미 | 예문 |
|---|---|---|
| see, watch, look at | 보다 | I saw him cry.<br>나는 그가 우는 것을 보았다. |
| hear, listen to | 듣다 | I heard you shout.<br>나는 네가 소리지르는 것을 들었다. |
| smell | 냄새 맡다 | I smelled the pancakes burn.<br>나는 팬케이크가 타는 냄새를 맡았다. |
| feel | 느끼다 | I felt someone touch my head.<br>나는 누군가 내 머리를 만지는 것을 느꼈다. |

### 2 지각동사의 목적격 보어

지각동사가 쓰인 5형식 문장의 구조는 『주어 + 지각동사 + 목적어 + 목적격 보어』의 형태이다.
이때 목적어와 목적격 보어와의 관계에 따라 목적격 보어의 형태가 달라진다.

| | 목적어와 목적격 보어가 능동의 관계일 때 | 목적어와 목적격 보어가 수동의 관계일 때 |
|---|---|---|
| 목적격 보어 | 동사원형, 현재분사(-ing형) | 과거분사(-ed형) |
| 예문 | I saw them play(playing) soccer.<br>나는 그들이 축구 하는 것을 보았다.<br><br>She watched the old lady read(reading) a book.<br>그녀는 그 노부인이 책을 읽는 것을 보았다.<br><br>I heard the birds sing(singing) on the tree.<br>나는 새들이 나무 위에서 노래하는 것을 들었다.<br><br>He smelled his mom make(making) pizza.<br>그는 그의 엄마가 피자를 만드는 냄새를 맡았다. | I saw my desk moved by them.<br>나는 내 책상이 그들에 의해 옮겨지는 것을 보았다.<br><br>Tom heard his name called.<br>Tom은 자신의 이름이 불리는 것을 들었다. |

**Tip**

특히, 동작이 진행중임을 강조할 때 목적격 보어로 현재분사를 사용한다.

# Grammar START

## A 다음 괄호 안에서 알맞은 것을 고르시오.

1 Jason sees Claire (get off / to get off) the bus.

2 I didn't notice him (come / to come).

3 Did you hear someone (call / to call) you?

4 He felt somebody (to touch / touching) his shoulder.

5 We watch the children (to play / playing) on the playground.

6 John saw Harold (walk / to walk) his dog.

7 Jenny can smell something (to burn / burning).

8 My sister and I heard our parents (to sing / sing) together.

9 Listen to the bird (to sing / singing).

get off 내리다
notice (~을 의식하여) 알다
shoulder 어깨
children 아이들
playground 놀이터
walk 걷다, 산책 시키다
burn 타다
parents 부모님
together 함께

## B 주어진 단어를 알맞은 위치에 넣어 문장을 다시 쓰시오.

1 We listen to the old man his story. (tell)

   ➡ _____

2 I can feel something up my leg. (crawling)

   ➡ _____

3 He didn't hear the stranger in. (come)

   ➡ _____

4 We found a cat on the kitchen table. (sleeping)

   ➡ _____

5 They watched the two men through the garden. (run)

   ➡ _____

story 이야기
leg 다리
crawl 기어가다
stranger 낯선 사람
kitchen 주방
through
~ 사이로, ~을 통과하여
garden 정원

# Grammar **PRACTICE**

**A** 주어진 단어와 우리말을 이용하여 빈칸에 알맞은 말을 쓰시오.

1 그는 그의 심장이 빠르게 뛰는 것을 느낀다. (beat)

➡ He _____ his heart _____ fast.

2 나는 사람들이 걸어 지나가는 것을 본다. (walk)

➡ I _____ people _____ past.

3 그 소녀는 한 아기가 울고 있는 소리를 들을 수 있었다. (cry)

➡ The girl could _____ a baby _____.

4 그들은 결코 그녀가 춤추는 것을 본 적이 없다. (dance)

➡ They have never _____ her _____.

5 Bill은 주방에서 누군가 요리를 하고 있는 냄새를 맡았다. (cook)

➡ Bill _____ somebody _____ in the kitchen.

6 우리는 Anny와 Karen이 테니스 하는 것을 본다. (play)

➡ We _____ Anny and Karen _____ tennis.

heart 심장
fast 빠르게
beat 뛰다
people 사람들
past 지나간
never 결코 ~이 아니다

**B** 주어진 두 문장을 한 문장으로 바꿔 쓰시오.

1 The accident happened. Did you notice?

➡ _____

2 He fell off the wall. I saw this.

➡ _____

3 It was raining. I could hear it.

➡ _____

4 He was walking on the street. We saw him.

➡ _____

5 She shouted last night. He heard that.

➡ _____

accident 사고
happen 일어나다
notice (~을 의식하여) 알다
fall off 떨어지다
wall 벽
street 거리
should 소리치다

**C** 틀린 부분을 찾아 바르게 고쳐 문장을 다시 쓰시오.

1 Linda felt something to touch her on her back.

   ➡ _____

2 I heard Liz to playing the guitar.

   ➡ _____

3 He saw the thief stolen the jewelry.

   ➡ _____

4 She watches her son to swim in the pool.

   ➡ _____

5 I saw Dave waited for a bus.

   ➡ _____

6 The students noticed the teacher to go out.

   ➡ _____

7 Did you hear the doorbell rang?

   ➡ _____

8 The man felt the ground shakes in the morning.

   ➡ _____

touch 만지다
back 등
guitar 기타
stolen
(steal 훔치다)의 과거분사
jewelry 보석
swim 수영하다
pool 수영장
wait for ~ ~을 기다리다
doorbell 초인종
rang
(ring 울리다)의 과거형
ground 땅
shake 흔들다

**D** 주어진 단어를 이용하여 다음 우리말을 영어로 쓰시오.

1 너는 누군가 그 건물 안에 들어가고 있는 걸 봤니? (see, building, anyone, enter)

   ➡ _____

2 그녀는 자명종이 울리는 것을 들을 수 없었다. (the alarm, go off)

   ➡ _____

3 우리는 그가 말하는 것을 주의깊게 들었다. (listen to, carefully, speak)

   ➡ _____

4 그들은 그 선수들이 야구를 하고 있는 것을 보았다. (players, watch, baseball)

   ➡ _____

5 그녀는 그가 자신의 머리를 당기는 것을 느낄 수 있었다. (hair, pull)

   ➡ _____

building 건물
enter 들어가다
alarm 자명종
go off 울리다
carefully 주의 깊게
baseball 야구
hair 머리카락
pull 당기다

# Upgrade TEST

**1** 빈칸에 들어갈 알맞은 것을 고르시오.

> Tom heard his brother _____ on the door.

① knock     ② knocks     ③ to lock
④ knocked     ⑤ to locking

**2** 빈칸에 들어갈 수 <u>없는</u> 것을 모두 고르시오.

> I _____ a baby crying on the street.

① saw     ② wanted     ③ watched
④ heard     ⑤ asked

**3** 빈칸에 들어갈 수 있는 것을 모두 고르시오.

> I saw my dad _____ his car near my house.

① park     ② parked     ③ to park
④ to parking     ⑤ parking

**4** 빈칸에 들어갈 말이 바르게 짝지어진 것을 고르시오.

> - She saw her necklace _____ by a strange man.
> - I heard something _____ in the office.

① steal - break     ② stolen - break
③ steal - breaking     ④ stolen - broken
⑤ steal - broken

**5** 다음 우리말을 영어로 바르게 옮긴 것을 고르시오.

> 나는 내 심장이 더 빨리 뛰는 것을 느꼈다.

① I felt my heart beats faster.
② I felt my heart beating faster.
③ I felt my heart to beat faster.
④ I felt my heart beaten faster.
⑤ I felt my heart be beating faster.

**6** 밑줄 친 부분을 어법상 바르게 고친 것을 고르시오.

> I watched the car <u>moved</u> backward.

① moves     ② to move
③ to moving     ④ moving
⑤ was moving

**7** 빈칸에 공통으로 들어갈 말로 알맞은 것을 고르시오.

> - Alice likes _____ pictures.
> - Kelly saw Nick _____ pictures in the park.

① take     ② to take     ③ taking
④ took     ⑤ taken

knock 두드리다, 노크하다   near ~에 가까운   necklace 목걸이   strange 이상한, 낯선   steal 훔치다   break 깨지다   beat (심장이) 뛰다, 고동치다
backward 뒤로   exercise 운동하다

**8** 다음 두 문장을 한 문장으로 올바르게 바꿔 쓴 것을 고르시오.

> A boy was dancing to the music. I saw it.

① I saw a boy dance to the music.
② I saw a boy danced to the music.
③ I saw a boy be dancing to the music.
④ I saw a boy to dance to the music.
⑤ I saw a boy was dancing to the music.

**9** 밑줄 친 부분의 쓰임이 나머지와 다른 것을 고르시오.

① I listened to the rain falling.
② Rebecca finished reading the novel.
③ I smelled my mom making pizza.
④ He looked at the dragonflies flying in the sky.
⑤ Mary smelled something burning in the kitchen.

**10** 밑줄 친 부분이 어법상 틀린 것을 고르시오.

① He saw Cathy tearing the letter.
② I saw Bill praised by his teacher.
③ I heard a boy talks on the phone.
④ She felt something touch her hand.
⑤ My dad watched me play computer games.

**11** 다음 중 어법상 틀린 문장을 고르시오.

① I saw my mom water the plants.
② Mia watched him reading a book.
③ She watched the dirt washing away.
④ Did you hear Jack bouncing a ball?
⑤ I felt someone spray water on my clothes.

**12** 다음 두 문장이 같은 뜻이 되도록 빈칸에 들어갈 알맞은 말을 쓰시오.

> A girl was arguing with her friend. I heard it.
>
> = I heard a girl _____ with her friend.

→ _____

**[13-14]** 어법상 틀린 부분을 찾아 바르게 고쳐 쓰시오.

**13**
> I saw the woman worn perfume on her clothes.

_____ → _____

**14**
> I heard the door lock by James.

_____ → _____

**15** 주어진 단어를 이용하여 다음 우리말을 영어로 쓰시오.

> 나는 Kate가 식당에 들어가는 것을 지켜보았다.
>
> (watch, enter, restaurant)

→ _____

_____

argue with ~와 말다툼하다   dragonfly 잠자리   tear 찢다   praise 칭찬하다   water 물을 주다   plant 식물   dirt 먼지   wash away 씻어 내리다
bounce 튀기다   spray 뿌리다   lock 잠그다   worn (wear 입다, 빼다)의 과거분사형

# 사역동사

## ① 사역동사

사역동사는 지각동사와 함께 대표적인 5형식 동사로, 다른 사람에게 어떤 행동을 시킨다는 의미를 가진 동사이다.
사역동사는 목적격 보어로 동사원형이 오며 '(목적어)가 ~하게 하다'라는 의미이다.

| 종류 | 의미 | 예문 |
|------|------|------|
| make | ~하게 하다(만들다) | She makes me clean my room.<br>그녀는 내가 내 방을 청소하게 한다. |
| have | ~하게 하다(시키다) | She has me cook breakfast every day.<br>그녀는 내가 매일 아침 식사를 만들게 한다. |
| let | ~하게 하다(허락하다/두다) | She lets me read the books.<br>그녀는 내가 그 책들을 읽게 해준다. |

**Tip**

준사역동사 help는 목적격 보어로 동사원형과 to부정사를 모두 쓸 수 있다.
She helped me find my ring. 그녀는 내가 반지를 찾는 걸 도와줬다.
= She helped me to find my ring.

**Tip**

get을 사역동사로 쓸 때에는 목적격 보어로 to부정사만 쓸 수 있다.
My mom gets me to do the dishes. 우리 엄마는 내가 설거지를 하게 하신다.

## ② 사역동사의 목적격 보어

사역동사가 쓰인 5형식 문장의 구조는 『주어 + 사역동사 + 목적어 + 목적격 보어』의 형태이다.
이때 목적어와 목적격 보어와의 관계에 따라 목적격 보어의 형태가 달라진다.

| | 목적어와 목적격 보어가 능동의 관계일 때 | 목적어와 목적격 보어가 수동의 관계일 때 |
|------|------|------|
| 목적격 보어 | 동사원형 | 과거분사(-ed형) |
| 예문 | She made me carry the box.<br>그녀는 내가 그 상자를 옮기게 했다.<br><br>I had my brother hang the picture on the wall.<br>나는 내 남동생이 그 그림을 벽에 걸게 했다.<br><br>Let me know your address.<br>내가 너의 주소를 알게 해줘. (너의 주소를 알려줘.) | I had my bag stolen.<br>나는 내 가방을 도난 당하게 했다. (나는 내 가방을 도난 당했다.) |

## A  다음 괄호 안에서 알맞은 것을 고르시오.

1  Our teacher let us (go / to go) home.

2  My father made me (clean / to clean) my room.

3  The man got his son (pick up / to pick up) the trash.

4  Let me (carry / to carry) your bag for you.

5  Her parents have her (do / to do) her homework.

6  His funny joke made them (to laugh / laugh) loudly.

7  They don't make you (to wear / wear) special clothing.

8  The heat makes Martin (to feel / feel) dizzy.

9  The coach let the team members (taking / take) a break for an hour.

clean 청소하다
pick up 줍다
trash 쓰레기
carry 옮기다
laugh 웃다
loudly 크게
special 특별한
clothing 의상
heat 열
dizzy 어지러운
coach 코치
member 구성원
take a break 쉬다

## B  밑줄 친 부분을 바르게 고쳐 쓰시오.

1  The flight attendant won't let you <u>to take off</u> your seatbelt.  _____

2  They make you <u>to arrive</u> early at the airport.  _____

3  We couldn't make the dog <u>to stop</u> barking.  _____

4  I let the dentist <u>to check</u> my teeth.  _____

5  Get Jean <u>translate</u> this article.  _____

6  The police officer let us <u>to go</u> through the gate.  _____

7  The bird won't let me <u>touching</u> its broken wing.  _____

8  The manager had Jimmy <u>fixed</u> the chair.  _____

9  The dictionary helps me <u>understanding</u> the meaning of the word.  _____

flight attendant 항공승무원
take off 벗다
seatbelt 좌석벨트
arrive 도착하다
early 일찍
airport 공항
bark 짖다
dentist 치과의사
check 검사하다
translate 번역하다
article 기사
police officer 경찰관
through ~을 통과하여
manager 매니저
dictionary 사전
understand 이해하다
meaning 의미
word 단어

# Grammar **PRACTICE**

**A**  주어진 단어와 우리말을 이용하여 빈칸에 알맞은 말을 쓰시오.

1  아기가 그 유리잔을 만지게 두지 말아라. (let, touch)

➡ Don't _____ the baby _____ the glass.

2  나는 내 휴대폰이 다시 작동하도록 했다. (get, work)

➡ I _____ my cellphone _____ again.

3  그들은 그를 한 시간 동안 기다리게 만들었다. (make, wait)

➡ They _____ him _____ for an hour.

4  교장선생님은 그 학생을 들어오게 허락했다. (let, come)

➡ The principal _____ the student _____ in.

5  Sarah는 그녀에게 우편함을 확인하라고 시켰다. (have, check)

➡ Sarah _____ her _____ the mailbox.

6  더운 날씨가 사람들이 피곤을 느끼게 만든다. (make, feel)

➡ Hot weather _____ people _____ tired.

glass 유리잔
cellphone 휴대폰
again 다시
principal 교장
mailbox 우편함
weather 날씨
tired 피곤한

**B**  주어진 단어를 올바른 위치에 넣어 문장을 다시 쓰시오.

1  I got Nancy the pretty red dress on. (to try)

➡ _____

2  She made the girls there with Judy. (go)

➡ _____

3  Don't let me to call my sister. (forget)

➡ _____

4  I will you tell me what to do. (have)

➡ _____

5  They made us our suitcase. (open)

➡ _____

try on 입어보다
forget 잊다
suitcase 여행가방

## C 틀린 부분을 찾아 바르게 고쳐 문장을 다시 쓰시오.

1 He got the boy sing a song.

➡ _____

2 I couldn't make the cat drinking the water.

➡ _____

3 She didn't get him applying for the job.

➡ _____

4 Her parents won't let her to go out alone at night.

➡ _____

5 I had the engineer to put new tires on my car.

➡ _____

6 She made him showed his passport.

➡ _____

7 The airline will make you to pay an extra fee for your heavy baggage.

➡ _____

do the dishes 설거지를 하다
apply for ~에 지원하다
allow 허락하다
alone 혼자
engineer 기술자
passport 여권
airline 항공사
usually 보통
extra 추가의
fee 요금
baggage 수하물

## D 주어진 단어를 이용하여 다음 우리말을 영어로 쓰시오.

1 나는 그것이 다시는 일어나게 하지 않을 것이다. (let, again, happen, won't)

➡ _____

2 그녀는 그가 너에게 전화하도록 할 것이다. (get, call)

➡ _____

3 엄마는 나에게 그녀의 머리를 염색하게 만들었다. (make, dye, her hair)

➡ _____

4 그는 그의 친구가 운전하게 했다. (drive, let)

➡ _____

5 그 선생님은 학생들에게 교실을 청소하도록 시켰다.
(the students, have, the classroom, clean)

➡ _____

again 다시
happen 일어나다
dye 염색하다
classroom 교실

**1** 빈칸에 들어갈 알맞은 것을 고르시오.

> My dad made me _____ the chairs.

① move　　② moves　　③ to move
④ moving　　⑤ to moving

**2** 빈칸에 들어갈 수 <u>없는</u> 것을 고르시오.

> Tom _____ her buy some milk.

① had　　② made　　③ let
④ asked　　⑤ helped

**3** 빈칸에 들어갈 알맞은 것을 고르시오.

> A Will my father _____ me go to the party?
> B You should talk to him again.

① try　　② let　　③ ask
④ want　　⑤ get

**4** 빈칸에 들어갈 수 <u>없는</u> 것을 고르시오.

> My parents _____ us to do the dishes.

① wanted　　② asked　　③ made
④ helped　　⑤ told

**5** 다음 두 문장이 같은 뜻이 되도록 빈칸에 들어갈 말이 바르게 짝지어진 것을 고르시오.

> My mom _____ me to go to the movies.
> = My mom _____ me go to the movies.

① talked - had　　② allowed - let
③ allowed - got　　④ made - had
⑤ made - got

**6** 다음 우리말을 영어로 바르게 옮긴 것을 고르시오.

> 선풍기는 우리가 시원함을 느끼게 해 준다.

① The fan lets us feel cool.
② The fan let us feel cool.
③ The fan let us felt cool.
④ The fan lets us to feel cool.
⑤ The fan let us feeling cool.

**7** 다음 밑줄 친 부분과 쓰임이 같은 것을 고르시오.

> She got him <u>to walk</u> her dog.

① I wish <u>to get</u> some rest.
② I have a jacket <u>to wear</u>.
③ She likes <u>to make</u> bread.
④ I want <u>to be</u> a firefighter.
⑤ She told him <u>to do</u> the dishes.

walk 산책시키다

**8** 다음 밑줄 친 부분과 쓰임이 <u>다른</u> 것을 고르시오.

> She <u>made</u> the student review the lesson.

① He <u>made</u> me write in my diary.
② She <u>made</u> me a warm muffler.
③ I <u>made</u> the man fix the computer.
④ My dad <u>made</u> my brother go jogging.
⑤ The doctor <u>made</u> me have breakfast.

**9** 밑줄 친 부분의 의미가 나머지와 <u>다른</u> 것을 고르시오.

① Do you <u>have</u> any pets?
② How many tickets do you <u>have</u>?
③ I <u>have</u> a lot of free time on weekends.
④ She didn't <u>have</u> her son use the scissors.
⑤ Did you <u>have</u> any problems with it?

**10** 다음 중 어법상 <u>틀린</u> 것을 고르시오.

> Let ① me ② to explain ③ when and ④ how
> ⑤ to do this exercise.

**11** 다음 중 어법상 <u>틀린</u> 문장을 고르시오.

① He always makes me laugh.
② She had her picture taken by him.
③ Alice helped me solve the problem.
④ The book made my dream come true.
⑤ My mom didn't make me played the game.

**12** 어법상 <u>어색한</u> 부분을 찾아 바르게 고쳐 쓰시오.

> I had my tooth pull out.

_____ → _____

**13** 다음 두 문장이 같은 뜻이 되도록 괄호 안의 단어를 알맞은 형태로 바꿔 쓰시오.

> She helped me take care of sick people.
> = She helped me (take) care of sick people.

→ _____

**14** 우리말과 같은 뜻이 되도록 괄호 안의 단어를 알맞은 형태로 바꿔 쓰시오.

> 의사는 내가 병원에 며칠간 머물게 했다.
> = The doctor got me (stay) in the hospital a few days.

→ _____

**15** 주어진 단어를 바르게 배열하여 다음 우리말을 영어로 쓰시오.

> 그의 선생님은 그가 매일 숙제를 하게 했다.
> (every, his, made, homework, him, do, day, teacher, his)

→ _____
_____

review 복습하다   lesson 과, 학과   explain 설명하다   laugh 웃다   tooth 치아, 이빨   pull out 뽑다   take care of ~ ~돌보다

**[1-2] 빈칸에 들어갈 알맞은 것을 고르시오.**

**1**

| There is a big match, _____? |

① is it      ② isn't it      ③ is there

④ isn't there      ⑤ does it

**2**

| My sister let me _____ in her room. |

① played      ② plays      ③ play

④ to play      ⑤ playing

**3** 다음 중 어법상 올바른 문장을 고르시오.

① Do you know if is he in the office?

② My father got me set the table.

③ She isn't a nurse, isn't she?

④ You always make me laugh.

⑤ He heard someone to call him.

**4** 밑줄 친 make의 쓰임이 나머지와 다른 것을 고르시오.

① She <u>makes</u> me pancakes with fruit.

② The smell of fish <u>makes</u> me feel ill.

③ Don't <u>make</u> me say it repeatedly.

④ He <u>makes</u> his daughter make her bed.

⑤ This costume <u>makes</u> me look stupid.

**5** 다음 두 문장을 한 문장으로 바꿔 쓰시오.

| • When is it going to rain?<br>• Do you know it?<br>→ Do you know _____? |

**6** 빈칸에 공통으로 들어갈 말로 알맞은 것을 고르시오.

| • The milk _____ terrible. I think it went bad.<br>• She _____ something burning in the kitchen. |

① has      ② lets      ③ makes

④ smells      ⑤ feels

**7** 다음 우리말을 영어로 바르게 옮긴 것을 고르시오.

| 그녀는 우리를 놀이터에서 놀게 했다. |

① She had us to play on the playground.

② She let us play on the playground.

③ She got us play on the playground.

④ She made us to play on the playground.

⑤ She had us to playing on the playground.

**[8-9] 빈칸에 들어갈 말이 바르게 짝지어진 것을 고르시오.**

**8**

| • Let's go to the amusement park, _____?<br>• I wonder _____ she will come here. |

① shall we - if      ② will you - if

③ shall we - and      ④ will you - and

⑤ will you - whether

**9**

| • We felt the ground _____ yesterday.<br>• She made him _____ his homework before dinner. |

① shake – to do      ② shake - do

③ to shake - do      ④ to shake – to do

⑤ shaking – doing

**10** 다음 중 틀린 문장을 바르게 고친 것을 고르시오.

① His boss had him to finish the work.
→ His boss had him finishing the work.

② She got me turn in the paper by Monday.
→ She got me turning in the paper by Monday.

③ Don't touch the door, do you?
→ Don't touch the door, don't you?

④ I have no idea where is the bus stop.
→ I have no idea where the bus stop is.

⑤ We were glad to see her to play the piano.
→ We were glad to see her played the piano.

**11** 주어진 단어를 이용하여 다음 우리말을 영어로 쓰시오.

> 당신은 언제 공공도서관이 문을 여는지 아나요?
> (know, open, the public library)

➡ _____

_____

**12** 어법상 올바른 것끼리 짝지어진 것을 고르시오.

> ⓐ You're coming to the party, aren't you?
> ⓑ Tell me whether is it raining or not.
> ⓒ I listen to her sing a beautiful song.
> ⓓ Don't let them to go up the ladder.
> ⓔ Our teacher got us to practice for the school singing contest.

① ⓐ, ⓑ, ⓒ  ② ⓐ, ⓒ, ⓔ  ③ ⓑ, ⓓ
④ ⓑ, ⓒ, ⓔ  ⑤ ⓑ, ⓓ, ⓔ

**13** 다음 중 어법상 틀린 문장을 고르시오.

① He won't let you borrow his laptop.
② Whether you are coming or not is not a problem.
③ Did you make your brother do the dishes?
④ I watched her dancing joyfully.
⑤ Don't use your cell phone in class, do you?

**[14-15]** 다음 글을 읽고 알맞은 말을 쓰시오.

> Every day, Rey gets up at 7 a.m. and makes her bed by herself. Then, she usually has breakfast at 7:30. After she brushes her teeth and gets dressed, she goes to the school on foot. She wants her father to give her a ride to school. But (그녀의 아버지는 그녀를 학교에 걸어가도록 하신다). When school ends, <u>she always asks her best friend Rose whether can she wait for her</u>. Because she is in the school orchestra, she attends practice. On the way home, Rey and Rose often go downtown and eat something delicious together.

**14** 주어진 단어를 이용하여 괄호 안의 우리말을 영어로 쓰시오.

> have, to school, walk

➡ _____

**15** 밑줄 친 문장에서 어법상 틀린 부분을 찾아 바르게 고쳐 쓰시오.

_____ ➡ _____

# 관계대명사

# 주격, 소유격, 목적격 관계대명사

## ① 주격 관계대명사

관계대명사는 두 문장을 연결하는 '접속사 + 대명사'의 역할을 하며, 앞에 나온 명사 즉 선행사를 꾸며준다. 선행사에 따라 관계대명사의 역할이 달라지고, 역할에 따라 관계대명사의 종류도 달라진다. 주격 관계대명사절의 동사는 선행사의 인칭과 수에 일치시킨다.

| | 주격 관계대명사 | |
|---|---|---|
| 역할 | 관계대명사절에서 주어 역할 | |
| 종류 | 선행사가 사람 → who, that | 선행사가 사물, 동물 → which, that |
| 예문 | He is my father. He works at a bank.<br>그는 나의 아버지이다. 그는 은행에서 일한다.<br>→ He is my father who works at a bank.<br>그는 은행에서 일하시는 나의 아버지이다. | There are many flowers. They smell good.<br>많은 꽃들이 있다. 그것들은 좋은 향기가 난다.<br>→ There are many flowers which smell good.<br>좋은 향기가 나는 많은 꽃들이 있다. |

> **Tip**
> '주격 관계대명사 + be동사'는 생략이 가능하다.
> The man (who is) driving the car is my father. 그 차를 운전하고 있는 사람은 우리 아버지이다.

## ② 소유격 관계대명사

| | 소유격 관계대명사 | |
|---|---|---|
| 역할 | 관계대명사절 안에서 소유격 역할 | |
| 종류 | 선행사가 사람 → whose | 선행사가 사물, 동물 → whose, of which |
| 예문 | I have a friend. Her name is Kate.<br>나는 친구가 한 명 있다. 그녀의 이름은 Kate이다.<br>→ I have a friend whose name is Kate.<br>나는 이름이 Kate인 친구가 한 명 있다. | I took a bus. Its number was 150.<br>나는 버스를 탔다. 그것의 번호는 150번이었다.<br>→ I took a bus whose number was 150.<br>나는 번호가 150번인 버스를 탔다. |

## ③ 목적격 관계대명사

| | 목적격 관계대명사 | |
|---|---|---|
| 역할 | 관계대명사절 안에서 동사 또는 전치사의 목적어 역할 | |
| 종류 | 선행사가 사람 → who(m), that | 선행사가 사물, 동물 → which, that |
| 예문 | He is the boy. I met him at the amusement park.<br>그는 소년이다. 나는 그를 놀이공원에서 만났다.<br>→ He is the boy whom I met at the amusement park.<br>그는 내가 놀이공원에서 만났던 소년이다. | This is the computer. I bought it last week.<br>이것은 컴퓨터이다. 나는 그것을 지난주에 샀다.<br>→ This is the computer which I bought last week.<br>이것은 내가 지난주에 산 컴퓨터이다. |

> **Tip**
> that은 주격과 목적격 관계대명사로 선행사에 관계 없이 언제든 사용할 수 있지만,
> 전치사 다음에는 쓸 수 없고, 이때는 who나 which를 써야 한다.
> This is the house in which my family lives. (O) 이것은 우리 가족이 살고 있는 집이다.
> This is the house in that my family lives. (X)

> **Tip**
> 목적격 관계대명사는 생략할 수 있다.
> 그러나 전치사 뒤에 온 목적격 관계대명사는
> 생략할 수 없다.

# Grammar START

**A**   다음 괄호 안에서 알맞은 것을 고르시오.

1   I know a boy (and who / who) lives next door.

2   She is the woman (which / whom) I gave the book to.

3   He is a university student (whose / who) major is history.

4   I have a relative (who / which) has been in London for 5 years.

5   The man (whose / whom) the woman wanted to see was away on vacation.

6   I have a friend (who / whose) dream is to become the president.

7   What's the name of the sea (it / which) is between China and Korea?

8   The teacher is the person about (whom / that) we talked.

9   Look at the red car (which / whose) roof is open.

away 떨어진, 결석한
vacation 방학, 휴가
relative 친척
university 대학교
major 전공
history 역사
president 대통령
roof 지붕

**B**   빈칸에 알맞은 관계대명사를 쓰시오.

1   Kevin is the boy _____ likes playing basketball.

2   This is a book _____ will interest children of all ages.

3   We lost the key _____ opens the safe.

4   Joan is my best friend, with _____ I jog every morning.

5   She is looking for the book _____ title is *Charlotte's Web*.

6   My dad works for a company _____ makes cars.

7   Look at the boy and the dog _____ are jogging over there.

8   It wasn't the result _____ they expected.

9   I know a man _____ wife is a police officer.

10   My sister, _____ I love, is coming to my house next Tuesday.

interest ~ ~의 관심을 끌다
safe 금고
title 제목
company 회사
jog 조깅하다
result 결과
expect 기대하다
wife 아내, 부인
police officer 경찰관

**A** 주어진 단어와 우리말을 이용하여 빈칸에 알맞은 말을 쓰시오.

1 그는 나에게 어려운 이야기를 했다. (be)

➡ He told me a story _____ _____ difficult for me.

2 그들은 그녀가 설명했던 정보를 이해하지 못했다. (explain)

➡ They couldn't understand the information _____ she _____.

3 우리는 서울을 가로질러 흐르는 강을 따라 걸었다. (go)

➡ We walked along the river _____ _____ through Seoul.

4 John은 머리가 곱슬곱슬한 여동생이 있다. (hair)

➡ John has a sister _____ _____ is curly.

5 네가 나에게 말했던 호텔의 이름이 무엇이니? (about)

➡ What's the name of the hotel _____ _____ you told me.

6 나는 창문이 깨진 집을 보았다. (window, be)

➡ I saw a house _____ _____ _____ broken.

difficult 어려운
understand 이해하다
information 정보
explain 설명하다
through ~을 가로질러
curly 곱슬곱슬한
hotel 호텔
broken 깨진

**B** 관계대명사를 이용하여 주어진 두 문장을 한 문장으로 바꿔 쓰시오.

1 The taxi driver was friendly. He took me to the airport.

➡ _____

2 Are these the keys? You were looking for them.

➡ _____

3 I have a cousin. He plays the guitar in the school band.

➡ _____

4 We couldn't go to the wedding. We were invited to a wedding.

➡ _____

5 My dad shouted at the driver. His car was blocking the gate.

➡ _____

friendly 친절한
airport 공항
cousin 사촌
guitar 기타
wedding 결혼식
invited to ~ ~에 초대받은
shout 소리지르다
block 막다
gate 문

**C** 틀린 부분을 찾아 바르게 고쳐 문장을 다시 쓰시오.

1 This is the store who sells toys.

➡ _____

2 I have several friends which I have known since childhood.

➡ _____

3 The shirt who Anny bought for her father fits him well.

➡ _____

4 An astronaut is a person who travel into space.

➡ _____

5 I met a woman her mother tongue is Spanish.

➡ _____

6 I haven't seen the movie about that you were talking.

➡ _____

7 Do you know the girl who ambition is to climb Mt. Everest?

➡ _____

8 The book is about a boy which becomes a wizard.

➡ _____

sell 팔다
several 몇몇의
childhood 어린시절
shirt 셔츠
fit 맞다
astronaut 우주비행사
space 우주
mother tongue 모국어
Spanish 스페인어
ambition 야망, 열망
climb 오르다
Mt. Everest 에베레스트산
wizard 마법사

**D** 주어진 단어를 이용하여 다음 우리말을 영어로 쓰시오.

1 그는 내가 어제 산 초콜릿을 좋아했다. (buy, chocolate, yesterday)

➡ _____

2 그녀는 비행기 조종사인 남동생이 있다. (have, be, a pilot)

➡ _____

3 내가 함께 일하는 사람들은 친절하다. (people, work with, be, kind)

➡ _____

4 우리는 당신이 요청한 자료가 없다. (have, request, the materials)

➡ _____

5 공항으로 가는 버스는 30분마다 운행한다. (run, go, airport, every half hour)

➡ _____

job 직업
pilot 비행기 조종사
kind 친절한
request 요청하다
material 자료
run 운행하다
half hour 30분

**[1-2]** 빈칸에 들어갈 알맞은 것을 고르시오.

**1**

I have a friend _____ is good at singing.

① who  ② what  ③ which
④ whom  ⑤ whose

**2**

A cheetah is the animal _____ is the fastest in the world.

① what  ② who  ③ whom
④ whose  ⑤ which

**3** 빈칸에 들어갈 수 <u>없는</u> 것을 모두 고르시오.

Tom is the student _____ I taught last year.

① which  ② who  ③ whose
④ whom  ⑤ that

**4** 다음 밑줄 친 부분과 바꿔 쓸 수 있는 것을 고르시오.

I like the butterfly, <u>and it</u> has colorful wings.

① who  ② whose  ③ whom
④ which  ⑤ what

**5** 다음 두 문장을 한 문장으로 올바르게 바꿔 쓴 것을 고르시오.

I have a dog. Its fur is brown.

① I have a dog who fur is brown.
② I have a dog which fur is brown.
③ I have a dog whose fur is brown.
④ I have a dog whom fur is brown.
⑤ I have a dog that fur is brown.

**6** 다음 중 어법상 <u>틀린</u> 것을 고르시오.

My grandmother ① <u>gave</u> ② <u>me</u> coins ③ <u>which</u> ④ <u>is</u> very ⑤ <u>old</u>.

**7** 다음 중 생략이 가능한 것을 고르시오.

The girl ① <u>who is</u> ② <u>cooking</u> ③ <u>next to</u> ④ <u>Alice</u> is ⑤ <u>my best friend</u>.

**8** 다음 밑줄 친 who와 쓰임이 같은 것을 고르시오.

I know a girl <u>who</u> enjoys cooking.

① <u>Who</u> will believe the story?
② I haven't decided <u>who</u> to choose.
③ I don't know <u>who</u> the winner was.
④ The boy <u>who</u> is dancing is my brother.
⑤ <u>Who</u> is the most interested in music in your class?

cheetah 치타  fur 털  coin 동전  winner 우승자

**9** 빈칸에 whom이 들어갈 수 <u>없는</u> 것을 고르시오.

① He is the boy _____ I saw on the bus.

② I don't like people _____ cut in line.

③ The woman is the person _____ I am looking for.

④ Do you remember the girl _____ you helped yesterday?

⑤ The man _____ I met yesterday is a baseball player.

**10** 다음 중 밑줄 친 부분이 어법상 <u>틀린</u> 것을 고르시오.

① I found a pretty ring <u>which</u> fits me.

② I have a friend <u>whose</u> lived in Germany.

③ It is a storybook <u>whose</u> cover is blue.

④ We will visit the café <u>which</u> opened two days ago.

⑤ A doctor is a person <u>who</u> cures sick people.

**11** 다음 중 어법상 <u>틀린</u> 문장을 고르시오.

① Tim is the boy whose hobby is reading.

② It is the picture which they drew yesterday.

③ He is the man who works in a hospital.

④ This is the robot which kids like a lot.

⑤ This is the poem which he wrote it for her.

**12** 다음 두 문장이 같은 뜻이 되도록 빈칸에 들어갈 알맞은 말을 쓰시오.

> The singer who Mary likes is very popular.
>
> = The singer _____ Mary likes is very popular.

**13** 다음 문장에서 생략할 수 있는 부분에 밑줄로 표시하시오.

> The movie which Daniel recommended was so good.

**14** 다음 두 문장을 관계대명사를 이용하여 한 문장으로 바꿔 쓰시오.

> The library is so loud. It is next to my school.

→ _____

_____

**15** 주어진 단어를 바르게 배열하여 다음 우리말을 영어로 쓰시오.

> 나는 엄마가 준 열쇠를 잃어버렸다.
>
> (lost, my mom, which, I, me, have, gave, the key)

→ _____

_____

cut in line 새치기하다   fit 맞다   storybook 동화책   cure 치료하다   poem 시   popular 인기 있는   lost (lose 잃어버리다)의 과거분사형

# 관계대명사 that, what

## ❶ 관계대명사 that

관계대명사 that은 주격 관계대명사 who, which와 목적격 관계대명사 who(m), which를 대신해 쓸 수 있다.
다만, 다음과 같은 경우에는 주로 that을 쓴다.

| | 주로 that을 쓰는 경우 | 예문 |
|---|---|---|
| 1 | 선행사가 '사람 + 동물/사물'일 때 | There are Mia and her dog that are taking a walk in the park. 공원에는 산책하고 있는 Mia와 그녀의 강아지가 있다. |
| 2 | 선행사가 thing, -body로 끝나거나 all, every, some, any, no, the only, the very, the same, 최상급, 서수 등을 포함할 때 | She is the only girl that has visited Vietnam in her class. 그녀는 반에서 베트남을 방문한 적이 있는 유일한 소녀이다. |

> **Tip**
>
> 관계대명사 that과 접속사 that은 각각 역할이 다르다.
> 관계대명사 that은 that이 이끄는 절이 선행사를 수식하는 형용사 역할을 하고, 접속사 that은 that이 이끄는 절이
> 문장에서 주어, 목적어, 보어가 되어 명사 역할을 한다.
> (관계대명사 that)   Milk is food that is good for your health.   우유는 건강에 좋은 음식이다.
> (접속사 that)       I think that the story is wrong.   나는 그 이야기가 틀렸다고 생각한다.

## ❷ 관계대명사 what

관계대명사 what은 '~하는 것'이라는 의미의 선행사를 포함하고 있는 관계대명사로, 선행사가 필요 없다.
the thing(s) which/that으로 바꿔 쓸 수 있으며, 문장에서 주어, 목적어, 보어의 역할을 한다.

| 역할 | 예문 |
|---|---|
| 주어 | What he wants to do is playing soccer.  그가 하고 싶은 것은 축구를 하는 것이다. |
| 목적어 | I couldn't remember what you told me. 나는 네가 내게 말한 것을 기억할 수 없었다. |
| 보어 | This letter is what James wrote to me. 이 편지는 James가 나에게 써 준 것이다. |

> **Tip**
>
> 관계대명사 what과 의문사 what은 각각 해석이 달라진다.
> '~하는 것'이라고 해석되면 관계대명사 what이고, '무엇'이라고 해석되면 의문사 what이다.
> (관계대명사 what)  I love what I am doing.  나는 내가 하는 일을 정말 좋아한다.
> (의문사 what)      I don't know what to say.  나는 뭐라고 말해야 할지 모르겠다.

# Grammar **START**

**A**  다음 괄호 안에서 알맞은 것을 고르시오.

1  It is the best movie (who / that) I have ever seen.

2  We saw a man and a dog (who / that) were playing on the grass.

3  The thing (what / which) he said was surprising.

4  She hasn't received (what / that) she ordered 5 days ago.

5  He is the only person (what / that) attended the meeting.

6  Do you know anyone (what / that) knows his phone number?

7  You cannot take back (what / that) you said.

8  This is the restaurant (what / that) my family likes the most.

9  (What / That) a goalkeeper does is to guard the goal.

grass 잔디
surprising 놀라운
receive 받다
order 주문하다
only 유일한
attend 참석하다
take back 철회하다
goalkeeper 골키퍼
guard 지키다

**B**  관계대명사 what과 that 중에 알맞은 것을 골라 쓰시오.

1  Michael had everything _____ he wanted.

2  The thing _____ we need is a new computer.

3  I couldn't find _____ I was looking for.

4  _____ the teacher said just now is very important.

5  She wants something _____ is sweet.

6  The painting was the first present _____ he gave to her.

7  His parents bought _____ he wanted for Christmas.

8  She has just finished _____ she has to do.

9  An architect is someone _____ designs buildings.

need 필요하다
important 중요한
sweet 달콤한
painting 그림
present 선물
Christmas 크리스마스
finish 끝내다
architect 건축가
design 디자인하다
building 건물

# Grammar **PRACTICE**

**A** 주어진 단어와 우리말을 이용하여 빈칸에 알맞은 말을 쓰시오.

1 그것이 내가 원했던 것이었다. (want)

➡ That was _____ I _____.

2 네가 말한 것이 Olivia를 울게 했다. (cry)

➡ The _____ _____ you said made Olivia _____.

3 그녀가 한 것은 매우 실망스러웠다. (do)

➡ _____ she _____ was very upsetting.

4 내가 사는 것을 잊은 유일한 것은 우유였다. (forget)

➡ The only thing _____ I _____ to buy was milk.

5 나는 너를 위해 수리를 해줄 수 있는 누군가를 안다. (do)

➡ I know someone _____ _____ _____ the repairs for you.

6 나는 경찰에게 내가 기억했던 것을 말했다. (remember)

➡ I told the police officer _____ I _____.

upsetting 실망스러운
forget 잊다
repair 수리
police officer 경찰관
remember 기억하다

**B** 밑줄 친 부분을 바꿔 같은 뜻을 가진 문장으로 다시 쓰시오.

1 That is <u>what</u> I want to say.

➡ _____

2 <u>The thing which</u> I told you yesterday is a secret.

➡ _____

3 I found out something, <u>and it</u> looked interesting.

➡ _____

4 That is <u>the thing which</u> she wants.

➡ _____

5 She couldn't understand <u>the thing that</u> her friend said.

➡ _____

secret 비밀
find out 발견하다
understand 이해하다
matter 중요한 일
impression 인상

## C 틀린 부분을 찾아 바르게 고쳐 문장을 다시 쓰시오.

1 I forgot everything what I read.

➡ _____

2 France is a country and that I have always wanted to visit.

➡ _____

3 The only person which supported my idea was my mother.

➡ _____

4 This is the same wallet what he lost last Monday.

➡ _____

5 What is important are your health.

➡ _____

6 You shouldn't believe everything what you watch on television.

➡ _____

7 He regrets that he did yesterday.

➡ _____

8 My family wants to live in the house what overlooks the lake.

➡ _____

forget 잊다
France 프랑스
country 나라
visit 방문하다
support 지지하다
idea 생각
wallet 지갑
important 중요한
believe 믿다
television 텔레비전
regret 후회하다
overlook 내려다보다
lake 호수

## D 주어진 단어를 이용하여 다음 우리말을 영어로 쓰시오.

1 Emma는 나를 이해할 수 있는 유일한 친구다. (understand, me, can, the only)

➡ _____

2 이것이 네가 기억해야만 하는 것이다. (remember, should)

➡ _____

3 일어났던 모든 일이 내 잘못이다. (happen, everything, be, fault)

➡ _____

4 그것이 유일하게 나를 두렵게 하는 것이다. (scare, the only thing)

➡ _____

5 제가 다음에 할 것을 말씀해 주세요. (please, should, tell, do, next)

➡ _____

understand 이해하다
problem 문제
remember 기억하다
have to ~해야만 한다
happen 일어나다
fault 잘못
scare 두렵게 하다

**1** 빈칸에 들어갈 수 있는 것을 <u>모두</u> 고르시오.

> An apple is the fruit _____ I like the most.

① who     ② what     ③ which
④ whose     ⑤ that

**2** 빈칸에 공통으로 들어갈 말을 고르시오.

> • All _____ glitters is not gold.
> • This is the best _____ we can do.

① who     ② whom     ③ which
④ whose     ⑤ that

**3** 다음 중 that이 들어갈 알맞은 곳을 고르시오.

> She is ① sending ② pictures ③ to him ④ she took ⑤ at the park.

**4** 다음 두 문장을 한 문장으로 올바르게 바꾼 것을 고르시오.

> I borrowed the books. They were very interesting.

① The books that were very interesting I borrowed.
② The books were very interesting that I borrowed.
③ The books what were very interesting I borrowed.
④ The books what I borrowed were very interesting.
⑤ The books that I borrowed were very interesting.

**5** 다음 우리말을 영어로 바르게 옮긴 것을 고르시오.

> 이것은 내가 자주 보는 퀴즈쇼이다.

① This is the quiz show who I often watch.
② This is the quiz show that I often watch.
③ This is the quiz show which is I often watch.
④ This is the quiz show what I often watch.
⑤ This is the quiz show to which I often watch.

**6** 다음 우리말과 같은 뜻이 되도록 주어진 단어를 배열할 때 네 번째로 오는 것을 고르시오.

> 네가 찾고 있었던 것을 알려줘.
> (me, looking, you, for, were, tell, what)

① me     ② looking     ③ were
④ you     ⑤ what

**7** 다음 중 빈칸에 that이 들어갈 수 <u>없는</u> 것을 고르시오.

① I am not sure _____ called her.
② She is the only woman _____ knows him.
③ I gave my sister all the money _____ I had.
④ He was the first man _____ arrived at the airport.
⑤ Look at the girl and her dog _____ are crossing the street.

---

all 모두, 전부   glitter 반짝반짝 빛나다   borrow 빌리다

**8** 밑줄 친 부분의 쓰임이 나머지와 다른 것을 고르시오.

① He is the boy that broke the vase.
② I believe that everything will be okay.
③ This is the only book that he has read.
④ I have a dog that likes people very much.
⑤ Give me the textbook that is on the desk.

**9** 밑줄 친 부분을 생략할 수 없는 것을 고르시오.

① This is the flower that she likes very much.
② The woman is the person that runs the café.
③ This is the shampoo that many people use.
④ The man is the person that I met last week.
⑤ They went to the restaurant that they have visited before.

**10** 다음 중 어법상 틀린 것을 고르시오.

This ① is ② that ③ I ④ am ⑤ interested in.

**11** 다음 중 어법상 틀린 문장을 고르시오.

① Pass me what is on the shelf.
② It is the best film that I have ever seen.
③ This is the umbrella that I lost yesterday.
④ The writer that wrote this novel is a man.
⑤ There is no man who doesn't love his children.

**12** 다음 두 문장이 같은 뜻이 되도록 빈칸에 들어갈 알맞은 말을 쓰시오.

I know a foreigner who speaks Korean well.

= I know a foreigner _____ speaks Korean well.

→ _____

**13** 다음 우리말과 같은 뜻이 되도록 빈칸에 들어갈 알맞은 말을 쓰시오.

어제 내가 한 일에 대해서 사과할게.

= I feel sorry for _____ I did.

→ _____

**14** 어법상 틀린 부분을 찾아 바르게 고쳐 쓰시오.

Every student who I know likes the song.

_____ → _____

**15** 주어진 단어를 바르게 배열하여 다음 우리말을 영어로 쓰시오.

나는 나를 진정시키게 도와주는 차를 마시는 것을 아주 좋아한다.

(helps, drinking, I, relax, tea, me, that, love)

→ _____

textbook 교과서  run 운영하다  pass 건네 주다  shelf 선반  novel 소설  foreigner 외국인

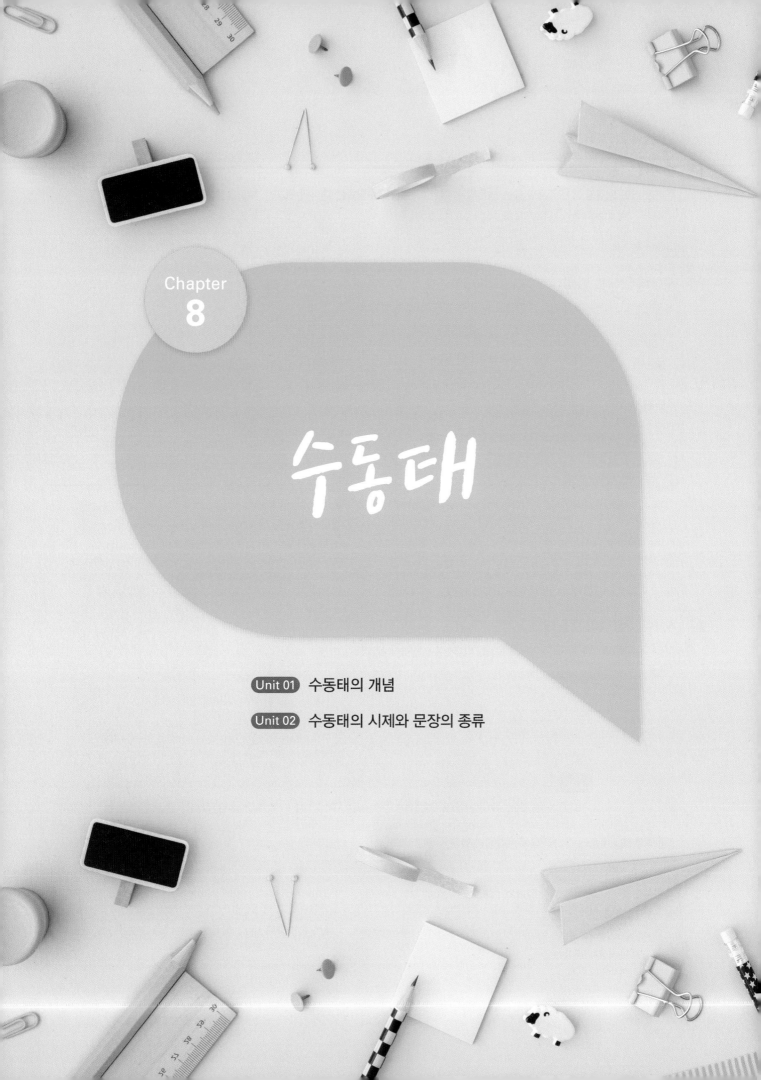

Chapter
**8**

# 수동태

# Unit 01 수동태의 개념

## 1 수동태

주어가 어떤 행위를 하는 주체일 때는 능동태, 주어가 어떤 행위를 당하는 대상이 될 때는 수동태를 쓴다.

능동태    A man carries the desk. 한 남자가 책상을 옮긴다.

수동태    The desk is carried by a man. 책상은 한 남자에 의해 옮겨진다.

## 2 수동태 만드는 방법

목적어가 있는 능동태 문장은 수동태로 바꿀 수 있으며, 그 방법은 다음과 같다.

| 순서 | 방법 | 예문 |
|---|---|---|
| Step 1 | • 능동태의 목적어를 수동태 문장의 주어로 쓴다.<br>(능동태의 목적어가 대명사일 때에는 주격으로 바꾼다.) | 능동태 The repairman fixes the bike.<br>주어   동사   목적어 |
| Step 2 | • 능동태의 동사를 「be동사 + 과거분사」 형태로 바꾼다.<br>• be동사는 주어의 수/인칭에 맞고, 시제는 능동태와 일치시킨다. | |
| Step 3 | • 능동태의 주어를 「by + 행위자」 형태로 바꾼다.<br>(능동태의 주어가 대명사일 때에는 목적격으로 바꾼다.) | 수동태 The bike is fixed by the repairman.<br>주어   be동사 + 과거분사   by + 행위자 |

**Tip**

『by + 행위자』가 막연한 일반 사람이거나 불분명한 경우에는 생략이 가능하다.

The language is spoken (by people) all over the world.
그 언어는 전 세계에서 말해진다.

**Tip**

수동태로 쓸 수 없는 동사

• 목적어를 취하지 않는 자동사: look, seem, appear, happen...
• 상태, 소유를 나타내는 동사: have, resemble...

The event happens at a park. (O) 그 행사는 공원에서 열린다.
The event is happened at a park. (X)

## 3 4형식, 5형식의 수동태

4형식 문장은 목적어가 두 개이므로 두 가지 형태의 수동태가 가능하다.

| 능동태 문장 | 수동태 문장 | |
|---|---|---|
| She told me an interesting story.<br>그녀는 내게 재미있는 이야기를 해주었다. | 간접목적어가 주어 | I was told an interesting story by her.<br>나는 그녀에게 재미있는 이야기를 들었다. |
| | 직접목적어가 주어 | An interesting story was told to me by her.<br>재미있는 이야기가 그녀에 의해 나에게 말해졌다. |

**Tip**

간접목적어가 주어인 수동태 문장에서 간접목적어 앞에 대부분 전치사 to를 쓰며, buy, make, get은 for를 쓰고, ask는 of를 사용한다.

5형식 문장을 수동태로 바꿀 때에는 다음과 같은 사항에 유의한다.

| 종류 | 능동태 문장 | 수동태 문장 |
|---|---|---|
| 목적격 보어는 「be동사 + 과거분사」 뒤에 그대로 쓴다. | She made the dish a little saltier.<br>그녀는 그 음식을 약간 짜게 만들었다. | The dish was made a little saltier by her.<br>그 음식은 그녀에 의해 약간 짜게 만들어졌다. |
| 지각동사/사역동사의 목적격 보어(동사원형)는 to부정사로 바꾼다. | I saw my father read a newspaper.<br>나는 아버지가 신문을 읽는 것을 보았다. | My father was seen to read a newspaper by me.<br>아버지가 신문을 읽는 것이 나에게 보여졌다. |
| | The teacher made us review it.<br>선생님은 우리에게 그것을 복습하게 했다. | We were made to review it by the teacher.<br>우리는 선생님에 의해 그것을 복습하게 되었다. |

# Grammar START

**A** 다음 괄호 안에서 알맞은 것을 고르시오.

1  These shoes (make / are made) by that specialist.

2  The song is (sang / sung) by a lot of children.

3  She (gives / is given) a birthday gift by me.

4  He (considers / is considered) their captain by them.

5  I am made (tell / to tell) him the truth by him.

6  A lot of furniture is (produced / producing) in this factory.

7  He (repairs / is repaired) broken chairs very well.

8  Some questions are (asked of / asked for) me by the teacher.

9  Was the living room (cleaning / cleaned) by you?

specialist 전문가
repair 고치다
broken 망가진
consider 고려하다, 여기다
captain 대장
truth 진실
furniture 가구
produce 생산하다
factory 공장

**B** 주어진 동사를 빈칸에 알맞은 형태로 쓰시오. (현재 시제로)

1  The front door _____ by her. (lock)

2  Letters _____ by mailmen. (deliver)

3  The problem _____ to me by him. (explain)

4  She _____ me to wash the dishes. (order)

5  One hundred people _____ by the company. (employ)

6  Most of the Earth's surface _____ by water. (cover)

7  She _____ to go to the gym by her mom. (advise)

8  Some ice cream _____ at the restaurant for dessert. (serve)

9  Many accidents _____ by dangerous driving. (cause)

front 앞
lock 잠그다
deliver 배달하다
mailman 우체부
explain 설명하다
order 명령하다
company 회사
employ 고용하다
most 대부분
surface 표면
cover 덮다
gym 체육관
advise 충고하다
serve 제공하다
dessert 디저트, 후식
accident 사고
dangerous 위험한
cause 야기하다

# Grammar **PRACTICE**

**A** 주어진 단어와 우리말을 이용하여 빈칸에 알맞은 말을 쓰시오.

1 그는 천재로 여겨진다. (consider)

➡ He _____ _____ a genius.

2 만화책은 많은 아이들에 의해서 읽힌다. (read)

➡ Comic books _____ _____ by a lot of children.

3 편지 몇 통이 그에 의해서 보내진다. (send)

➡ A few letters _____ _____ by him.

4 종이학은 우리 엄마에 의해 만들어진다. (make)

➡ A paper crane _____ _____ by my mom.

5 그 독일 소설은 한국어로 번역된다. (translate)

➡ The German novel _____ _____ into Korean.

6 한 남자가 지도를 보고 있는 것이 보인다. (see)

➡ A man _____ _____ looking at a map.

genius 천재
consider 여기다
a few 약간
crane 학
German 독일의
translate 번역하다
look at ~ ~을 보다
map 지도

**B** 밑줄 친 단어를 주어로 하여 문장을 바꿔 쓰시오.

1 People make underline{various kinds of cheese} from milk.

➡ _____

2 Noah washes underline{my car} every Saturday.

➡ _____

3 The sisters write underline{a lot of books}.

➡ _____

4 They offer her underline{some information}.

➡ _____

5 He makes underline{me} repair the watch.

➡ _____

various 다양한
kind 종류
cheese 치즈
offer 제공하다
information 정보

## C   틀린 부분을 찾아 바르게 고쳐 문장을 다시 쓰시오.

1   His appearance is describe by her.

   ➡ _____

2   A service charge does included in the bill.

   ➡ _____

3   They are forgive by their parents.

   ➡ _____

4   All the flights were canceling because of the fog.

   ➡ _____

5   The keyword is show to me by the teacher.

   ➡ _____

6   I be often invited to parties by him.

   ➡ _____

7   He is advised to drunk a lot of water by the doctor.

   ➡ _____

8   She was heard sing the opera aria.

   ➡ _____

appearance 외모
describe 묘사하다
service 서비스
charge 요금
include 포함하다
bill 계산서
forgive 용서하다
flight 비행
cancel 취소하다
fog 안개
keyword 핵심어
opera 오페라
aria 아리아

## D   주어진 단어를 이용하여 다음 우리말을 영어로 쓰시오.

1   그는 제시간에 도착하도록 시켜진다. (on time, make, arrive)

   ➡ _____

2   좋은 생각이 Danielle에 의해 제안된다. (suggest, a great idea)

   ➡ _____

3   나는 친구들에 의해 책 몇 권이 주어진다. (several, give, my friends)

   ➡ _____

4   새 가방이 그의 부모님에 의해 구입된다. (buy, a new backpack, parents)

   ➡ _____

5   그 나무들은 내 남동생에 의해 정기적으로 물이 주어진다. (water, regularly)

   ➡ _____

arrive 도착하다
suggest 제안하다
several 몇몇의
water 물을 주다
regularly 정기적으로

**1** 빈칸에 들어갈 알맞은 것을 고르시오.

> The ball _____ by the boy.

① kick      ② kicked      ③ kicking
④ is kicked      ⑤ to kick

**2** 두 문장이 같은 뜻이 되도록 빈칸에 들어갈 알맞은 말을 고르시오.

> The painter draws the picture.
> = The picture _____ by the painter.

① draws      ② is drawn
③ are drawn      ④ was drawn
⑤ were drawn

**3** 빈칸에 들어갈 수 <u>없는</u> 것을 고르시오.

> The dog is fed by _____.

① us      ② Cathy      ③ he
④ him      ⑤ my brother

**4** 빈칸에 들어갈 알맞은 것을 고르시오.

> My mom _____ a famous actress.

① resembles      ② is resembled
③ was resembled      ④ to resemble
⑤ resembling

**5** 빈칸에 들어갈 말이 바르게 짝지어진 것을 고르시오.

> • Bananas are _____ by her every morning.
> • A lot of paper is _____ by students.

① eat - used      ② ate - used
③ to eat – to use      ④ eaten - used
⑤ eaten - be used

**6** 다음 우리말을 영어로 바르게 옮긴 것을 고르시오.

> 그 사진들은 우리 할머니에 의해 찍혔다.

① The photos taken by my grandmother.
② The photos was take by my grandmother.
③ The photos was taken by my grandmother.
④ The photos were take by my grandmother.
⑤ The photos were taken by my grandmother.

**7** 밑줄 친 부분을 생략할 수 있는 것을 고르시오.
① The song is made <u>by him</u>.
② She is bitten <u>by the dog</u>.
③ The garden is cleaned <u>by James</u>.
④ The window is broken <u>by the boy</u>.
⑤ Smartphones are used <u>by many people</u>.

---

kick 차다   draw 그리다   fed (feed 먹이다)의 과거분사   resemble 닮다   bitten (bite 물다)의 과거분사

**8** 빈칸에 by를 쓸 수 없는 것을 고르시오.

① The wall is painted _____ them.

② Trees are cut _____ the loggers.

③ We are made _____ study by her.

④ The bridge is built _____ the workers.

⑤ The muffler is knitted _____ the old lady.

**9** 다음 중 수동태로 바꿀 수 없는 문장을 고르시오.

① Women love the perfume.

② The thief steals his watch.

③ My teacher looks cheerful today.

④ She sells clothes on the Internet.

⑤ A lot of students use computers.

**10** 빈칸에 들어갈 말이 나머지와 다른 것을 고르시오.

① It was written _____ the doctor by Nick.

② The onion soup was cooked _____ him by his mom.

③ A cup of coffee was given _____ Tom by Cathy.

④ The message was sent _____ her by her grandson.

⑤ An umbrella was brought _____ him by his brother.

**11** 다음 중 어법상 틀린 문장을 고르시오.

① The problems is solved by him.

② I was allowed use the dictionary by her.

③ The soup is cooked by the chef.

④ A difficult question was asked of him by Amy.

⑤ The students are taught science by Mr. Kim.

**12** 다음 두 문장이 같은 뜻이 되도록 빈칸에 들어갈 알맞은 말을 쓰시오.

> We play computer games.
> = Computer games _____ _____ _____ _____.

→ _____

**[13-14]** 어법상 틀린 부분을 찾아 바르게 고쳐 쓰시오.

**13**

> The passport was showed for the employee by Steve.

_____ → _____

**14**

> The boy was seen ride a bike.

_____ → _____

**15** 주어진 단어를 바르게 배열하여 다음 우리말을 영어로 쓰시오.

> 그 시인은 많은 사람들에 의해 존경 받는다.
> (is, this, people, respected, many, poet, by)

→ _____

---

logger 벌목꾼  bridge 다리  knit 뜨다, 짜다  cheerful 쾌활한  solve 해결하다, 풀다  allow 허락하다  science 과학  passport 여권
employee 직원, 종업원  poet 시인  respected (respect 존경하다)의 과거분사

# 수동태의 시제와 문장의 종류

## 1 수동태의 시제

| 시제 | 형태 | 예문 |
|---|---|---|
| 현재 | be동사의 현재 (am / are / is) + 과거분사 | The building is built by me. 그 건물은 나에 의해 지어진다. |
| 과거 | be동사의 과거 (was / were) + 과거분사 | The building was built by me. 그 건물은 나에 의해 지어졌다. |
| 미래 | will be + 과거분사 | The building will be built by me. 그 건물은 나에 의해 지어질 것이다. |

## 2 수동태의 부정문과 의문문

| 문장 | 형태 | 예문 |
|---|---|---|
| 부정문 | 『be동사 + not + 과거분사』 | She didn't make this pasta.<br>그녀는 이 파스타를 만들지 않았다.<br>→ This pasta was not made by her.<br>이 파스타는 그녀에 의해 만들어지지 않았다. |
| 의문문 | 1) 『be동사 + 주어 + 과거분사?』<br>2) 『의문사 + be동사 + 주어 + 과거분사?』 | He published the book. 그는 그 책을 출판했다.<br>→ Was the book published by him?<br>그 책이 그에 의해 출판되었니?<br>→ When was the book published by him?<br>그 책이 그에 의해 언제 출판되었니? |

> **Tip**
> 수동태에서
> 동사구는 하나의 덩어리로
> 취급하며 그 일부를 분리하거나
> 생략할 수 없다.
> look after 돌보다
> take care of 돌보다
> turn on/off 켜다/끄다
> run over (차로) 치다
> bring up 기르다
> laugh at 비웃다

## 3 조동사가 있는 수동태

| 문장 | 형태 | 예문 |
|---|---|---|
| 긍정문 | 『조동사 + be동사 + 과거분사』 | My brother can fix the bike. 내 남동생은 그 자전거를 수리할 수 있다.<br>→ The bike can be fixed by my brother.<br>그 자전거는 내 남동생에 의해 수리될 수 있다. |
| 부정문 | 『조동사 + not + be동사 + 과거분사』 | Mia will not submit her homework by tomorrow.<br>Mia는 내일까지 그녀의 숙제를 제출하지 않을 것이다.<br>→ Her homework will not be submitted by tomorrow.<br>그녀의 숙제는 내일까지 제출되지 않을 것이다. |
| 의문문 | 1) 『조동사 + 주어 + be동사 + 과거분사?』<br>2) 『의문사 + 조동사 + 주어 + be동사 + 과거분사?』 | The door in the office should be closed. 사무실의 문은 닫혀져야 한다.<br>→ Should the door in the office be closed?<br>사무실의 문이 닫혀져야 하니?<br>When can they discuss the problems?<br>그들은 언제 그 문제에 대해 토론할 수 있니?<br>→ When can the problems be discussed by them?<br>그 문제는 언제 그들에 의해 토론될 수 있니? |

> **Tip**
> 수동태에서 by 이외의 전치사를 쓰는 표현들이 있다.
> be filled with ~로 가득 차 있다  be satisfied with ~에 만족하다  be covered with ~로 덮여 있다  be pleased at(with) ~에 기뻐하다
> be worried about ~에 대해 걱정하다  be known to ~에게 알려지다  be known for ~로 알려지다, ~로 유명하다
> be interested in ~에 관심이 있다  be composed of ~으로 구성되다  be surprised by(at) ~에 놀라다

# Grammar START

**A** 다음 괄호 안에서 알맞은 것을 고르시오.

1 It was not (designing / designed) by him.

2 A decision will (be made / make) at the meeting tomorrow.

3 The baby is (taken care / taken care of) by my father.

4 We were surprised (with / by) the news.

5 The blue car (was stolen / stole) by the man yesterday.

6 A new hospital will (built / be built) near the high school.

7 Were the candles (put / be put) on the tables?

8 The bathtub is filled (of / with) warm water.

9 Hugh is known (by / for) a famous movie star.

design 설계하다
decision 결정
meeting 회의
surprise 놀라게 하다
steal 훔치다
hospital 병원
document 서류
hand in 제출하다
bathtub 욕조
warm 따뜻한
famous 유명한

**B** 주어진 동사를 빈칸에 알맞은 형태로 쓰시오.

1 The festival will _____ until next week. (put off)

2 Have you ever _____ by a dog? (bite)

3 I _____ my future. (worry)

4 Yesterday, the accident _____ by carelessness. (cause)

5 The TV _____ by my mother last night. (turn off)

6 We _____ the results. (satisfy)

7 The villages _____ by the volcano last Thursday. (destroy)

8 I _____ by my grandmother when I was young. (bring up)

9 The team _____ twelve players. (compose)

festival 축제
put off 미루다
bite 물다
future 미래
worry 걱정하다
cause 야기하다
carelessness 부주의
turn off 끄다
result 결과
satisfy 만족시키다
village 마을
volcano 화산
destroy 파괴하다
bring up 기르다
compose 구성하다

**A** 주어진 단어와 우리말을 이용하여 빈칸에 알맞은 말을 쓰시오.

1 이 배는 알루미늄으로 만들어져 있다. (make)

➡ This ship _____ _____ _____ aluminum.

2 너는 그 결말에 실망했니? (disappoint)

➡ _____ you _____ with the ending?

3 나는 우리가 지금 미행당하는 중이라고 생각한다. (follow)

➡ I think we _____ _____ _____ now.

4 그 소년은 그의 실수 때문에 비웃음을 당했다. (laugh at)

➡ The boy _____ _____ _____ because of his mistake.

5 그녀는 시험 결과에 대해 걱정한다. (worry)

➡ She _____ _____ _____ the results of the test.

6 정원은 눈으로 뒤덮일 것이다. (cover)

➡ The garden _____ _____ _____ _____ snow.

ship 배
aluminum 알루미늄
disappoint 실망시키다
ending 결말, 끝
suit 정장
follow 따라가다
mistake 실수
laugh at ~을 비웃다
result 결과
worry 걱정하게 하다
garden 뜰, 정원
cover 덮다

**B** 다음 문장을 수동태로 바꿔 다시 쓰시오.

1 Shakespeare wrote *Hamlet*.

➡ _____

2 His present pleased my mother.

➡ _____

3 They delayed the flight because there was heavy rain.

➡ _____

4 History always interests me.

➡ _____

5 Somebody has just cleaned the room.

➡ _____

present 선물
please 기쁘게 하다
delay 미루다, 연기하다
flight 비행
history 역사
interest 흥미를 일으키다
clean 청소하다

## C 틀린 부분을 찾아 바르게 고쳐 문장을 다시 쓰시오.

1 The basket was filled in apples.

   ➡ _____

2 A lot of money was donating to the foundation.

   ➡ _____

3 The next Olympics will hold in Japan.

   ➡ _____

4 He is taken care by of the woman.

   ➡ _____

5 The computer turned off by mistake.

   ➡ _____

6 Why Tony was fired from his job?

   ➡ _____

7 My sister is interested about fashion.

   ➡ _____

8 His office is been redecorating now.

   ➡ _____

donate 기부하다
foundation 재단
the Olympics (Olympic
Games) 올림픽 경기
turn off 끄다
mistake 실수
fire 해고하다
interest 흥미롭게 하다
fashion 패션
redecorate
장식을 새로 하다

## D 주어진 단어를 이용하여 다음 우리말을 영어로 쓰시오.

1 Agatha는 마을의 모든 사람들에게 알려져 있다. (know, everybody, in town)

   ➡ _____

2 그 아이는 경찰에 의해 찾아졌다. (look for, the child, the police)

   ➡ _____

3 많은 한국사람들이 그 뉴스에 놀랐다. (surprise, many Koreans)

   ➡ _____

4 그 기계는 작년부터 쓰이지 않는다. (have, since, machine, use, last year)

   ➡ _____

5 책상들은 일반적으로 나무로 만들어진다. (wood, generally, desks, make)

   ➡ _____

town 마을
look for ~ ~을 찾다
police 경찰
Korean 한국사람
machine 기계
wood 나무
generally 일반적으로

**1** 두 문장이 같은 뜻이 되도록 빈칸에 들어갈 알맞은 말을 고르시오.

> She watered the plants.
>
> = The plants _____ by her.

① waters
② has watered
③ are watered
④ were watered
⑤ were watering

**2** 빈칸에 들어갈 알맞은 말을 고르시오.

> Our new product _____ next year.

① release
② released
③ will release
④ will be released
⑤ is will released

**3** 두 문장이 같은 뜻이 되도록 빈칸에 들어갈 알맞은 말을 고르시오.

> You should delay your departure.
>
> = Your departure _____ by you.

① should delayed
② should be delayed
③ is should delayed
④ should be delayed
⑤ has should must delayed

**4** 빈칸에 들어갈 말이 바르게 짝지어진 것을 고르시오.

> • The ground is covered _____ snow.
> • He is worried _____ his exam results.

① with - with
② with - about
③ at - for
④ at - about
⑤ with - for

**5** 다음 문장을 수동태로 올바르게 바꿔 쓴 것을 고르시오.

> When did you heat the pizza?

① When was the pizza heat by you?
② When was the pizza is heated by you?
③ When was the pizza heated by you?
④ When were the pizza heated by you?
⑤ When was the pizza heating by you?

**6** 다음 우리말을 영어로 바르게 옮긴 것을 고르시오.

> 그녀는 그 도시에서의 삶에 만족한다.

① She satisfied life in the city.
② She satisfied with life in the city.
③ She is satisfying with life in the city.
④ She is satisfied by life in the city.
⑤ She is satisfied with life in the city.

**7** 다음 문장을 수동태로 올바르게 바꿔 쓴 것을 고르시오.

> He took advantage of the opportunity.

① The opportunity took advantage of him.
② The opportunity took advantage of by him.
③ The opportunity was taken advantage of him.
④ The opportunity was taken advantage of by him.
⑤ The opportunity was taken advantage by of him.

---

release 공개하다, 발표하다   departure 출발   ground 땅바닥   heat 뜨겁게 만들다   take advantage of ~을 이용하다   opportunity 기회

**8** 다음 문장과 바꿔 쓸 수 있는 것을 고르시오.

> We can reuse paper bags to protect the environment.

① Paper bags can reuse to protect the environment.
② Paper bags can be reuse to protect the environment.
③ Paper bags can be reused to protect the environment.
④ Paper bags can reused be to protect the environment.
⑤ Paper bags are can reused to protect the environment.

**9** 다음 우리말과 같은 뜻이 되도록 주어진 단어를 배열할 때, 여섯 번째로 오는 것을 고르시오.

> 왜 저의 요청이 그에 의해 거절되어야만 하나요?
>
> (be, why, by, denied, request, him, must, my)

① denied    ② request    ③ by
④ must      ⑤ be

**10** 다음 중 어법상 틀린 것을 고르시오.

> A ① When was the museum ② decorate by Alice?
>
> B It ③ was not ④ decorated ⑤ by her.

**11** 다음 중 어법상 틀린 문장을 고르시오.

① When should the rent be paid?
② Will your computer sold?
③ The children are looked after by her.
④ Was the dishes be washed by him?
⑤ The door will be locked this weekend.

**12** 다음 문장을 수동태 문장으로 바꿔 쓰시오.

> Did Brian climb that mountain?

→ _____

**13** 어법상 틀린 부분을 찾아 바르게 고쳐 쓰시오.

> This new model shouldn't be compare with other products.

_____ → _____

**14** 다음 우리말과 같은 뜻이 되도록 주어진 단어를 이용하여 빈칸에 알맞은 말을 쓰시오.

> 그의 사과는 Kate에 의해 받아들여지지 않았다. (accept)

→ His apology _____ by Kate.

**15** 주어진 단어를 바르게 배열하여 다음 우리말을 영어로 완성하시오.

> 사람들은 운전 중에 휴대폰을 사용하도록 허용되면 안 된다.
>
> (should, people, their cellphones, allowed, be, use, to, not)

→ _____

_____ while driving.

---

reuse 재활용하다  protect 보호하다  environment 환경  deny 거절하다  request 요청  decorate 장식하다, 꾸미다  rent 집세, 임대료
look after 돌보다  compare 비교하다  accept 받아들이다  allow 허락하다

**[1-2]** 빈칸에 들어갈 알맞은 것을 고르시오.

**1**

> This is _____ you have to do today.

① who          ② what          ③ it
④ that          ⑤ whose

**2**

> We couldn't go into the classroom because the door _____.

① locks          ② locked          ③ be locked
④ locking          ⑤ was locked

**3** 다음 중 어법상 올바른 문장을 고르시오.

① Will be her name forgotten?
② I don't know that you want to get.
③ A beautiful song is been played now.
④ Do you know the man to whom she talked?
⑤ She was made call the police.

**4** 빈칸에 들어갈 말이 나머지와 <u>다른</u> 것을 고르시오.

① He is taken care _____ by his uncle.
② This perfume is made _____ flowers.
③ She's ashamed _____ herself for telling lies.
④ The coat is made _____ wool.
⑤ I'm convinced _____ her winning the prize.

**5** 다음 문장을 수동태로 바꾸시오.

> People expected him to win a medal at the Winter Olympics.

➡ _____

_____

**6** 빈칸에 공통적으로 들어갈 말을 고르시오.

> • I bought a new cellphones _____ price was very high.
> • She is the girl _____ sister is a famous singer.

① who          ② that          ③ whose
④ which          ⑤ what

**7** 다음 문장을 수동태로 바르게 바꾼 것을 고르시오

> She makes us apple pies once a month.

① She is made us apple pies once a month.
② We are made to apple pies once a month.
③ We are making apple pies once a month.
④ Apple pies are made us once a month.
⑤ Apple pies are made for us once a month.

**[8-9]** 빈칸에 들어갈 말이 바르게 짝지어진 것을 고르시오.

**8**

> • This is the restaurant _____ is famous for its tasty food.
> • This is the restaurant _____ we first met.

① which - in which          ② which - in that
③ which - which          ④ that - in that
⑤ that - that

**9**

> • They were disappointed _____ the poor performance.
> • He was made _____ answer the difficult question.

① by - to          ② by - to be
③ to - to          ④ with - to
⑤ with - to be

**10** 다음 중 <u>틀린</u> 부분을 바르게 고친 것을 고르시오.

① The man was made complete the work.
  → The man was made to complete the work.
② It will be offered of me tomorrow.
  → It will be offered for me tomorrow.
③ The Eiffel Tower is made from iron.
  → The Eiffel Tower is made by iron.
④ This is the man which car is broken.
  → This is the man whom car is broken.
⑤ The roof has repaired many times.
  → The roof has being repaired many times.

**11** 주어진 단어를 바르게 배열하여 다음 우리말을 영어로 쓰시오.

> 특별한 표시가 있는 그 병은 재활용되어야 한다.
>
> (the bottle, should, recycled, be, which, a special mark, has)

➡ _____

_____

**12** 다음 중 어법상 올바른 문장으로 짝지어진 것을 고르시오.

> ⓐ The forest should not be cut down.
> ⓑ How will the story be concluded?
> ⓒ This is the room in which he studied.
> ⓓ What I want to do is to get some rest.
> ⓔ Her homework was turned in on time.

① ⓐ, ⓑ, ⓒ    ② ⓐ, ⓒ, ⓔ    ③ ⓑ, ⓓ, ⓔ
④ ⓑ, ⓒ, ⓔ    ⑤ ⓐ, ⓑ, ⓒ, ⓓ, ⓔ

**13** 다음 중 어법상 <u>틀린</u> 문장을 고르시오.

① The building was destroyed by the storm last summer.
② The top of the mountain is always covered by snow.
③ Please tell me what you found in the attic.
④ Both English and French are spoken in Canada.
⑤ The decision was put off by us.

**[14-15]** 다음 글을 읽고 알맞은 말을 쓰시오.

> Ben had a terrible day. He got up late and skipped breakfast. Then, he felt sick on the bus because he had a headache. Moreover, the bus got stuck in a traffic jam. He was 30 minutes late for work. He explained the reason he was late, but <u>his boss didn't believe him.</u> When he started work, his computer did not work at all. He spent the entire morning fixing it. Worst of all, when he was crossing the street to have lunch, he was hit by a bicycle. His leg was broken. On the way to the hospital, (그는 아직 마무리 되지 않은 일이 생각났다.)

**14** 밑줄 친 문장을 수동태로 바꾸시오.

➡ _____

**15** 주어진 단어를 이용하여 괄호 안의 우리말을 영어로 쓰시오.

> think of, finish, which, yet, the work

➡ _____

_____

# 불규칙 동사표

• 원형과 과거형, 과거분사형이 같은 경우

| 동사원형 | 과거형 | 과거분사형 | 동사원형 | 과거형 | 과거분사형 |
|---|---|---|---|---|---|
| cost 비용이 들다 | cost | cost | cost 비용이 들다 | | |
| cut 자르다 | cut | cut | cut 자르다 | | |
| hit 치다 | hit | hit | hit 치다 | | |
| hurt 다치다 | hurt | hurt | hurt 다치다 | | |
| let ~하게 하다 | let | let | let ~하게 하다 | | |
| put 놓다 | put | put | put 놓다 | | |
| read 읽다 | read | read | read 읽다 | | |
| set 놓다 | set | set | set 놓다 | | |
| shut 닫다 | shut | shut | shut 닫다 | | |
| spread 퍼지다 | spread | spread | spread 퍼지다 | | |

• 원형과 과거형, 과거분사형이 다른 경우

| 동사원형 | 과거형 | 과거분사형 | 동사원형 | 과거형 | 과거분사형 |
|---|---|---|---|---|---|
| become 되다 | became | become | become 되다 | | |
| begin 시작하다 | began | begun | begin 시작하다 | | |
| bite 물다 | bit | bitten | bite 물다 | | |
| blow 불다 | blew | blown | blow 불다 | | |
| break 깨뜨리다 | broke | broken | break 깨뜨리다 | | |
| bring 가져오다 | brought | brought | bring 가져오다 | | |
| build 짓다 | built | built | build 짓다 | | |
| buy 사다 | bought | bought | buy 사다 | | |
| catch 잡다 | caught | caught | catch 잡다 | | |
| choose 선택하다 | chose | chosen | choose 선택하다 | | |
| come 오다 | came | come | come 오다 | | |
| do 하다 | did | done | do 하다 | | |
| draw 그리다 | drew | drawn | draw 그리다 | | |

| 동사원형 | 과거형 | 과거분사형 | 동사원형 | 과거형 | 과거분사형 |
|---|---|---|---|---|---|
| dream 꿈꾸다 | dreamt | dreamt | dream 꿈꾸다 | | |
| drink 마시다 | drank | drunk | drink 마시다 | | |
| drive 운전하다 | drove | driven | drive 운전하다 | | |
| eat 먹다 | ate | eaten | eat 먹다 | | |
| fall 떨어지다 | fell | fallen | fall 떨어지다 | | |
| feed 먹이다 | fed | fed | feed 먹이다 | | |
| feel 느끼다 | felt | felt | feel 느끼다 | | |
| fight 싸우다 | fought | fought | fight 싸우다 | | |
| find 발견하다 | found | found | find 발견하다 | | |
| fly 날다 | flew | flown | fly 날다 | | |
| forget 잊다 | forgot | forgotten | forget 잊다 | | |
| get 얻다 | got | gotten | get 얻다 | | |
| give 주다 | gave | given | give 주다 | | |
| go 가다 | went | gone | go 가다 | | |
| grow 자라다 | grew | grown | grow 자라다 | | |
| have 가지고 있다 | had | had | have 가지고 있다 | | |
| hear 듣다 | heard | heard | hear 듣다 | | |
| hold 지니다 | held | held | hold 지니다 | | |
| keep 유지하다 | kept | kept | keep 유지하다 | | |
| know 알다 | knew | known | know 알다 | | |
| lay 놓다, 낳다 | laid | laid | lay 놓다, 낳다 | | |
| lead 인도하다 | led | led | lead 인도하다 | | |
| leave 떠나다 | left | left | leave 떠나다 | | |
| lend 빌려주다 | lent | lent | lend 빌려주다 | | |
| lose 잃어버리다 | lost | lost | lose 잃어버리다 | | |
| make 만들다 | made | made | make 만들다 | | |
| mean 의미하다 | meant | meant | mean 의미하다 | | |
| meet 만나다 | met | met | meet 만나다 | | |

| 동사원형 | 과거형 | 과거분사형 | 동사원형 | 과거형 | 과거분사형 |
|---|---|---|---|---|---|
| pay 지불하다 | paid | paid | pay 지불하다 | | |
| ride 타다 | rode | ridden | ride 타다 | | |
| ring 울리다 | rang | rung | ring 울리다 | | |
| rise 오르다 | rose | risen | rise 오르다 | | |
| run 달리다 | ran | run | run 달리다 | | |
| say 말하다 | said | said | say 말하다 | | |
| see 보다 | saw | seen | see 보다 | | |
| sell 팔다 | sold | sold | sell 팔다 | | |
| send 보내다 | sent | sent | send 보내다 | | |
| shine 빛나다 | shone | shone | shine 빛나다 | | |
| sing 노래하다 | sang | sung | sing 노래하다 | | |
| sit 앉다 | sat | sat | sit 앉다 | | |
| sleep 자다 | slept | slept | sleep 자다 | | |
| slide 미끄러지다 | slid | slid | slide 미끄러지다 | | |
| speak 말하다 | spoke | spoken | speak 말하다 | | |
| spend 소비하다 | spent | spent | spend 소비하다 | | |
| stand 서다 | stood | stood | stand 서다 | | |
| swim 수영하다 | swam | swum | swim 수영하다 | | |
| take 가지고 가다 | took | taken | take 가지고 가다 | | |
| teach 가르치다 | taught | taught | teach 가르치다 | | |
| tell 말하다 | told | told | tell 말하다 | | |
| think 생각하다 | thought | thought | think 생각하다 | | |
| throw 던지다 | threw | thrown | throw 던지다 | | |
| understand 이해하다 | understood | understood | understand 이해하다 | | |
| wake 깨다 | woke | woken | wake 깨다 | | |
| wear 입다 | wore | worn | wear 입다 | | |
| win 이기다 | won | won | win 이기다 | | |
| write 쓰다 | wrote | written | write 쓰다 | | |

# 기초탄탄
# GRAMMAR

## Workbook

# 3

Happy House

# 기초탄탄 GRAMMAR

# 3

## Workbook

Happy House

# Contents

# 1형식, 2형식, 3형식

**A** 다음 밑줄 친 단어의 문장 성분을 쓰시오.

1 She is <u>a wise woman</u>. _____

2 <u>My parents</u> go to the movies every weekend. _____

3 Can Ann visit <u>her grandmother</u> this summer vacation? _____

4 The old man <u>is coming</u> out of the house. _____

5 They don't know <u>how to use the tools</u>. _____

6 I usually play with my friends <u>after school</u>. _____

7 Michael studies the theory <u>at his university</u>. _____

8 Don't <u>bother</u> her. She is thinking now. _____

9 My uncle is <u>poor</u> at driving. _____

10 This soup tastes <u>salty</u>. _____

**B** 주어진 단어와 우리말을 이용하여 빈칸에 알맞은 말을 쓰시오.

1 그는 12시에 자러 간다. (go)
  ➡ He _____ to bed at 12 o'clock.

2 이 프로그램은 쉽게 작동한다. (easy)
  ➡ This program works _____.

3 너의 새 향수는 냄새가 좋다. (well)
  ➡ Your new perfume smells _____.

4 그는 그 문장의 의미를 이해하고 싶었다. (understand)
  ➡ He wanted _____ _____ the meaning of the sentence.

5 그는 시골에서 살고 있다. (country)
  ➡ He lives _____ _____ _____.

---

wise 현명한   visit 방문하다   come out of ~ ~에서 나오다   tool 도구   usually 보통   theory 이론   university 대학교   bother 귀찮게 하다
be poor at ~ ~에 서투르다, 못하다   work 작동하다   perfume 향수   meaning 의미

**C** 틀린 부분을 찾아 바르게 고쳐 문장을 다시 쓰시오.

1 The baby cried sad.

➡ _____

2 Kate looks beautifully in that red dress.

➡ _____

3 I married with Daniel last Saturday.

➡ _____

4 There is a lot of apples in the basket.

➡ _____

5 My sister drives her car careful.

➡ _____

**D** 우리말과 같은 뜻이 되도록 주어진 단어를 바르게 배열하시오.

1 그는 한 달에 책 한 권을 읽는다. (reads, a month, book, he, one)

➡ _____

2 찬장에 컵, 접시, 그리고 주전자가 있다. (there, and, the cupboard, cups, plates, in, a kettle, are)

➡ _____

3 그 스웨터는 부드러운 느낌이 난다. (feels, the sweater, soft)

➡ _____

4 우리 부모님은 나를 위해 열심히 일하신다. (hard, for, work, my parents, me)

➡ _____

5 곤충과 작은 동물은 식물에 의존한다. (small, plants, insects, on, animals, depend)

➡ _____

beautifully 아름답게  a lot of 많은  basket 바구니  careful 조심스러운  cupboard 찬장  plate 접시  kettle 주전자  sweater 스웨터  insect 곤충
plant 식물  depend on ~ ~에 의지하다

# 4형식, 5형식

**A** 밑줄 친 단어의 문장 성분을 쓰시오.

1 Please bring me <u>a glass of water</u>.  _____

2 He bought <u>her</u> some accessories.  _____

3 My mother wants me <u>to get up</u> earlier.  _____

4 Korean people call <u>the lunar new year</u> Seollal.  _____

5 I tried to keep the children <u>quiet</u> during the movie.  _____

6 Did you make <u>him</u> some toast this morning?  _____

7 Olivia told <u>us</u> to sit down and wait.  _____

8 She offered <u>a solution</u> to us.  _____

9 Paul asked me <u>to drive</u> on the highway.  _____

10 Martha gave the animals <u>some food</u>.  _____

**B** 주어진 단어와 우리말을 이용하여 빈칸에 알맞은 말을 쓰시오.

1 그녀는 그가 좀 더 오래 머물기를 원했다. (stay)
➡ She wanted _____ _____ _____ longer.

2 그 노부인이 나에게 그 사진을 보여주었다. (picture)
➡ The old lady showed _____ _____ _____.

3 언니는 내가 그녀의 옷을 입는 걸 허락했다. (wear)
➡ My sister allowed _____ _____ _____ her clothes.

4 의사는 그에게 체중을 줄이라고 충고했다. (lose)
➡ The doctor advised _____ _____ _____ some weight.

5 그 요리사는 그들에게 맛있는 피자를 만들어 주었다. (delicious)
➡ The cook made _____ a _____ _____.

---

accessory 장신구  earlier (early 일찍)의 비교급  lunar 음력의, 달의  quiet 조용한  toast 토스트  offer 제안하다  solution 해결책  highway 고속도로
longer (long 긴)의 비교급  show 보여주다  allow 허락하다  advise 충고하다  lose 잃다  weight 무게  delicious 맛있는

## C 틀린 부분을 찾아 바르게 고쳐 문장을 다시 쓰시오.

1  She bought a cellphone of me.

   ➡ _____

2  I told her go abroad to be successful.

   ➡ _____

3  Harry wrote to his family a long letter.

   ➡ _____

4  They expected their parents buy presents for them.

   ➡ _____

5  She made a pretty skirt her daughter.

   ➡ _____

## D 우리말과 같은 뜻이 되도록 주어진 단어를 바르게 배열하시오.

1  그 경찰관은 그녀에게 질문을 했다. (asked, the police officer, a question, her)

   ➡ _____

2  그는 네가 밤에 외출하도록 허락했다. (you, go out, allowed, he, to, at night)

   ➡ _____

3  내 이웃이 나에게 그녀의 정원을 보여주었다. (my neighbor, her garden, me, showed)

   ➡ _____

4  채소는 너를 건강하게 해준다. (you, vegetables, healthy, keep)

   ➡ _____

5  그 선생님은 학생들이 서로 돕기를 원한다. (wants, help, to, the teacher, the students, one another)

   ➡ _____

---

abroad 해외로  successful 성공한  expect 예상하다, 기대하다  present 선물  daughter 딸  allow 허락하다  neighbor 이웃  garden 정원
vegetable 채소

# 현재완료의 의미와 용법

## A 빈칸에 알맞은 것을 고르시오.

1  We _____ each other since 2010.

ⓐ know                    ⓑ knew                    ⓒ have known

2  A  Is Dad still in the kitchen?

B  Yes, he _____ cooking yet.

ⓐ didn't finish            ⓑ hasn't finished         ⓒ didn't have finished

3  The plane from London _____ at Incheon Airport.

ⓐ arrived just             ⓑ are just arrived         ⓒ has just arrived

4  My school has held a flea market _____ 5 years.

ⓐ for                      ⓑ since                    ⓒ at

5  He _____ roses to me.

ⓐ never has given          ⓑ has never given          ⓒ has given never

## B 주어진 단어와 우리말을 이용하여 빈칸에 알맞은 말을 쓰시오.

1  그는 실수로 중요한 파일을 삭제한 적이 한 번 있다. (delete)

➡ He _____ an important file by mistake once.

2  나는 지난 수요일부터 계속 목이 아프다. (have)

➡ I _____ a sore throat since last Wednesday.

3  이 나무는 여기에 백 년째 서있다. (stand)

➡ This tree _____ here for one hundred years.

4  Julie는 2015년부터 서울에 살고 있다. (live)

➡ Julie _____ in Seoul since 2015.

5  우리 엄마는 이제 막 스파게티를 만드셨다. (just, make)

➡ My mother _____ some spaghetti.

---

each other 서로   still 여전히   finish 끝내다   arrive 도착하다   hold 개최하다   flea market 벼룩시장   file 파일   mistake 실수
have a sore throat 목이 아프다, 목감기에 걸리다

**C** 다음 문장을 현재완료 시제로 바꾸어 쓰시오.

1 He lost his key, and he doesn't have it now.

➡ He _____ .

2 Christine moved to New York in 2012, and she still lives in New York.

➡ Christine _____ since 2012.

3 I ate Italian food for the first time.

➡ I _____ once.

4 A boy broke the window, and it is still broken.

➡ A boy _____ .

5 Minho and I met 3 years ago, and we are still friends.

➡ Minho and I _____ for 3 years.

**D** 우리말과 같은 뜻이 되도록 주어진 단어를 이용하여 문장을 완성하시오.

1 그녀는 아직 스케이트를 타 본 적이 없다. (yet, skate)

➡ _____

2 내 개는 낯선 사람들을 보고 짖은 적이 없다. (never, bark at, strangers)

➡ _____

3 나의 아버지는 12년 동안 그 회사에서 일해 오셨다. (work for, the company, 12 years)

➡ _____

4 그녀는 프랑스 영화를 한 번 본 적이 있다. (once, a French movie, watch)

➡ _____

5 너는 얼마나 오랫동안 기타를 치는 걸 배웠니? (learn, how long, to play the guitar)

➡ _____

---

lost (lose 잃어버리다)의 과거형   move 이사하다   Italian 이탈리아의   skate 스케이트를 타다   bark 짖다   stranger 낯선 사람   company 회사
French 프랑스의   learn 배우다

# 현재완료 사용에 주의할 점

**A** 빈칸에 알맞은 것을 고르시오.

1 Amy _____ in the hospital since Monday.
   ⓐ was            ⓑ has been            ⓒ is

2 A Have you ever been _____ India?
   B No, I haven't.
   ⓐ to            ⓑ in            ⓒ for

3 Maria _____ from high school in 2017.
   ⓐ graduated            ⓑ has graduated            ⓒ graduates

4 Tom _____ to California before.
   ⓐ has been not            ⓑ has not been            ⓒ has gone not

5 I'm very hungry. I _____ anything today.
   ⓐ didn't eat            ⓑ am not eating            ⓒ haven't eaten

**B** 주어진 단어와 우리말을 이용하여 빈칸에 알맞은 말을 쓰시오.

1 Jones 씨는 작년 이후로 박물관에 두 번 방문했다. (visit)
   ➡ Mr. Jones _____ the museum twice since last year.

2 너는 어제 몇 시에 일을 끝냈니? (you, finish)
   ➡ What time _____ work yesterday?

3 Kelly는 그녀의 가족을 방문하기 위해 토론토로 가버렸다. (go)
   ➡ Kelly _____ Toronto to visit her family.

4 그는 이집트에 한 번도 가본 적이 없다. (be, never)
   ➡ He _____ Egypt.

5 Susie는 사업 때문에 부산에 머무르고 있다. (be)
   ➡ Susie _____ Busan because of business.

---

hospital 병원   India 인도   graduate 졸업하다   high school 고등학교   California 캘리포니아   hungry 배고픈   anything 아무것도   business 사업

**C** 틀린 부분을 찾아 바르게 고쳐 문장을 다시 쓰시오.

1 Have you seen the news on television last night?
➡ _____

2 Karen has been being to Mt. Everest.
➡ _____

3 I have been to Paris, so I haven't seen my family for 2 weeks.
➡ _____

4 Alex has been to an important meeting, so he can't come to the party now.
➡ _____

5 Kevin was busy since last weekend.
➡ _____

**D** 우리말과 같은 뜻이 되도록 주어진 단어를 이용하여 문장을 완성하시오.

1 너는 프랑스에 얼마나 오래 머물렀니? (France, how long, be)
➡ _____

2 그는 그 회사에서 3년째 일하고 있다. (work, company, for, at)
➡ _____

3 Carol은 전시회에 한 번도 가본 적이 없다. (an exhibition, be, never)
➡ _____

4 그는 그의 집으로 가버려서 지금 우리와 영화를 보러 갈 수 없다. (go to the movies, so)
➡ _____

5 나는 그녀를 몇 년 동안 보지 못했다. (see, several years)
➡ _____

news 뉴스  television 텔레비전  Mt. Everest 에베레스트산  meeting 회의  company 회사  exhibition 전시회  several 몇몇의

# to부정사의 명사적 용법

**A** 빈칸에 알맞은 것을 고르시오.

1 Harold happened _____ his old friend on the street.

    ⓐ meet           ⓑ meeting           ⓒ to meet

2 He _____ a new pencil case yesterday.

    ⓐ buys           ⓑ bought           ⓒ to buy

3 I decided _____ the mountain.

    ⓐ climb           ⓑ to climb           ⓒ climbing

4 She's planning _____ a dessert for the party.

    ⓐ to make           ⓑ made           ⓒ makes

5 _____ a pet needs a lot of effort.

    ⓐ Have           ⓑ Had           ⓒ To have

**B** 주어진 두 문장을 to부정사를 사용하여 한 문장으로 바꾸시오.

1 We follow the rules. It is essential.

    ➡ _____ _____ _____ _____ _____ essential.

2 Olivia rides a horse every Saturday. She likes it.

    ➡ Olivia _____ _____ _____ a horse every Saturday.

3 People learn foreign languages. It is difficult.

    ➡ _____ _____ _____ _____ _____ difficult.

4 She planned something. It was to finish her homework by noon.

    ➡ She _____ _____ _____ her homework by noon.

5 You eat too much fast food. It's not good for your health.

    ➡ _____ _____ too much fast food _____ not good for your health.

---

happen 우연히 ~하다   decide 결심하다   mountain 산   climb 오르다   plan 계획하다   dessert 디저트   follow 따르다, 지키다   pet 애완동물
effort 노력   rule 규칙   essential 필수적인   foreign 외국의   language 언어   difficult 어려운

**C** 틀린 부분을 찾아 바르게 고쳐 문장을 다시 쓰시오.

1 To collect stamps and coins are fun.

➡ _____

2 UNICEF's goal is help children all over the world.

➡ _____

3 We wish to listening to music together.

➡ _____

4 To gets a perfect score will be great.

➡ _____

5 They want to known when we can leave.

➡ _____

**D** 우리말과 주어진 단어를 이용하여 to부정사가 사용된 문장으로 완성하시오.

1 그녀는 런던으로 떠나기를 원한다. (want, leave for, London)

➡ _____

2 수학 공부하는 것은 쉽지 않다. (easy, study, math)

➡ _____

3 정직한 것은 무엇보다 중요하다. (honest, important, than anything else, more)

➡ _____

4 너는 치과에 가기로 결정했니? (to the dentist, did, decide, go)

➡ _____

5 나의 일은 아이들을 돌보는 것이다. (job, the children, look after)

➡ _____

collect 모으다  stamp 우표  together 함께  UNICEF 유엔아동기금  goal 목표  perfect 완벽한  score 점수  leave for ~ ~로 떠나다  easy 쉬운
honest 정직한  more 좀 더  dentist 치과  decide 결정하다  job 직업, 일  look after ~ ~를 돌보다

# to부정사의 형용사와 부사적 용법

**A** 빈칸에 알맞은 것을 고르시오.

1  I have some photos _____ you.
  ⓐ to show          ⓑ show          ⓒ showing

2  Ben studies very hard _____ the exam.
  ⓐ to not fail          ⓑ to fail not          ⓒ not to fail

3  He expressed a desire _____ with us.
  ⓐ go          ⓑ to go          ⓒ going

4  Do you have time _____ a movie with me?
  ⓐ watch          ⓑ to watch          ⓒ to watching

5  She woke up _____ herself alone in the house.
  ⓐ to find          ⓑ find          ⓒ to finding

**B** 주어진 두 문장을 to부정사를 사용하여 한 문장으로 바꾸시오.

1  Ashley wanted to send a package. She went to the post office.
  ➡ Ashley _____ to the post office _____ _____ _____ _____.

2  The children need a yard. They will play in the yard.
  ➡ The children _____ a yard _____ _____ _____.

3  I am happy. Because I work with you.
  ➡ I _____ happy _____ _____ _____ _____.

4  There are a few interesting movies. I will watch them.
  ➡ There _____ a few interesting movies _____ _____.

5  I stopped by her office. Because I wanted to get my card.
  ➡ I _____ by her office _____ _____ _____ _____.

---

photo 사진  fail 실패하다  express 표현하다  desire 바람, 욕구  find 발견하다, 알게 되다  package 소포  post office 우체국  yard 마당
stop by 잠깐 들르다  office 사무실

**C** 틀린 부분을 찾아 바르게 고쳐 문장을 다시 쓰시오.

1 Jeremy went to the restaurant having lunch.

→ _____

2 I have nothing to say special.

→ _____

3 She must be tired sleeping all day long.

→ _____

4 My grandmother needs a chair sit on.

→ _____

5 Daniel grew up become a journalist.

→ _____

Chapter 3

**D** 우리말과 주어진 단어를 이용하여 to부정사가 사용된 문장으로 완성하시오.

1 저에게 마실 따뜻한 것을 주실 수 있나요? (would, hot, give, something, drink)

→ _____

2 기차를 타기 위해 우리는 지금 출발해야 한다. (leave, have, the train, catch)

→ _____

3 그 새는 살 둥지를 만들었다. (bird, live in, a nest, make)

→ _____

4 그 선수들은 경기에 져서 실망했다. (disappointed, the players, game, lose)

→ _____

5 그들은 부모님과 함께 살아서 행복하다. (happy, their parents, live with)

→ _____

restaurant 레스토랑  special 특별한  must ~임에 틀림없다  all day long 하루종일  become ~이 되다  journalist 기자  leave 떠나다, 출발하다
catch 잡다  nest 둥지  disappointed 실망한  lose 지다, 잃다

Unit 02  15

# 동명사의 형태와 역할

**A**   빈칸에 알맞은 것을 고르시오.

1   Mr. Smith enjoys _____ to many countries.

    ⓐ travel               ⓑ traveling             ⓒ to travel

2   Please have a snack before _____.

    ⓐ leave               ⓑ to leave             ⓒ leaving

3   _____ our environment is important.

    ⓐ Preserving            ⓑ Preserve            ⓒ Preserved

4   On _____ the noise, the babies began to cry.

    ⓐ hear                ⓑ hearing             ⓒ heard

5   Collecting coins _____ kind of a traditional hobby.

    ⓐ is                  ⓑ are               ⓒ being

**B**   주어진 문장을 동명사를 사용하여 바꿔 쓰시오.

1   It is fun to go to parties.

    ➡ _____

2   It is hard to pass the test.

    ➡ _____

3   To learn Chinese is quite difficult.

    ➡ _____

4   He started to lose weight for his health.

    ➡ _____

5   It is exciting to sing songs with friends.

    ➡ _____

---

country 나라   travel 여행하다   snack 간식   preserve 보존하다   environment 환경   noise 소음   collect 모으다   traditional 전통적인
hobby 취미   pass 통과하다, 합격하다   quite 꽤   weight 몸무게   exciting 신나는

**C** 틀린 부분을 찾아 바르게 고쳐 문장을 다시 쓰시오.

1 She is good at express her feelings.

   ➡ _____

2 I feel like eat delicious sandwiches.

   ➡ _____

3 Thank you for to invite me to the party.

   ➡ _____

4 Be honest is very important.

   ➡ _____

5 How about to clean the house?

   ➡ _____

Chapter 4

**D** 우리말과 주어진 단어를 이용하여 동명사가 사용된 문장으로 완성하시오.

1 그의 취미는 망원경으로 별을 보는 것이다. (watch, hobby, through a telescope, the stars)

   ➡ _____

2 그들은 어려움에 처한 사람들을 돕는 것을 좋아한다. (help, in need, like)

   ➡ _____

3 너는 영화 만드는 데에 관심이 있니? (be interested in, a movie, make)

   ➡ _____

4 자기 전에 너무 많이 먹는 걸 피해라. (too much, avoid, go to bed, before, eat)

   ➡ _____

5 우산을 가지고 오지 않은 것은 내 실수다. (bring, an umbrella, not, mistake)

   ➡ _____

---

express 표현하다  feeling 감정  delicious 맛있는  through ~을 통해  telescope 망원경  in need 어려움에 처한
be interested in ~ ~에 관심이 있다  avoid 피하다  bring 가져오다  umbrella 우산  mistake 실수

# 목적어로 쓰이는 동명사와 to부정사

**A** 빈칸에 알맞은 것을 고르시오.

1  I was proud of _____ the math test yesterday.

ⓐ pass                    ⓑ to pass                    ⓒ passing

2  After the movie, we hope _____ something hot.

ⓐ drink                    ⓑ to drink                    ⓒ drinking

3  Stop _____ these strange questions.

ⓐ ask                    ⓑ to ask                    ⓒ asking

4  I decided _____ to Hawaii.

ⓐ go                    ⓑ to go                    ⓒ going

5  She remembers _____ here last year.

ⓐ coming                    ⓑ to come                    ⓒ comes

**B** 주어진 동사를 알맞은 형태로 바꿔 문장을 완성하시오.

1  My father wanted _____ green tea. (drink)

2  Lily is worried about _____ new friends. (make)

3  Where did you learn _____ French? (speak)

4  My family planned _____ shopping this weekend. (go)

5  Remember _____ the door at night. (lock)

6  I expect _____ a hotel room next week. (reserve)

7  Would you mind _____ that again? (explain)

8  I tend to forget _____ my parents. (call)

9  My brother hopes _____ in Canada next year. (study)

10  He stopped _____ coffee, so he looked for a café. (drink)

---

be proud of ~ ~을 자랑스러워 하다   hope 소망하다   strange 이상한   decide 결심하다   remember 기억하다   be worried about ~
~에 대해 걱정하다   French 프랑스어   lock 잠그다   reserve 예약하다   expect 예상하다   mind 꺼리다   tend to ~ ~하는 경향이 있다

## C 틀린 부분을 찾아 바르게 고쳐 문장을 다시 쓰시오.

1 She tried eat the strange food.

➡ _____

2 She stopped to drive a car because of the car accident.

➡ _____

3 Please remember finish your homework before dinner.

➡ _____

4 Do you enjoy to cook for your family?

➡ _____

5 We decided traveling to Thailand for our honeymoon.

➡ _____

## D 우리말과 같은 뜻이 되도록 주어진 단어를 이용하여 문장을 완성하시오.

1 나는 그 배우를 만나는 것을 포기했다. (actor, give up, meet)

➡ _____

2 그녀는 바이올린 연주하는 것을 그만두었다. (stop, play, the violin)

➡ _____

3 나의 부모님은 나에게 스케이트보드를 사주기로 약속하셨다. (promise, parents, buy, a skateboard)

➡ _____

4 그는 그 벽을 칠하는 것에 동의하지 않는다. (agree, paint the wall)

➡ _____

5 우리는 그 불쌍한 사람들을 도우려고 노력했다. (try, help, the poor)

➡ _____

accident 사고  Thailand 태국  honeymoon 신혼여행  give up 포기하다  promise 약속하다  skateboard 스케이트보드  agree 동의하다
the poor 불쌍한 사람들

# 부가의문문

**A** 빈칸에 알맞은 것을 고르시오.

1 Emma wasn't in her classroom, _____ she?
ⓐ was                    ⓑ wasn't                    ⓒ isn't

2 He will work at the gym, _____ he?
ⓐ will                    ⓑ won't                    ⓒ doesn't

3 Don't leave your coat on the bed, _____ you?
ⓐ do                    ⓑ shall                    ⓒ will

4 A Susan works hard, doesn't she?        B _____, she does.
ⓐ Yes                    ⓑ No                    ⓒ So

5 Mike hasn't phoned today, _____ he?
ⓐ does                    ⓑ have                    ⓒ has

**B** 주어진 우리말을 이용하여 빈칸에 알맞은 말을 쓰시오.

1 그녀는 그 소식을 못 들었지, 그렇지?
➡ She didn't hear the news, _____ _____?

2 A 너는 듣고 있지 않았지, 그렇지?        B 응, 나는 듣고 있었어.
➡ A You _____ listening, were you?        B Yes, I was listening.

3 산책하러 가자, 그럴 거지?
➡ _____ go for a walk, _____ we?

4 주방에 있는 그 빵을 먹지 말아라, 그럴 거지?
➡ Don't eat the bread in the kitchen, _____ _____?

5 A 너는 문을 잠그지 않았지, 그렇지?        B 아니, 잠그지 않았어.
➡ A You didn't lock the door, _____ you?        B _____, I didn't.

---

classroom 교실  gym 체육관  coat 코트  hard 열심히  phone 전화를 하다  go for a walk 산책을 가다  bread 빵  kitchen 주방  lock 잠그다

## C  틀린 부분을 찾아 바르게 고쳐 문장을 다시 쓰시오.

1  Suji can't speak English fluently, does she?

   ➡ _____

2  The weather is bad, is it?

   ➡ _____

3  Be quiet for a moment, shall we?

   ➡ _____

4  Jake has gone to London, doesn't he?

   ➡ _____

5  You are going to be out today, weren't you?

   ➡ _____

## D  우리말과 같은 뜻이 되도록 주어진 단어를 이용하여 문장을 완성하시오.

1  지구는 태양보다 작다, 그렇지 않니? (the sun, the Earth, smaller, than)

   ➡ _____

2  그녀는 운전할 수 있다, 그렇지 않니? (drive, can)

   ➡ _____

3  수학 시험이 어려웠다, 그렇지 않니? (the math test, difficult)

   ➡ _____

4  방과 후에 농구를 하자, 그럴래? (basketball, play, after school)

   ➡ _____

5  더이상 컴퓨터 게임을 하지 말아라, 그럴 거지? (computer games, anymore)

   ➡ _____

---

fluently 유창하게   weather 날씨   quiet 조용한   for a moment 잠시동안   the Earth 지구   the sun 태양   math 수학   difficult 어려운
anymore 너이상

Chapter 5

**A** 빈칸에 알맞은 것을 고르시오.

1 Do you know what _____ he gets up?

   ⓐ do                 ⓑ hour               ⓒ time

2 Can you tell me when _____ come?

   ⓐ she will           ⓑ will she          ⓒ does she

3 Do you know _____ lives?

   ⓐ where does she     ⓑ where she     ⓒ where she will

4 Do they know _____ she can speak English?

   ⓐ if                 ⓑ what              ⓒ so

5 Can you tell me _____ the difference is?

   ⓐ what             ⓑ do                ⓒ that

**B** 주어진 우리말을 이용하여 빈칸에 알맞은 말을 쓰시오.

1 네가 여기에 얼마나 오래 머무를 것인지 나에게 말해 줄래?

   ➡ Can you tell me _____ _____ you will stay here?

2 너는 그것이 왼쪽에 있는지 오른쪽에 있는지 아니?

   ➡ Do you know _____ it is on the left or on the right?

3 너는 몇 시에 버스가 도착하는지 아니?

   ➡ Do you know _____ _____ the bus arrives?

4 그들은 언제 John이 돌아올 것인지 알고 있니?

   ➡ Do they know _____ John _____ come back?

5 당신이 운전면허증을 가지고 있는지 말씀해 주실래요?

   ➡ Can you tell me _____ _____ have driver's license?

---

difference 다름, 차이점   stay 머무르다   arrive 도착하다   license 허가하다   driver's license 운전면허증

**C** 틀린 부분을 찾아 바르게 고쳐 문장을 다시 쓰시오.

1 Can you tell me how happened the accident?

→ _____

2 Do you know whether did you it correctly?

→ _____

3 Do they know that I want to drink?

→ _____

4 Can you tell me whether is Chris married or not?

→ _____

5 Do you know if have fish eyelids?

→ _____

Chapter 5

**D** 우리말과 같은 뜻이 되도록 주어진 단어를 이용하여 문장을 완성하시오.

1 그가 지금 어디에서 일하는지 나에게 말해 줄래? (tell, work, now)

→ _____

2 너는 Ann이 내 편지를 받았는지 아니? (know, get, my letter)

→ _____

3 그들은 그가 카메라를 갖고 있는지 아니? (camera, know)

→ _____

4 그녀가 일본인인지 중국인인지 말해 줄래? (Japanese or Chinese, whether)

→ _____

5 가장 가까운 지하철역이 어디인지 아세요? (the nearest, know, subway station)

→ _____

correctly 정확하게  married 결혼한  eyelid 눈꺼풀  letter 편지  camera 카메라  Japanese 일본인  Chinese 중국인  nearest 가장 가까운  subway 지하철  station 역

# 지각동사

**A** 빈칸에 알맞은 것을 고르시오.

1 She heard the school choir _____ a beautiful song.

    ⓐ sing                          ⓑ to sing                       ⓒ sang

2 We watched him _____ very fast.

    ⓐ to run                       ⓑ ran                         ⓒ running

3 Did you see the squirrel _____ behind the tree?

    ⓐ hides                       ⓑ hide                        ⓒ hid

4 He feels his cat _____ its forehead against his leg.

    ⓐ rubs                       ⓑ rub                        ⓒ to rubbing

5 Can you smell something _____ ?

    ⓐ burning                   ⓑ burns                     ⓒ to burn

**B** 주어진 단어와 우리말을 이용하여 빈칸에 알맞은 말을 쓰시오.

1 나는 여자가 공포에 질려 소리지르는 것을 들었다. (hear, scream)

   ➡ I _____ a woman _____ in horror.

2 그들은 오리들이 땅 위를 걷고 있는 것을 보고 있다. (watch, walk)

   ➡ They are _____ ducks _____ on the ground.

3 우리는 그들이 떠나는 것을 보지 못했다. (see, leave)

   ➡ We didn't _____ them _____.

4 그녀는 누군가 그녀의 이름을 부르고 있는 것을 듣는다. (hear, call)

   ➡ She _____ someone _____ her name.

5 그 개는 주방에서 고기가 타고 있는 냄새를 맡았다. (smell, burn)

   ➡ The dog _____ meat _____ in the kitchen.

---

choir 합창단   fast 빠른   squirrel 다람쥐   behind 뒤에   hide 숨다   forehead 이마   against ~에 가까이   leg 다리   rub 문지른다
in horror 무서워서, 두려움으로   duck 오리   ground 땅

## C  틀린 부분을 찾아 바르게 고쳐 문장을 다시 쓰시오.

1   I heard somebody closes the door last night.
    ➡ _____

2   They are listening to the lifeguard to explain how to use a life vest.
    ➡ _____

3   She sees my brother to ride a bike in the yard.
    ➡ _____

4   Ann watched NASA launched the space shuttle.
    ➡ _____

5   I can feel the wind to blowing softly.
    ➡ _____


## D  우리말과 같은 뜻이 되도록 주어진 단어를 이용하여 문장을 완성하시오.

1   우리는 우리 할머니가 그 기차에 타는 것을 보았다. (see, train, get on)
    ➡ _____

2   모든 사람이 그 개가 짖는 것을 들을 수 있었다. (every body, hear, bark)
    ➡ _____

3   그 코치는 선수들이 축구를 하는 것을 보고 있다. (the players, the coach, see)
    ➡ _____

4   나는 그가 큰 소리로 말하고 있는 것을 듣는다. (hear, speak, loudly)
    ➡ _____

5   너는 빗방울이 떨어지는 것을 느꼈니? (raindrops, fall)
    ➡ _____

lifeguard 안전요원  explain 설명하다  life vest 구명조끼  yard 마당  NASA 미항공우주국  launch 발사하다  space shuttle 우주왕복선
blow 불다  softly 부드럽게  get on ~ ~에 타다  bark 짖다  coach 코치  loudly 큰 소리로  raindrop 빗방울  fall 떨어지다

**A**  빈칸에 알맞은 것을 고르시오.

1  The music performance made us _____.

 ⓐ clapping     ⓑ to clap     ⓒ clap

2  Let me _____ your pen for a moment.

 ⓐ use     ⓑ to use     ⓒ used

3  The boss _____ all the workers to take a break.

 ⓐ let     ⓑ made     ⓒ got

4  The movie was very sad. It made me _____.

 ⓐ cry     ⓑ cried     ⓒ to cry

5  Will you let me _____ here for a few days?

 ⓐ to stay     ⓑ stay     ⓒ staying

**B**  주어진 단어와 우리말을 이용하여 빈칸에 알맞은 말을 쓰시오.

1  내가 그것을 다시 말하게 만들지 마. (make, say)

 ➡ Don't _____ me _____ it again.

2  그녀는 아이들이 밖에서 놀게 두었다. (let, play)

 ➡ She _____ the children _____ outside.

3  그는 네가 따뜻한 무언가를 마시도록 했다. (let, drink)

 ➡ He _____ you _____ something hot.

4  우리 부모님은 내가 남동생에게 긴 편지를 쓰라고 시키셨다. (have, write)

 ➡ My parents _____ me _____ a long letter to my brother.

5  Tommy는 안전을 위해 나에게 문을 잠그게 했다. (have, lock)

 ➡ Tommy _____ me _____ the door for safety.

---

performance 공연  for a moment 잠시동안  boss 사장  take a break 휴식을 취하다  outside 밖에  safety 안전

**C** 틀린 부분을 찾아 바르게 고쳐 문장을 다시 쓰시오.

1 Robin will make her to change his watch battery.

   ➡ _____

2 He got me take part in the festival.

   ➡ _____

3 I made my younger sister to learn sign language.

   ➡ _____

4 The police officer let the man waiting for his lawyer.

   ➡ _____

5 The singer lets her fans to take pictures with her.

   ➡ _____

**D** 우리말과 같은 뜻이 되도록 주어진 단어를 이용하여 문장을 완성하시오.

1 그는 내가 토요일마다 여기에 오게 한다. (have, come, on Saturdays)

   ➡ _____

2 그녀는 나에게 어린 남동생을 돌보게 했다. (get, take care of, my little brother)

   ➡ _____

3 그 의사는 그에게 다른 약을 먹게 만들었다. (make, different, take, medicine)

   ➡ _____

4 그녀는 그녀의 딸에게 꽃에 물을 주게 할 것이다. (have, daughter, water the flowers)

   ➡ _____

5 부모님은 내가 점심을 먹으러 나가게 해주신다. (let, for lunch, go out)

   ➡ _____

change 바꾸다   watch 시계   battery 배터리   take part in ~ ~에 참가하다   festival 축제   sign language 수화   lawyer 변호사
take a picture 사진을 찍다   different 다른   medicine 약   water 물을 주다

Unit 02  27

**A** 빈칸에 알맞은 것을 고르시오.

1 The hat _____ is in the box is yours.
ⓐ who          ⓑ which          ⓒ it

2 I don't know the boy _____ my brother is studying.
ⓐ with whom          ⓑ who          ⓒ with him

3 My uncle has a black cat _____ tail is long.
ⓐ which          ⓑ its          ⓒ whose

4 This is a popular place _____ many people visit.
ⓐ who          ⓑ that          ⓒ whose

5 The man _____ donated money to the charity is Ben.
ⓐ he          ⓑ whose          ⓒ who

**B** 주어진 우리말을 이용하여 빈칸에 알맞은 말을 쓰시오.

1 그가 나에게 사준 이 팔찌는 매우 가치가 있다.
➡ The bracelet _____ he bought me is very valuable.

2 나는 결말이 행복하지 않은 이야기를 싫어한다.
➡ I don't like stories _____ endings are not happy.

3 Olivia는 내가 가르쳤던 학생이다.
➡ Olivia is the student _____ I taught.

4 Alexander Graham Bell은 전화기를 발명한 사람이었다.
➡ Alexander Graham Bell was the person _____ invented the telephone.

5 그는 내 여동생이 만나고 싶어하는 작가이다.
➡ He is the author _____ my sister wants to meet.

---

tail 꼬리  popular 인기 있는  place 장소  visit 방문하다  donate 기부하다  charity 자선단체  bracelet 팔찌  valuable 가치가 있는  ending 결말
invent 발명하다  telephone 전화기  author 작가

**C** 틀린 부분을 찾아 바르게 고쳐 문장을 다시 쓰시오.

1 I have a friend his parents are firefighters.

➡ _____

2 There is special price for people that is students.

➡ _____

3 We need to reduce the amount of plastic who we use.

➡ _____

4 Please let me buy all the tickets those are available.

➡ _____

5 Paris is a city which night view is beautiful.

➡ _____


**D** 우리말과 같은 뜻이 되도록 주어진 단어를 이용하여 문장을 완성하시오.

1 그녀가 주었던 그 주소는 존재하지 않는다. (exist, address, give)

➡ _____

2 그에게는 모델이 되고 싶어하는 딸이 있다. (be, daughter, want to, model)

➡ _____

3 나는 멋진 정원이 있는 집을 원한다. (garden, a house, nice, want, have)

➡ _____

4 나는 이름이 나와 같은 사촌이 있다. (the same, have, as mine, cousin)

➡ _____

5 그녀는 내가 관심있는 그 책을 갖고 있다. (have, be interested in)

➡ _____

---

firefighter 소방관   special 특별한   price 가격   reduce 줄이다   amount 양   plastic 플라스틱   available 가능한   night view 야경
exist 존재하다   address 주소   model 모델   garden 정원   cousin 사촌   same as ~ ~와 같은

# 관계대명사 that, what

**A** 빈칸에 알맞은 것을 고르시오.

1 I saw a girl and a cat _____ were walking along the river.

    ⓐ which                ⓑ what                ⓒ that

2 The thing _____ I like the most is going to the library.

    ⓐ what                ⓑ that                ⓒ and

3 Did you hear _____ I said?

    ⓐ that                ⓑ what                ⓒ the thing

4 It was the worst thing _____ has ever happened to me.

    ⓐ that                ⓑ what                ⓒ which

5 You have to explain _____ you mean.

    ⓐ which                ⓑ that                ⓒ what

**B** 주어진 우리말을 이용하여 빈칸에 알맞은 말을 쓰시오.

1 그것은 내가 동의하는 것이 아니다.

    ➡ That is not something _____ I agree with.

2 내가 생일 선물로 원하는 것은 새 가방이다.

    ➡ _____ I want for my birthday _____ a new backpack.

3 그녀의 마음을 끈 것은 그의 미소였다.

    ➡ The _____ _____ attracted her was his smile.

4 그는 내가 그를 기쁘게 하기 위해 한 것에 감명 받았다.

    ➡ He was impressed with _____ I did to please him.

5 미스터리는 설명될 수 없는 어떤 것이다.

    ➡ A mystery is something _____ _____ be explained.

---

along ~을 따라   most 가장 좋은   library 도서관   worst 가장 나쁜   happen 일어나다   mean 의미하다   agree with ~ ~에 동의하다
attract 마음을 끌다   be impressed with ~ ~에 감명받다   please 기쁘게 하다   mystery 미스터리

**C** 틀린 부분을 찾아 바르게 고쳐 문장을 다시 쓰시오.

1 It is something what you put out a fire with.

   ➡ _____

2 That they need right now is a holiday.

   ➡ _____

3 The game what all my classmates like is hide-and-seek.

   ➡ _____

4 Josh couldn't believe that his sister told him.

   ➡ _____

5 The thing what the writer wrote here is impossible to read.

   ➡ _____


**D** 우리말과 같은 뜻이 되도록 주어진 단어를 이용하여 문장을 완성하시오.

1 나는 옆집에 사는 여자와 그녀의 개와 친하다. (be close to, next door, the woman, live)

   ➡ _____

2 내가 듣고 싶은 것은 너의 웃음소리이다. (laughter, want, hear, what)

   ➡ _____

3 당신이 먹는 것이 당신의 건강의 향상시킨다. (improve, health, eat, the thing)

   ➡ _____

4 그녀는 그가 말했던 것 때문에 화가 났다. (because of, angry, what)

   ➡ _____

5 중요한 것은 과거를 기억하는 것이다. (remember, important, the past, what)

   ➡ _____

Chapter 7

---

something 어떤 것, 무엇  put out 끄다  holiday 휴가  hide-and-seek 숨바꼭질  believe 믿다  writer 작가  impossible 불가능한
be close to ~ ~와 친하다  laughter 웃음소리  improve 향상시키다  health 건강  because of ~때문에  remember 기억하다  past 과거

**A** 빈칸에 알맞은 것을 고르시오.

1   English _____ at her workplace.

ⓐ is spoken          ⓑ speaks          ⓒ speaking

2   The pen _____ under the bed.

ⓐ finds          ⓑ found          ⓒ was found

3   In Korea, the election for president _____ every 5 years.

ⓐ holds          ⓑ is holding          ⓒ is held

4   We _____ to be polite to older people.

ⓐ teach          ⓑ taught          ⓒ are taught

5   Harry's secret map is _____ Ron.

ⓐ shown          ⓑ shown to          ⓒ showing

**B** 주어진 단어와 우리말을 이용하여 빈칸에 알맞은 말을 쓰시오.

1   이 도로는 매우 자주 사용되지는 않는다. (use)

➡ This road _____ _____ very often.

2   승객들은 비 때문에 되돌려 보내 진다. (send)

➡ The passengers _____ _____ back because of rain.

3   부탁이 그녀에 의해 나에게 요청된다. (ask)

➡ A favor _____ _____ _____ me by her.

4   차가 길에 주차되는 것이 보인다. (see)

➡ A car _____ _____ _____ be parked on the street.

5   신데렐라는 요정에 의해 구두 한 켤레가 주어진다. (give)

➡ Cinderella _____ _____ a pair of shoes by the fairy.

workplace 직장   election 선거   president 대통령   polite 예의 바른   secret 비밀   often 자주   road 도로   passenger 승객   favor 부탁, 호의
park 주차하다   street 길   fairy 요정

**C** 틀린 부분을 찾아 바르게 고쳐 문장을 다시 쓰시오.

1 The flowers be delivered by Andy.

   ➡ _____

2 I am made finish the work as soon as possible.

   ➡ _____

3 The children are ordered not open the box.

   ➡ _____

4 The classroom cleans by the students every day.

   ➡ _____

5 The question is asked to the player by a journalist.

   ➡ _____


**D** 우리말과 같은 뜻이 되도록 주어진 단어를 이용하여 문장을 완성하시오.

1 스파게티가 Paul에 의해서 나에게 요리된다. (cook, spaghetti)

   ➡ _____

2 그 회사는 Jenson씨에 의해 소유된다. (own, company, Mr. Jenson)

   ➡ _____

3 좋은 아이디어 하나가 내 상사에게 제안된다. (boss, suggest, a good idea)

   ➡ _____

4 나는 밤에 피아노를 치지 말라는 얘기를 듣는다. (tell, at night, not, play)

   ➡ _____

5 나무들은 종이를 만들기 위해 베어진다. (trees, cut down, make)

   ➡ _____

finish 끝내다   as soon as possible 가능한한 빨리   late 늦은   order 명령하다   question 질문   player 선수   journalist 기자   clean 청소하다
own 소유하다   company 회사   boss 상사   suggest 제안하다   cut down 베다

# Chapter 8

# 수동태의 시제와 문장의 종류

**A** 빈칸에 알맞은 것을 고르시오.

1 I am interested _____ classical music.

    ⓐ in                ⓑ at                ⓒ by

2 My goldfish were _____ by my neighbor while I was on holiday.

    ⓐ look             ⓑ look after         ⓒ looked after

3 A letter is _____ to his friend by Peter.

    ⓐ writing          ⓑ being written     ⓒ been written

4 A new subway station will _____ in a year.

    ⓐ build           ⓑ built            ⓒ be built

5 She _____ a good doctor by us.

    ⓐ was considered      ⓑ considers       ⓒ was consider

**B** 주어진 우리말을 이용하여 빈칸에 알맞은 말을 쓰시오.

1 그 탁자는 흰 천으로 덮여 있었다.

    ➡ The table was _____ _____ a white cloth.

2 멋진 드레스가 방금 막 보내졌다.

    ➡ A wonderful dress _____ just _____ _____.

3 그녀의 방은 책으로 가득 차 있다.

    ➡ Her room _____ _____ _____ books.

4 종이는 나무로부터 만들어진다.

    ➡ Paper _____ _____ _____ wood.

5 그녀는 이 결과에 만족할 것이다.

    ➡ She _____ _____ _____ _____ the results.

---

classical 고전적인  goldfish 금붕어  neighbor 이웃  look after 돌보다  consider 여기다, 생각하다  cloth 천  result 결과

**C** 틀린 부분을 찾아 바르게 고쳐 문장을 다시 쓰시오.

1 The floor of the basement is filled by water.
➡ _____

2 The bridge has be constructed for 2 years.
➡ _____

3 German was teach to the children.
➡ _____

4 Dr. Thorne been awarded the Nobel Prize for physics last year.
➡ _____

5 She was allowed not to go out late at night.
➡ _____


**D** 우리말과 같은 뜻이 되도록 주어진 단어를 이용하여 수동태 문장을 완성하시오.

1 그녀는 병원에서 잘 돌보아진다. (look after, in the hospital, well)
➡ _____

2 그 호텔은 멋진 수영장으로 알려져 있다. (be known for, swimming pool, fantastic)
➡ _____

3 전기가 몇 시간 동안 차단되었다. (cut off, electricity, a few hours)
➡ _____

4 사람들은 대기오염에 대해 걱정한다. (worry about, people, air pollution)
➡ _____

5 그 공원은 사람들로 붐빌 것이다. (be crowded with)
➡ _____

floor 바닥  basement 지하실  bridge 다리  construct 건설하다  German 독일어  Nobel Prize 노벨상  physics 물리학  allow 허락하다
look after ~ ~을 돌보다  cut off 끄다, 끊다  electricity 전기, 전력  air pollution 대기오염  be crowded with ~ ~로 붐비다

기초탄탄
GRAMMAR
Workbook

Laws  Architecture  Food  Space  Culture  Science  Story  Entertainment  Art

# Reading Skill로
# 끝내는
# 중학 내신
# 독해 ②
Level

## Workbook

# Reading Skill로 끝내는

## 중학 내신 독해 ②
### Level

## Workbook

Happy House

# Contents
목차

# 01 | Paraphrasing

## Word Practice

**A** 다음 영어는 우리말로, 우리말은 영어로 쓰시오.

1 structure _____
2 consider _____
3 encourage _____
4 education _____
5 allow _____

6 고용하다 _____
7 수수께끼 _____
8 받아들이다 _____
9 군중, 사람들 _____
10 공연하다 _____

**B** 다음 영영풀이에 알맞은 단어를 보기에서 골라 쓰시오.

| 보기 | defeat | connect | modern | promote | hide | steal |
|------|--------|---------|--------|---------|------|-------|

1 _____: to prevent something from being seen
2 _____: to join two or more things together
3 _____: of recent times
4 _____: the failure to win a competition
5 _____: to take something without permission
6 _____: to encourage people to do something

**C** 다음 문장의 빈칸에 알맞은 말을 보기에서 골라 쓰시오.

| 보기 | are supposed to | look up to | looks like | refers to | tries to |
|------|-----------------|------------|------------|-----------|----------|

1 It _____ a normal car, but it isn't.
2 He _____ accept the differences between himself and others.
3 You _____ finish the work by tomorrow.
4 Many students _____ idol groups today.
5 *Hanok* _____ a traditional Korean house.

4

**D** 다음 문장에서 틀린 부분을 바르게 고쳐 쓰고, 해석하시오.

**1** My favorite TV show is broadcast in Friday.

→ _____

**2** He is most famous author in Korea.

→ _____

**3** The mystery made the picture popularity.

→ _____

**4** Many people began cheer for our team.

→ _____


**E** 우리말과 같은 뜻이 되도록 주어진 말을 바르게 배열하시오.

**1** 그는 어렸을 때, 물건을 분해하는 것을 좋아했다.

_____ when he was young.
(liked / apart / he / things / taking)

**2** Mackenzie의 가장 재미있는 별명은 Big Mac이다.

_____ is Big Mac.
(nickname / Mackenzie / for / the / funniest)

**3** 선글라스는 햇빛으로부터 당신의 눈을 안전하게 만든다.

_____ from sunlight.
(your / make / sunglasses / safe / eyes)


**F** 우리말과 같은 뜻이 되도록 괄호 안의 말을 이용하여 문장을 완성하시오.

**1** 그 꽃들은 4월에 피기 시작한다. (bloom)

_____

**2** 비가 오는 날은 종종 사람들을 우울하게 만든다. (rainy days, gloomy)

_____

**3** 핼러윈에 아이들은 유령처럼 변장한다. (Halloween, ghosts)

_____

# 02 | Insert Sentence

Word Practice

**A** 다음 영어는 우리말로, 우리말은 영어로 쓰시오.

1 altitude _____

2 expel _____

3 military _____

4 tool _____

5 aircraft _____

6 발견 _____

7 적, 적군 _____

8 다양한 _____

9 수분, 습기 _____

10 강력한 _____

**B** 다음 영영풀이에 알맞은 단어를 보기에서 골라 쓰시오.

| 보기 | operate | visual | germ | prove | spot | last |
|------|---------|--------|------|-------|------|------|

1 _____: a very small living thing that can make you sick

2 _____: to use facts to show that something is true

3 _____: relating to seeing or sight

4 _____: to see or notice something, often suddenly

5 _____: to use a piece of equipment

6 _____: to continue for a period of time

**C** 다음 문장의 빈칸에 알맞은 말을 보기에서 골라 쓰시오.

| 보기 | lift off | find out | weather conditions | in the past | common sense |
|------|----------|----------|--------------------|-------------|--------------|

1 People used typewriters to write _____.

2 The rocket was supposed to _____ at 7 o'clock.

3 Don't make any noise when you eat food. It is _____.

4 Through this project, we can _____ how it operates.

5 If the _____ are bad, we will not go camping.

**D** 다음 문장에서 틀린 부분을 바르게 고쳐 쓰고, 해석하시오.

**1** His explanations made me to understand it easily.

→ _____

**2** How a great discovery he made!

→ _____

**3** You have deliver the package before 12 o'clock.

→ _____

**4** We need the password entering this building.

→ _____


**E** 우리말과 같은 뜻이 되도록 주어진 말을 바르게 배열하시오.

**1** 그녀는 자기 이론이 가능하다는 것을 증명해야 한다.

_____ that her theory is possible.
(to / she / prove / has)

**2** 사람들은 종종 어려운 것들을 설명하기 위해서 이미지를 사용한다.

People often use images _____.
(difficult / explain / things / to)

**3** 그는 그 간호사에게 밤새 그 환자를 관찰하게 했다.

_____ all night.
(the nurse / the patient / he / monitor / made)


**F** 우리말과 같은 뜻이 되도록 괄호 안의 말을 이용하여 문장을 완성하시오.

**1** 당신은 당신의 감정을 표현해야 한다. (feelings)

_____

**2** 그녀는 살을 빼기 위해 매일 운동한다. (lose weight)

_____

**3** 그것은 참으로 놀라운 영화이구나! (amazing)

_____

# CHAPTER 03 | Sequencing

**Word Practice**

**A** 다음 영어는 우리말로, 우리말은 영어로 쓰시오.

1 maintain _____
2 colorful _____
3 introduce _____
4 surface _____
5 continent _____

6 탐험가 _____
7 인기 없는 _____
8 발생하다 _____
9 기술적인 _____
10 대회, 경기 _____

**B** 다음 영영풀이에 알맞은 단어를 보기에서 골라 쓰시오.

| 보기 | stir | expensive | layer | container | interlock | crew |
|------|------|-----------|-------|-----------|-----------|------|

1 _____ : costing a lot of money

2 _____ : a certain amount of a substance that covers a surface

3 _____ : people who work on a ship, airplane, etc.

4 _____ : to move a substance around by using a spoon to mix it

5 _____ : a thing that can be used to hold something

6 _____ : to join together firmly by fitting one part into another

**C** 다음 문장의 빈칸에 알맞은 말을 보기에서 골라 쓰시오.

| 보기 | put together | by the time | set out | is equipped with | look forward to |
|------|--------------|-------------|---------|------------------|-----------------|

1 The company _____ a 3D printer.

2 We _____ on a long journey to New Zealand.

3 This LEGO robot was _____ by my little brother.

4 The kids _____ going to the amusement park.

5 _____ you arrive, the competition will be finished.

**D** 다음 문장에서 틀린 부분을 바르게 고쳐 쓰고, 해석하시오.

1 You need to prepare a container pouring water into.

→ _____

2 The tourists were lead to the museum by the guide.

→ _____

3 The man explored the South Pole as well the North Pole.

→ _____

4 Mom had me to plant flowers in the garden.

→ _____


**E** 우리말과 같은 뜻이 되도록 주어진 말을 바르게 배열하시오.

1 당신은 운전하기 위해서 자동차뿐만 아니라 운전면허증도 필요하다.

You need _____ to drive.
(as well as / a driver's license / a car)

2 너무 더웠기 때문에 아빠는 내가 에어컨을 켜는 것을 허락하셨다.

Dad _____ because it was too hot.
(turn on / me / the air conditioner / let)

3 그녀는 보고서를 쓸 특별한 주제를 찾고 있다.

She is searching for _____ for her report.
(to / a / special / use / theme)


**F** 우리말과 같은 뜻이 되도록 괄호 안의 말을 이용하여 문장을 완성하시오.

1 그 새로운 기술은 한 젊은 과학자에 의해 소개되었다. (scientist)

_____

2 나는 나의 차를 저을 숟가락이 필요하다. (spoon, tea)

_____

3 그 지진은 그 화산을 폭발하게 만들었다. (earthquake, make)

_____

# 04 | Making Inferences

## Word Practice

**A** 다음 영어는 우리말로, 우리말은 영어로 쓰시오.

1 recreate      _____

2 temperature      _____

3 architect      _____

4 thankful      _____

5 innovative      _____

6 평균의, 보통의      _____

7 시력, 눈      _____

8 수많은, 다수의      _____

9 과열되다      _____

10 대가, 거장      _____

**B** 다음 영영풀이에 알맞은 단어를 보기에서 골라 쓰시오.

| 보기 | enormous | terminal | evaporate | blurry | explore | complete |
|------|----------|----------|-----------|--------|---------|----------|

1 _____: difficult to see clearly

2 _____: to change into gas or steam

3 _____: extremely large in size or quantity

4 _____: to finish making or doing something

5 _____: a building where trains, airplanes, or buses leave and arrive

6 _____: to travel to a place to learn about it or to search for something valuable

**C** 다음 문장의 빈칸에 알맞은 말을 보기에서 골라 쓰시오.

| 보기 | depending upon | is scheduled to | due to | appears to | are similar to |
|------|----------------|-----------------|--------|------------|----------------|

1 All the flights were canceled _____ the hurricane.

2 The enormous project _____ finish next year.

3 The design in the city _____ be innovative.

4 His clothes and hairstyle _____ a famous movie star's.

5 _____ the weather, we will stay at home or go out.

**D** 다음 문장에서 틀린 부분을 바르게 고쳐 쓰고, 해석하시오.

**1** I want to know why is she upset with me.

→ _____

**2** Unless you are sweating a lot, you should get some water.

→ _____

**3** He saw dark something beside the column.

→ _____

**4** This is one of the most innovative technology today.

→ _____


**E** 우리말과 같은 뜻이 되도록 주어진 말을 바르게 배열하시오.

**1** 그 가이드는 우리에게 왜 그 건물이 아직 미완성인지 설명해주었다.

The guide explained to us _____ .
(still / the building / why / was / unfinished)

**2** 만약 당신이 그 산의 정상에 이르면, 당신은 아름다운 경관을 볼 수 있을 것이다.

_____, you can see a beautiful landscape.
(reach / the top of / you / if / the mountain)

**3** 밤에 외출할 때 당신은 밝은 무언가를 입어야 한다.

_____ when you go out at night.
(something / wear / you / bright / should)


**F** 우리말과 같은 뜻이 되도록 빈칸에 알맞은 말을 쓰시오.

**1** 내가 집에 돌아왔을 때, 나는 이상한 무언가의 냄새를 맡았다.

I smelled _____ _____ when I came back home.

**2** 오솔길을 걷는 것은 가장 편안한 활동 중의 하나이다.

Hiking on a trail is one of the _____ _____ _____ .

**3** 만약 당신이 시력 문제를 겪고 있다면, 당신은 안과 의사에게 가야 한다.

_____ you _____ _____ a vision problem, you should see an eye doctor.

## Word Practice

**A** 다음 영어는 우리말로, 우리말은 영어로 쓰시오.

| | | | | |
|---|---|---|---|---|
| 1 | population | _____ | 6 문화의 | _____ |
| 2 | appear | _____ | 7 위치하다 | _____ |
| 3 | several | _____ | 8 적당한, 알맞은 | _____ |
| 4 | personal | _____ | 9 저장하다 | _____ |
| 5 | confirm | _____ | 10 육체의, 신체의 | _____ |

**B** 다음 영영풀이에 알맞은 단어를 보기에서 골라 쓰시오.

| 보기 | claim | consume | incredible | progress | score | book |
|---|---|---|---|---|---|---|

1 _____. to eat or drink something a lot

2 _____: the process of improving or developing

3 _____: impossible, surprising, or very difficult to believe

4 _____: to say something is true even though it may not be

5 _____: to arrange to have or use something at some time in the future

6 _____: the number of points someone gains on a test or in a game

**C** 다음 문장의 빈칸에 알맞은 말을 보기에서 골라 쓰시오.

| 보기 | gain weight | take a break | check out | on top of | have a conversation |
|---|---|---|---|---|---|

1 You should _____ after you come back from long journey.

2 Don't eat junk food. It makes you _____.

3 When I _____ with him, I giggle a lot.

4 _____ the hill, you can enjoy stunning ocean views.

5 Don't forget to _____ the weather before you go hiking.

**D** 다음 문장에서 틀린 부분을 바르게 고쳐 쓰고, 해석하시오.

1 Many people consider junk food unhealthily.

→ _____

2 His hobby is climb high mountains around the world.

→ _____

3 You should are careful when you ride your bike.

→ _____

4 Vegetables for example cucumbers and carrots contain various minerals.

→ _____

**E** 우리말과 같은 뜻이 되도록 주어진 말을 바르게 배열하시오.

1 일부 과학자들은 공상에 잠기는 것이 창의성에 중요하다고 말한다.

Some scientists say that _____.
(important / is / for / daydreaming / creativity)

2 우리는 국가 간의 문화적 차이점들을 받아들여야 한다.

_____ between countries.
(differences / should / we / accept / the cultural)

3 토끼나 다람쥐와 같은 동물들은 겨울을 위해 음식을 저장한다.

_____ store food for winter.
(such / and / rabbits / squirrels / as / Animals)

**F** 우리말과 같은 뜻이 되도록 괄호 안의 말을 이용하여 문장을 완성하시오.

1 나는 나 자신이 게으르고 약하다고 생각한다. (myself, weak)

_____

2 중국과 일본과 같은 나라들은 아시아에 있다. (be located in, Asia)

_____

3 나는 일주일에 두 번 방과 후 활동들에 참여해야 한다. (after-school, twice a week)

_____

# CHAPTER 06 | Classification

## Word Practice

**A** 다음 영어는 우리말로, 우리말은 영어로 쓰시오.

1 specific _____
2 object _____
3 individual _____
4 ambitious _____
5 directions _____

6 전문가 _____
7 훌륭한, 탁월한 _____
8 실험, 실험하다 _____
9 행동 _____
10 인내심이 있는 _____

**B** 다음 영영풀이에 알맞은 단어를 보기에서 골라 쓰시오.

| 보기 | characteristic | pessimistic | organize | predator | poisonous | solve |
|------|---------------|-------------|----------|----------|-----------|-------|

1 _____ : to find an answer to a problem

2 _____ : an animal that kills and eats other animals

3 _____ : causing illness or death after getting in a body

4 _____ : a typical quality of someone or something

5 _____ : to arrange something into a particular order

6 _____ : thinking that bad things are likely to happen

**C** 다음 문장의 빈칸에 알맞은 말을 보기에서 골라 쓰시오.

| 보기 | is associated with | focus on | give up | participate in | tend to |
|------|-------------------|----------|---------|----------------|---------|

1 Girls _____ be more sensitive than boys.

2 This experiment _____ children's behavior.

3 Solving the problem wasn't easy, but Kate didn't _____.

4 You can _____ various athletic activities at the center.

5 When you are at school, you should _____ your classes.

**D** 다음 문장에서 틀린 부분을 바르게 고쳐 쓰고, 해석하시오.

**1** You had better careful because the flower has thorns.

→ _____

**2** The science teacher helped us conducting experiments.

→ _____

**3** My dog is loyal, and he is good at take orders.

→ _____

**4** Some students are shy when other students are outgoing.

→ _____


**E** 우리말과 같은 뜻이 되도록 주어진 말을 바르게 배열하시오.

**1** 너는 지금 당장 구술시험 연습을 하는 것이 좋겠다.

_____ for the oral exam right now.
(practice / had / you / better)

**2** 나는 할머니가 숲에서 버섯을 따는 것을 도와드렸다.

_____ in the forest.
(my grandmother / helped / I / mushrooms / pick)

**3** 그는 연극을 보는 것을 좋아하는 반면에, 나는 연극에서 연기하는 것을 좋아한다.

He likes watching plays _____.
(I / acting / in / like / plays / while)


**F** 우리말과 같은 뜻이 되도록 괄호 안의 말을 이용하여 문장을 완성하시오.

**1** 나는 우리 선생님이 인쇄물을 나눠주는 것을 도왔다. (give)

_____

**2** 그 탐정은 불가사의한 사건들을 해결하는 데 능숙하다. (detective, mysterious, case)

_____

**3** 너의 엄마가 오시기 전에 너는 이 물건들을 정리하는 것이 좋겠다. (thing, before)

_____

Reading Skill로
끝내는
중학 내신
독해 ❷
Workbook

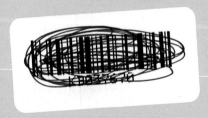

# Reading Skill로 끝내는
# 중학 내신 독해 ②
### Level

Happy House

# 구성 및 특징

**지문 정보 요약**
지문의 주제, 단어 수, 그리고 난이도를
쉽게 확인할 수 있습니다.
(상 ★★★, 중 ★★☆, 하 ★☆☆)

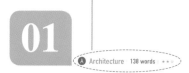

**A** Architecture **138 words** ★★☆

The Eiffel Tower in Paris, France, is a famous tourist attraction. Since it opened in 1889, more than 200 million people have visited it.

The tower was built for the World's Fair by Gustave Eiffel. It is an *lattice tower and is 984 feet tall. It was the world's tallest structure until 1930, when the Chrysler Building was built in New York. Its nickname in French is La Dame de Fer. It means "the iron lady." Hundreds of workers connected 18,000 pieces of iron with more than two million *rivets to build it.

The Eiffel Tower was supposed to be taken apart. The people of Paris also did not like it at first. But it was used for television and radio broadcasts. So it was allowed to stay. And now it is considered a masterpiece of architecture.

*lattice 격자 모양  *rivet 대갈못 (금속 판)

## 다양한 소재의 독해 지문 학습

챕터별로 리딩 스킬에 맞는 신선하고 흥미로운
소재의 4개의 지문이 레벨에 맞게 구성되어 있습니다.

## 핵심 구문 분석 / 서술형 핵심 문법

지문을 이해하는 데에 도움이 되는 핵심 구문 및
서술형 평가를 위한 중학 필수 문법을 분석하여
제시합니다.

**핵**심 구문 분석

5행 ▸ It was the world's tallest structure / until 1930.
　　　그것은 / ~이었다 / 세계에서 가장 높은 건축물 / 1930년까지
가장 ~한/하게'라는 의미의 최상급은 형용사나 부사 뒤에 -(e)st를 붙이거나, 앞에 most를 붙여 만든다. 최상급 앞에는 the
를 붙인다.

## 리딩 스킬 학습

효과적인 독해를 위한 리딩 스킬을 선별하여 챕터별
로 제시하였습니다.

**Step 01** 리딩 스킬의 이론적인 이해를 위한 설명을 해
줍니다.

**Step 02** 해당 리딩 스킬이 어떻게 유형화되어 문제에
출제되는지 알려줍니다.

**Step 03** 해당 유형의 문제를 풀 수 있는 Tips를 제시합
니다.

**Step 04** 학습한 리딩 스킬을 적용한 내신 실전 문제를
제시합니다.

## 내신 대비 실전 Test

학습한 문법과 어휘를 확장해 평가할 수 있는 선다
형 문제를 포함한 최신 서술형 문제를 수록하여 내
신 시험에 대비하도록 하였습니다. 특히 같은 지문을
읽고, 본문과는 다른 심화한 유형의 문제를 수록하여
재확인할 수 있도록 구성하였습니다.

**지문 QR코드**

QR코드를 스캔하여 해당 지문의
MP3 파일을 바로 들을 수 있습니다.

**1** 글의 제목으로 가장 알맞은 것은?

① Global Tourist Attractions
② All about the Eiffel Tower
③ Why the Eiffel Tower Was Built
④ The Beauty of the Eiffel Tower
⑤ Who Built the Eiffel Tower

**2** 에펠탑에 관한 글의 내용과 일치하지 않는 것은?

① 2억 명 이상이 방문한 유명한 관광 명소이다.
② 세계 박람회를 위해 지어졌다.
③ 원래 이름은 La Dame de Fer로 "철의 여인"이라는 뜻이다.
④ TV와 라디오의 방송을 위해 사용되었다.
⑤ 높이가 984피트로 1930년까지는 세계에서 가장 높은 건축물이었다.

[Reading Skill] [Paraphrasing]

**3** 밑줄 친 문장의 의미와 같은 것을 고르시오.

① The Eiffel Tower was easy to take apart.
② Building the Eiffel Tower was difficult.
③ It took a short time to build the Eiffel Tower.
④ The Eiffel Tower was built to last forever.
⑤ The Eiffel Tower was supposed to be removed.

[서술형]

**4** 글의 내용과 일치하도록 다음 질문에 답하시오.

Q: How did people use the Eiffel Tower?
A: It was used for _____ .

**Vocabulary**

**tourist attraction** 명 관광 명소
**structure** 명 구조물, 구조
**nickname** 명 별명
**connect** 동 연결하다
**be supposed to** ~하기로 되어 있다
**take apart** 분해하다
**at first** 처음에는
**broadcast** 명 방송 동 방송하다
**allow** 동 허락하다
**stay** 동 계속 있다, 머무르다
**consider** 동 여기다, 간주하다
**masterpiece** 명 걸작, 명작
**architecture** 명 건축 양식, 건축

CHAPTER 01 | 9

### 지문 이해도 확인 문제

챕터에서 학습한 리딩 스킬을 활용한 내신 유형 문제 및 출제 빈도가 높은 지문 이해도 평가 문제를 수록하였습니다. 특히 내신 대비 서술형 평가를 위한 문제도 다수 수록하였습니다.

### Vocabulary

지문에 나오는 핵심 어휘를 중학 영어 교과서의 필수 어휘로 선별하여 정리하였습니다.

### Workbook

챕터별 중요 어휘와 숙어를 다양한 문제와 새로운 예문으로 복습할 수 있도록 구성하였습니다. 또한 본문에 나온 문법을 활용하여 새로운 문장을 완성해 보는 서술형 연습 문제를 다수 수록하였습니다.

# Contents
목차

## Reading Skill 이해하기

**Paraphrasing**은 글에서 언급된 정보를 다른 말로 바꿔 표현하는 리딩 스킬로 원문의 의미는 그대로 유지하면서 표현을 다르게 하는 것이 핵심이다. 표현 방식은 다르지만, 글의 주제나 요지에 어긋나지 않는지 판단하는 능력은 글을 정확하게 이해하는 데 꼭 필요하다.

### 지시문 유형
▶ 밑줄 친 문장의 의미와 같은 것을 고르시오.
▶ 밑줄 친 문장의 의미와 같도록 빈칸에 알맞은 말을 글에서 찾아 쓰시오.

### 문제 해결 Tips
▶ 바꿔 표현하기에는 동의어나 유사어의 사용이 빈번하다.
▶ 문법적 구조를 바꿈으로써 다르게 표현할 수 있다. (능동태 ↔ 수동태)
▶ 새로운 정보가 추가되거나 원문의 중요한 정보를 생략해서는 안 된다.

### 내신 실전 적용 독해

**밑줄 친 문장의 의미와 같은 것을 고르시오.**

Every spring, flowers begin blooming. Then, people see honeybees flying around. The bees feed on the *nectar plants create. At the same time, they spread *pollen from plant to plant. This helps plants grow and bear fruit. Sadly, honeybees around the world are dying nowadays. <u>Without them, many plants will not grow and bear fruit.</u> This could affect food supplies around the world. Scientists do not know why the bees are dying. But they hope to save the honeybees. A world without honeybees would have many problems.

*nectar 꿀  *pollen 꽃가루

① Plants grow and bear fruit.
② Many people grow plants for their fruit.
③ Honeybees often feed on plants.
④ Plants need honeybees' help to grow well.
⑤ Some people keep honeybees.

The Eiffel Tower in Paris, France, is a famous tourist attraction. Since it opened in 1889, more than 200 million people have visited it.

The tower was built for the World's Fair by Gustave Eiffel. It is an iron *lattice tower and is 984 feet tall. It was the world's tallest structure until 1930, when the Chrysler Building was built in New York. Its nickname in French is La Dame de Fer. It means "the iron lady." Hundreds of workers connected 18,000 pieces of iron with more than two million *rivets to build it.

The Eiffel Tower was supposed to be taken apart. The people of Paris also did not like it at first. But it was used for television and radio broadcasts. So it was allowed to stay. And now it is considered a masterpiece of architecture.

*lattice 격자 모양  *rivet 대갈못 (금속 핀)

---

**핵**심 구문 분석 _____

5행  ▶ It  /  was  /  **the** world's **tallest** structure  /  until 1930.
그것은 / ~이었다 / 세계에서 가장 높은 건축물 /                    1930년까지

'가장 ~한/하게'라는 의미의 최상급은 형용사나 부사 뒤에 -(e)st를 붙이거나, 앞에 most를 붙여 만든다. 최상급 앞에는 the 를 붙인다.

**1** 글의 제목으로 가장 알맞은 것은?

① Global Tourist Attractions
② All about the Eiffel Tower
③ Why the Eiffel Tower Was Built
④ The Beauty of the Eiffel Tower
⑤ Who Built the Eiffel Tower

**2** 에펠탑에 관한 글의 내용과 일치하지 <u>않는</u> 것은?

① 2억 명 이상이 방문한 유명한 관광 명소이다.
② 세계 박람회를 위해 지어졌다.
③ 원래 이름은 La Dame de Fer로 "철의 여인"이라는 뜻이다.
④ TV와 라디오의 방송을 위해 사용되었다.
⑤ 높이가 984피트로 1930년까지는 세계에서 가장 높은 건축물이었다.

**Reading Skill** **Paraphrasing**

**3** 밑줄 친 문장의 의미와 같은 것을 고르시오.

① The Eiffel Tower was easy to take apart.
② Building the Eiffel Tower was difficult.
③ It took a short time to build the Eiffel Tower.
④ The Eiffel Tower was built to last forever.
⑤ The Eiffel Tower was supposed to be removed.

**서술형**

**4** 글의 내용과 일치하도록 다음 질문에 답하시오.

Q: How did people use the Eiffel Tower?
A: It was used for _____.

**V**ocabulary

**tourist attraction** 명 관광 명소
**structure** 명 건축물, 구조
**nickname** 명 별명
**connect** 동 연결하다
**be supposed to** ~하기로 되어 있다
**take apart** 분해하다
**at first** 처음에는
**broadcast** 명 방송 동 방송하다
**allow** 동 허락하다
**stay** 동 계속 있다, 머무르다
**consider** 동 여기다, 간주하다
**masterpiece** 명 걸작, 명작
**architecture** 명 건축 양식, 건축

Go to a sporting event sometime. You will probably see a mascot. A mascot is a symbol for a team. A person dresses up in an *outfit and performs for the fans. Mascots try to get the crowd to cheer and _____. 5

Most people think mascots bring good luck. In fact, the word "mascot" comes from an old French word. It referred to something that brought good luck to a household. In the late 1880s, American sports teams began using children and animals as mascots. In 1974, the first modern mascot was made in San Diego. A man named Ted Giannoulas 10 dressed up as a chicken. Then, he performed at a San Diego Padres baseball game. He was funny, so the team brought him back for every game. Soon, other teams created their own mascots. 15

*outfit (특정한 목적을 위해 입는 한 벌로 된) 복장

---

**서술형 핵심 문법**

8행 ▶ **동명사와 to부정사를 목적어로 취하는 동사:** begin, start, like, love, hate 등은 동명사와 to부정사를 둘 다 목적어로 취하는 동사이다.
In the late 1880s, American sports teams **began** using children and animals as mascots.
1880년대 후반에 미국 스포츠팀들은 아이들과 동물들을 마스코트로 사용하기 시작했다.

📝 **우리말과 같은 뜻이 되도록 주어진 말을 바르게 배열하시오.**
나는 자유시간에 영화 보는 것을 좋아한다. (in / like / movies / my free time / I / watching)

**1** What is the passage mainly about?

① where the word "mascot" comes from
② the roles of mascots at sporting events
③ the history of sports teams' mascots
④ why sports teams created their own mascots
⑤ what the first mascot was

**2** 마스코트에 관한 글의 내용과 일치하면 T, 그렇지 않으면 F를 쓰시오.

(1) The first modern mascot was made in the late 1880s. _____

(2) A mascot is an item that brings good luck home. _____

**3** 글의 빈칸에 들어갈 말로 가장 알맞은 것은?

① introduce the members of a team
② make them angry
③ earn a lot of money
④ advertise a team's products
⑤ make games lots of fun

Reading Skill   Paraphrasing

**4** 밑줄 친 문장의 의미와 같도록 빈칸에 알맞은 말을 글에서 찾아 쓰시오.

Ted Giannoulas wore a chicken _____.

서술형

**5** 다음 빈칸에 알맞은 단어를 글에서 찾아 쓰시오.

It is easy to see a _____ at a sporting event. It is a team's symbol. It tries hard to make the crowd _____.

## Vocabulary

**mascot** 몡 마스코트
**symbol** 몡 상징
**dress up** 차려입다, 변장하다
**perform** 통 공연하다
**crowd** 몡 군중, 사람들
**cheer** 통 응원하다
**word** 몡 단어, 낱말
**bring** 통 가져오다
(bring - brought - brought)
**refer to** ~을 나타내다, 가리키다
**modern** 톈 현대적인
**bring back** 다시 데려오다

Abdul Kalam was born on October 15, 1931. During his life, he was a scientist and author. In 2002, he became the president of India. However, his favorite job was teaching. He wanted the world to remember him as a teacher.

5

He loved students and promoted education. Around the nation, Indian students looked up to him. They still share his *quotes on social networking sites. He told students to have goals in life. He encouraged them to work hard and never to accept defeat. On July 27, 2015, he suddenly died while he was doing the work that he loved the most: teaching. The people of India were shocked and sad about his death.

10

In 2010, the United Nations declared his birthday World Students' Day to honor Kalam's love of teaching. Thanks to this day, people can remember him forever.

15

*quote 인용문(구)

심 구문 분석 ─────────────────────────

1행 ▶ Abdul Kalam  /  was born  /  **on** October 15, 1931.
　　　Abdul Kalam은 /　　태어났다 /　　1931년 10월 15일에

시간을 나타내는 전치사 in은 월/연도/계절 등 비교적 긴 기간 앞에, on은 요일/날짜/특정일 앞에, at은 구체적 시간 앞에 사용한다.

12

**1** Abdul Kalam에 관한 글의 내용과 일치하지 <u>않는</u> 것은?

① He did many jobs, including teaching.

② He loved teaching the most.

③ He suddenly died while he was teaching.

④ He served as the president of India.

⑤ World Students' Day was declared after he died.

**2** 글에서 Abdul Kalam의 직업으로 언급되지 <u>않은</u> 것은?

① 선생님     ② 저자     ③ 방송인     ④ 과학자     ⑤ 대통령

**Reading Skill** **Paraphrasing**

**3** 밑줄 친 문장의 의미와 같은 것을 고르시오.

① He was popular all around the world.

② He was respected in many nations.

③ Students looked him up in the dictionary.

④ Students throughout India respected him.

⑤ He respected all Indian students during his life.

**서술형**

**4** UN이 세계 학생의 날을 지정한 이유를 우리말로 쓰시오.

_____

ocabulary

**author** 명 저자

**president** 명 대통령

**favorite** 형 좋아하는

**promote** 통 장려하다, 촉진하다

**education** 명 교육 *v.* educate 교육하다

**look up to** ~를 존경하다

**encourage** 통 격려하다

**accept** 통 받아들이다, 인정하다

**defeat** 명 패배 통 패배시키다

**declare** 통 선언하다

**honor** 통 경의를 표하다, 존경하다

**forever** 부 영원히

What is the world's most famous painting? You probably answered the *Mona Lisa*. And you are correct. Each year, millions of people visit Paris to see it. Why is it so famous? Is it *Mona Lisa*'s smile? The fact that Leonardo da Vinci painted it? The mystery of who she is? Those have helped make it popular. But there is another reason.

(a) In 1911, Vincenzo Peruggia stole the *Mona Lisa* from the Louvre. (b) The Louvre Museum is the most famous museum in the world. (c) The museum hired him to make a protective glass case for the *Mona Lisa*. (d) But he stole the painting and hid it in his apartment. (e) After the theft, newspapers around the world wrote about it. They put pictures of it on their front pages until it was returned in 1913. As a result, people everywhere knew what it looked like. 그것은 모나리자를 세계적으로 유명하게 만들었다.

---

**서술형 핵심 문법**

7행 ▸ **make + 목적어 + 형용사:** '~을 …하게 만들다'라는 뜻으로 형용사는 목적어를 설명해주는 목적격보어이다.
Those have helped **make** it **popular**. 그것들은 그것을 유명하게 만드는 데 도움을 주었다.

📝 우리말과 같은 뜻이 되도록 주어진 말을 바르게 배열하시오.
나의 강아지는 나를 행복하게 만든다. (happy / makes / me / my puppy)

---

# 1 글의 주제로 가장 알맞은 것은?

① 모나리자에 관한 여러 가지 수수께끼

② 모나리자를 훔친 도둑 이야기

③ 루브르 박물관이 명화를 보관하는 방법

④ 세계적으로 유명한 명화들

⑤ 모나리자가 세계적으로 유명해진 이유

# 2 글의 (a)~(e) 중, 전체 흐름과 관계 없는 문장은?

① (a)　　　② (b)　　　③ (c)　　　④ (d)　　　⑤ (e)

# 3 글에서 모나리자가 유명해진 이유로 언급되지 않은 것은?

① 모나리자의 미소　　　　　② 모나리자의 모델

③ 모나리자를 그린 화가　　　④ 모나리자의 보관 장소

⑤ 모나리자의 도난 사건

Reading Skill　Paraphrasing

# 4 밑줄 친 문장의 의미와 같도록 빈칸에 알맞은 말을 글에서 찾아 쓰시오.

He was _____ to make a protective _____ for the *Mona Lisa*.

# 5

서술형

밑줄 친 우리말과 같은 뜻이 되도록 주어진 말을 바르게 배열하시오.

(the *Mona Lisa*, world, famous, made, that)

_____

**V**ocabulary

**answer** 동 대답하다

**correct** 형 맞는, 정확한

**smile** 명 미소 동 미소 짓다

**mystery** 명 수수께끼, 미스터리

**steal** 동 훔치다 (steal - stole - stolen)

**museum** 명 박물관

**hire** 동 고용하다

**protective** 형 보호하는

**hide** 동 숨기다 (hide - hid - hidden)

**theft** 명 도둑질, 절도

**front page** (신문의) 제1면

**look like** ~처럼 보이다

서술형

**1** 다음 영영풀이가 의미하는 단어를 넣어 문장을 완성하시오.

> a shape used to represent something

Doves are a _____ of peace.

**2** 다음 짝지어진 두 단어의 관계가 나머지 넷과 다른 것은?

① defeat : victory   ② modern : recent
③ correct : right   ④ promote : encourage
⑤ accept : allow

**3** 다음 중 영어 표현과 우리말 뜻이 잘못 연결된 것은?

① refer to: ~을 나타내다
② look up to: ~을 올려다 보다
③ take apart: 분해하다
④ dress up: 차려 입다
⑤ be supposed to: ~하기로 되어 있다

**4** 다음 빈칸에 들어갈 말로 알맞지 않은 것은?

> I _____ going jogging in the morning.

① liked   ② hated   ③ started
④ expected   ⑤ loved

**5** 다음 빈칸에 들어갈 말이 알맞게 짝지어진 것은?

> • It usually rains a lot _____ summer.
> • He gave me some flowers _____ Monday.

① in – at   ② in – in   ③ on – on
④ in – on   ⑤ at – on

**6** 다음 중 어법상 어색한 것은?

① The Nile is the longest river in the world.
② His excuse made me angry.
③ The festival takes place in September.
④ It was the most powerful storm.
⑤ I started learn Chinese.

서술형

**7** 다음 문장을 어법에 맞도록 바르게 고쳐 쓰시오.

> Jason is funniest student in our class.

_____

**8** 다음 밑줄 친 부분의 쓰임이 나머지 넷과 다른 것은?

① The traffic jam <u>made</u> me late for school.
② Mom <u>made</u> spaghetti for my friends.
③ His song <u>makes</u> me so sleepy.
④ The news <u>made</u> us shocked.
⑤ Julie <u>made</u> her parents upset yesterday.

서술형

**9** 다음 우리말과 같은 뜻이 되도록 주어진 말을 바르게 배열하시오.

> 내 남동생은 숙제하는 것을 싫어한다.

(his, to, hates, do, brother, homework, my)

_____

(A) In 2010, the United Nations declared his birthday World Students' Day to honor Kalam's love of teaching. Thanks to this day, people can remember him forever.

(B) Abdul Kalam was born on October 15, 1931. During his life, he was a scientist and author. In 2002, he became the president of India. However, his favorite job was teaching. He wanted the world to remember him as a teacher.

(C) He loved students and promoted education. Around the nation, Indian students looked up to him. They still share his quotes on social networking sites. On July 27, 2015, he suddenly died while he was doing the work that he loved the most: _____. The people of India were shocked and sad about his death.

**10** (A)~(C)를 글의 흐름에 알맞게 배열한 것은?

① (A) – (B) – (C)  ② (B) – (A) – (C)
③ (B) – (C) – (A)  ④ (C) – (A) – (B)
⑤ (A) – (C) – (B)

서술형
**11** 다음 영영풀이에 해당하는 단어를 글에서 찾아 쓰시오.

to show respect for someone

_____

**12** 글의 빈칸에 들어갈 말로 가장 알맞은 것은?

① writing  ② teaching
③ promoting  ④ networking
⑤ volunteering

The Eiffel Tower in Paris, France, is a famous tourist attraction. Since it opened in 1889, more than 200 million people have visited it.

The tower was built for the World's Fair by Gustave Eiffel. It is an iron lattice tower and is 984 feet tall. 그것은 세계에서 가장 높은 건축물이었다 until 1930, when the Chrysler Building was built in New York. Its nickname in French is La Dame de Fer. It means "the iron lady."

① The Eiffel Tower was supposed to be taken apart. ② But it was used for television and radio broadcasts. ③ So it was allowed to stay. ④ And now it is considered a masterpiece of architecture. ⑤

**13** 글에서 에펠탑에 관해 언급되지 않은 것은?

① 높이  ② 방문자 수  ③ 건축 목적
④ 건축 재료  ⑤ 건축 기간

**14** 다음 문장이 들어갈 위치로 가장 알맞은 곳은?

The people of Paris also did not like it at first.

①  ②  ③  ④  ⑤

서술형
**15** 밑줄 친 우리말과 같은 뜻이 되도록 주어진 말을 바르게 배열하시오.

(structure, was, tallest, it, the, world's)

_____

# Insert Sentence

문장 삽입

**Insert Sentence**는 주어진 문장이 들어갈 적절한 위치를 찾는 리딩 스킬이다. 단락 안의 모든 문장은 서로 유기적으로 연결되어 있는데, 이 문장들 사이의 논리적 흐름을 이해하며 글을 읽는 능력은 글의 내용을 정확하게 파악하는 데 꼭 필요하다.

**지시문 유형**

▸ 다음 문장이 들어갈 위치로 가장 알맞은 곳은?

▸ Where would the following sentence best fit?

**문제 해결 Tips**

▸ 연결어는 문장 간의 논리적 관계를 보여주는 결정적 단서이므로 이를 이용한다.

▸ 주어진 문장에 대명사나 지시어가 있는 경우 그것이 지칭하는 대상을 찾는다.

▸ 글 중간에 흐름이 끊어지고 논리적 공백이나 비약이 있는 곳을 찾는다.

**내신 실전 적용 독해**

**다음 문장이 들어갈 위치로 가장 알맞은 곳은?**

Janet likes traveling to other countries. Before going on a trip, she learns about the country she will visit. She reads books about the history of the country. She also searches for information on the Internet. ① She studies the country's culture. ② She finds out about the best places to visit, too. ③ She also tries to learn some of the country's language. ④ By learning a few phrases, her trip will be much better. ⑤

Then, she decides where in the country she will go.

①          ②          ③          ④          ⑤

## 05

🌐 Health | **130 words** | ★ ★ ☆

It is common sense to _____ when you sneeze. Why is that? When you sneeze, air, germs, and moisture get expelled through your mouth and nose. And people can get sick from the germs.

① However, scientists at the Massachusetts Institute of Technology recently made a discovery. ② They found out that the *particles in sneezes can travel in gas bubbles. ③ These bubbles allow the particles, including germs, to travel around 200 feet. ④ They showed that germs in sneezes can travel much farther than anyone thought. ⑤

These results proved that common sense makes sense. The next time you have to sneeze, cover your mouth and nose. ⓐ That way, you will not spread germs all over the place.

5

10

*particle 입자, 작은 조각

심 구문 분석 _____

12행  ▸ The next time / you / **have to** / sneeze, / cover / your mouth and nose.
　　　다음에 ~할 때 /　당신이 /　해야 한다 /　재채기하다 /　가려라 /　당신의 입과 코를

조동사 have to는 '~해야 한다'라는 뜻으로 의무를 나타낼 때 사용된다. 뒤에는 동사원형이 오며, 부정형은 앞에 don't를 쓴다.

## 1 재채기에 관한 글의 내용과 일치하지 <u>않는</u> 것은?

① 재채기 분비물은 기포 상태로 이동한다.
② 재채기는 질병 전염의 원인이 될 수 있다.
③ 재채기 분비물은 약 200피트 정도 퍼질 수 있다.
④ 재채기 속 세균은 생각보다 멀리 퍼지지 않는다.
⑤ 재채기 분비물에는 공기, 세균, 수분이 포함되어 있다.

## 2 글의 빈칸에 들어갈 말로 가장 알맞은 것은?

① make loud noises
② have a runny nose
③ close your eyes
④ open your mouth
⑤ cover your mouth and nose

**Reading Skill** **Insert Sentence**

## 3 Where would the following sentence best fit?

> Scientists once thought that sneezes could only travel a few feet.

①      ②      ③      ④      ⑤

서술형

## 4 글의 밑줄 친 ⓐ <u>That way</u>가 의미하는 내용을 우리말로 쓰시오.

_____

ocabulary

**common sense** 상식

**sneeze** 통 재채기하다 명 재채기

**germ** 명 세균

**moisture** 명 수분, 습기

**expel** 통 방출하다

**through** 전 ~을 통해

**recently** 부 최근에

**discovery** 명 발견
   *v.* discover 발견하다

**find out** 발견하다

**gas bubble** 기포

**prove** 통 증명하다, 입증하다

Do you use :), :(, and other *emoticons in your writing? Many people used them in the past. But fewer people use ⓐ <u>them</u> today. Instead, they use *emojis like ☺ and ☹.

Emojis are pictures or simple visual images. People use ⓑ <u>them</u> to express various feelings. You do not need to type long explanations. Instead, just send emojis, and your friends will understand you.

① Emojis were invented by Shigetaka Kurita in 1988. ② He wanted a way to send pictures without using too much data. ③ His first emojis let people describe the weather, food, and feelings. ④ Kurita's emojis were a big hit in Japan. ⑤ They quickly spread around the world. Today, they are powerful communication tools.

*emoticon 이모티콘  *emoji 그림 문자

 서술형 핵심 문법

6행 ▸ **to부정사의 부사적 용법:** to부정사가 부사처럼 쓰여 문장 전체, 동사, 형용사, 또는 부사를 수식하며, 목적(~하기 위해서), 결과(결국 ~하게 되다), 원인(~해서) 등의 의미를 나타낸다.
People use them **to express** various feelings. 사람들은 다양한 감정을 표현하기 위해서 그것들을 사용한다.

✏️ 우리말과 같은 뜻이 되도록 주어진 말을 바르게 배열하시오.
나는 버스를 잡기 위해서 빨리 뛰었다. (ran / to / the bus / I / fast / catch)

**1** 글의 제목으로 가장 알맞은 것은?

① The Difference between Emoticons and Emojis
② Who Invented Emojis
③ How People Express Their Feelings
④ Why Emojis Are Popular
⑤ Emojis: Popular Communication Tools

Reading Skill   Insert Sentence

**2** 다음 문장이 들어갈 위치로 가장 알맞은 곳은?

> Later, he used pictures, cartoons, and symbols from Japanese manga to make more emojis.

①          ②          ③          ④          ⑤

**3** 글의 내용과 일치하면 T, 그렇지 않으면 F를 쓰시오.

(1) 그림 문자는 사용하기도 간편하고, 쉽게 이해할 수 있다.          _____

(2) 이모티콘은 그림을 보내는데 많은 데이터를 필요로 하지 않는다.          _____

서술형
**4** 글의 밑줄 친 ⓐ와 ⓑ가 가리키는 것을 찾아 쓰시오.

ⓐ _____          ⓑ _____

서술형
**5** 다음 빈칸에 알맞은 단어를 글에서 찾아 쓰시오.

> _____ are simple images that _____ various feelings. They are easy to use and _____.

**Vocabulary**

**simple** 형 단순한, 간단한
**visual** 형 시각의
**image** 명 이미지, 모양
**express** 동 나타내다, 표현하다
**various** 형 다양한
**type** 동 타자를 치다, 입력하다
**explanation** 명 설명 *v.* explaine 설명하다
**understand** 동 이해하다
(understand – understood – understood)
**describe** 동 묘사하다, 설명하다
**powerful** 형 강력한, 영향력 있는
**communication** 명 의사소통
**tool** 명 도구, 수단

You and your friends are at the park. You hear a buzzing sound but do not see any bees. You look up and spot a small helicopter with a camera. It is hovering above everyone and filming you. It is a drone.

① Drones are unpiloted aircraft or spacecraft. ② Nobody is on them, but humans operate them and make them do tasks such as flying, *hovering, or *navigating. ③ The first ones were made for the military many years ago. ④ They took video or dropped bombs on enemies. ⑤

Today, people mostly pilot drones for fun. But they will have other uses in the future. For example, they will monitor weather conditions such as hurricanes. They will also deliver mail and packages. In fact, Amazon.com already plans to deliver packages with drones.

*hover 맴돌다  *navigate 길을 찾다

---

**핵**심 구문 분석 _____

7행  ▶ Humans / operate / them / and / **make** / them / **do** / tasks.
　　　사람들은 /　작동하다 /　그것들을 /　그리고 /　만든다 /　그것들이 /　하게 /　일을

〈make + 목적어 + 동사원형〉은 '~가 …하게 만들다'라는 의미로, '시키다'라는 뜻을 가진 사역동사 make는 목적격보어 자리에 동사원형이 온다.

1 글의 요지로 가장 알맞은 것은?

① 드론은 장점보다는 단점이 많다.

② 드론 사용에 대한 규제를 마련해야 한다.

③ 드론은 오래전부터 군대에서 사용되었다.

④ 드론은 카메라가 달린 무인 항공기이다.

⑤ 드론의 용도는 미래에 더욱 다양해질 것이다.


2 드론에 관한 글의 내용과 일치하면 T, 그렇지 않으면 F를 쓰시오.

(1) Drones have someone on them to operate them. _____

(2) Drones were recently made for the military. _____


Reading Skill  Insert Sentence

3 Where would the following sentence best fit?

> Drones are nothing new.

①          ②          ③          ④          ⑤


서술형

4 미래의 드론의 용도로 언급된 것 2가지를 글에서 찾아 우리말로 쓰시오.

_____

## Vocabulary

**spot** 동 발견하다

**film** 동 찍다 명 영화

**unpiloted** 형 조종자가 없는

**aircraft** 명 항공기

**spacecraft** 명 우주선

**operate** 동 작동하다, 조작하다

**military** 명 군대

**drop bombs** 폭탄을 떨어뜨리다

**enemy** 명 적, 적군

**pilot** 동 조정하다

**monitor** 동 관찰하다, 감시하다

**weather condition** 기상 상태

**deliver** 동 배달하다

 People have long dreamed of flying. The brothers Joseph and Etienne Montgolfier were two of them.

The brothers were paper *manufacturers. ① One day, they noticed that when hot air entered a paper bag, it would rise. ② They wanted to prove flight was possible. ③ But they worried that the air at high altitudes could harm humans. ④ So they put a sheep, a duck, and a rooster on board. ⑤ What a great idea it was! Sheep's bodies are similar to humans'. And the high-flying duck and the low-flying rooster were unlikely to be harmed.

On September 19, 1783, the balloon and its passengers lifted off above King Louis XVI and 130,000 people. The flight lasted for 8 minutes and flew 3.2 kilometers. All three animals landed safely. This started the *era of modern flight.

*manufacturer 제조업자  *era 시대

---

7행 ▶ **감탄문:** 기쁨, 슬픔, 놀라움 등의 감정을 나타내는 문장으로 '참 ~하구나'라는 뜻이다. what이나 how로 시작하며 〈How + 형용사/부사 (+ 주어 + 동사)!〉 또는 〈What (+ a/an) + 형용사 + 명사 (+ 주어 + 동사)!〉의 어순이다.
**What** a great idea it was! 그것은 정말 멋진 생각이었다!

✏️ 우리말과 같은 뜻이 되도록 주어진 말을 바르게 배열하시오.
그 아기는 참 귀엽구나! (the baby / is! / cute / how)

---

**1** 글의 제목으로 가장 알맞은 것은?

① The Era of Modern Flight
② The History of Modern Flight
③ The Inventors of the Hot-Air Balloon
④ How to Make a Hot-Air Balloon
⑤ The First Hot-Air Balloon and Its Passengers

**Reading Skill** **Insert Sentence**

**2** 다음 문장이 들어갈 위치로 가장 알맞은 곳은?

So they decided to make a hot-air balloon.

①          ②          ③          ④          ⑤

**3** 글을 읽고 답할 수 <u>없는</u> 질문은?

① How was the first hot-air balloon flight?
② Where did the first hot-air balloon lift off from?
③ How long did the first hot-air balloon fly?
④ Who watched the first hot-air balloon flight?
⑤ What animals were on the first hot-air balloon?

서술형

**4** 다음 영영풀이에 해당하는 단어를 글에서 찾아 쓰시오.

to become aware of something by seeing or feeling

_____

서술형

**5** 글의 내용과 일치하도록 다음 질문에 답하시오.

Q: Why did the brothers put animals on board?
A: They worried that _____ .

**V**ocabulary

**notice** 동 알아차리다
**enter** 동 들어가다
**flight** 명 비행 *v.* fly 날다
**possible** 형 가능한
**worry** 동 걱정하다
**altitude** 명 고도, 높이
**rooster** 명 수탉
**on board** 탑승한
**lift off** 이륙하다
**last** 동 지속하다, 계속하다
**land** 동 착륙하다

**1** 다음 영영풀이가 가리키는 단어로 알맞은 것은?

> to say what someone or something is like

① last　　② deliver　　③ describe
④ monitor　　⑤ expel

**2** 다음 빈칸에 들어갈 말로 알맞은 것은?

> explain : describe = spot : _____

① expel　　② notice　　③ operate
④ land　　⑤ prove

**3** 다음 중 영어 표현과 우리말 뜻이 잘못 연결된 것은?

① weather condition: 기상 상태
② lift off: 착륙하다
③ drop bombs: 폭탄을 떨어뜨리다
④ find out: 발견하다
⑤ common sense: 상식

**4** 다음 빈칸에 들어갈 말로 알맞은 것은?

> He made us _____ the big box.

① move　　② moved　　③ moving
④ to move　　⑤ moves

서술형
**5** 다음 빈칸에 알맞은 말을 쓰시오.

> • _____ exciting the game was!
> • _____ a kind boy he is!

**6** 다음 중 어법상 어색한 것은?

① I'm sad to hear the news.
② Mom made me clean the house.
③ How a wonderful flight it was!
④ I have to prove it is possible.
⑤ He got up early to play soccer.

**7** 다음 우리말을 영어로 바르게 옮긴 것은?

> 너는 길을 건널 때 조심해야 한다.

① You will be careful when you cross the road.
② You can be careful when you cross the road.
③ You may be careful when you cross the road.
④ You have to be careful when you cross the road.
⑤ You have to are careful when you cross the road.

서술형
**8** 다음 문장을 어법에 맞도록 바르게 고쳐 쓰시오.

> Stella went to Canada studying English.

_____

서술형
**9** 다음 우리말과 같은 뜻이 되도록 주어진 말을 바르게 배열하시오.

> 정말 흥미로운 이야기이구나!

(what, interesting, is, an, it, story)

_____

[10-12] 다음 글을 읽고 물음에 답하시오.

Do you use :), :(, and other emoticons in your writing? ① Many people used them in the past. ② But fewer people use them today. ③

Emojis are pictures or simple visual images. ④ People use them to express various feelings. ⑤ You do not need to type long explanations. Instead, just send emojis, and your friends will understand you.

Emojis were invented by Shigetaka Kurita in 1988. He wanted a way to send pictures without using too much data. His first emojis let people describe the weather, food, and feelings. Later, he used pictures, cartoons, and symbols from Japanese manga to make more emojis. Kurita's emojis were a big hit in Japan.

**10** 글의 내용과 일치하지 않는 것은?

① 그림 문자는 감정을 표현하기 위해 사용된다.
② 그림 문자는 일본인이 발명했다.
③ 오늘날 이모티콘을 사용하는 사람은 소수이다.
④ 초기 그림 문자는 날씨, 음식, 감정을 표현했다.
⑤ 사람들은 처음에 그림 문자를 이해하지 못했다.

**11** 다음 문장이 들어갈 위치로 가장 알맞은 곳은?

Instead, they use emojis like 😊 and 😠.

①    ②    ③    ④    ⑤

서술형
**12** Shigetaka Kurita가 그림 문자를 발명한 이유를 우리말로 쓰시오.

[13-15] 다음 글을 읽고 물음에 답하시오.

(A) Today, people mostly pilot drones for fun. But they will have other uses in the future. _____, they will monitor weather conditions such as hurricanes. They will also deliver mail and packages. In fact, Amazon.com already plans to deliver packages with drones.

(B) You and your friends are at the park. You hear a buzzing sound but do not see any bees. You look up and spot a small helicopter with a camera. It is hovering above everyone and filming you. It is a drone.

(C) Drones are unpiloted aircraft or spacecraft. Nobody is on them, but humans operate them and 그것들이 일을 하게 만든다 such as flying, hovering, or navigating. The first ones were made for the military many years ago. They took video or dropped bombs on enemies.

**13** 글의 빈칸에 들어갈 말로 가장 알맞은 것은?

① While            ② However
③ In addition       ④ Otherwise
⑤ For example

**14** (A)~(C)를 글의 흐름에 알맞게 배열한 것은?

① (A) – (B) – (C)       ② (B) – (A) – (C)
③ (B) – (C) – (A)       ④ (C) – (A) – (B)
⑤ (A) – (C) – (B)

서술형
**15** 밑줄 친 우리말과 같은 뜻이 되도록 주어진 말을 바르게 배열하시오.

(do, make, them, tasks)

# Sequencing
글의 순서 배열

## Reading Skill 이해하기

**Sequencing**은 단락의 논리적인 순서를 바로잡아 글의 전체적인 흐름을 파악하게 하는 리딩 스킬이다.
글에 언급된 사건들을 순서대로 재편성해보며 글의 구성에 대한 이해력을 키운다.

### 지시문 유형

▸ (A)~(C)를 글의 흐름에 알맞게 배열한 것은?
▸ 주어진 글 다음에 이어질 글의 순서로 가장 알맞은 것은?

### 문제 해결 Tips

▸ 지시어, 대명사, 정관사 등이 지칭하는 대상을 파악한다.
▸ 접속사 for example, therefore, so, however 등을 통해 문장들의 선후 관계를 파악한다.
▸ 이전 단락의 마지막에 나온 내용이 보통 다음 단락의 첫 부분으로 이어진다.

### 내신 실전 적용 독해

**주어진 글 다음에 이어질 글의 순서로 가장 알맞은 것은?**

All the water on the Earth is a part of the water cycle. First, the sun's heat makes water in lakes, rivers, and oceans *evaporate. It becomes a gas called water *vapor and rises into the air.

(A) Many drops come together to form clouds. When the clouds get too heavy, they release their water.

(B) It falls to the Earth as rain, and the water cycle begins again.

(C) Then, the cold air makes the water vapor *condense. So the water vapor becomes tiny drops of water.

*evaporate 증발하다  *vapor 증기  *condense 응결되다

① (A) – (B) – (C)    ② (B) – (A) – (C)
③ (B) – (C) – (A)    ④ (C) – (A) – (B)
⑤ (A) – (C) – (B)

**People** | **143 words** | ★ ★ ☆

Roald Amundsen was born in Norway in 1872. As a boy, he dreamed of becoming an explorer.

(A) In 1911, Amundsen planned to visit the North Pole. But he heard Robert Peary had already gotten there. So he decided to travel to the South Pole.                                5

(B) Amundsen still wanted to reach the North Pole. In 1926, he went on an expedition to the North Pole. But _____ using dogsleds, he and Umberto Nobile flew over the North Pole in an airship.

(C) Early in 1911, Amundsen's ship arrived in Antarctica. In October, he and his crew set out across Antarctica by using dogsleds. Then,                                10
on December 14, 1911, Amundsen planted the Norwegian flag at the South Pole.

Amundsen was a great explorer. He led the first expedition to reach the South Pole. And he was the first person to visit the North and South poles.                                15

---

**핵심 구문 분석** _____

13행  ▶ He / led / the first expedition / **to reach** / the South Pole.
그는 / 이끌었다 / 최초의 탐험대를 / 도달한 / 남극에
to부정사가 앞의 명사를 수식하는 형용사 역할을 하는 것을 to부정사의 형용사적 용법이라고 하며 '~하는, ~할'이라고 해석한다.

**1** Roald Amundsen에 관한 글의 내용과 일치하지 <u>않는</u> 것은?

① 노르웨이 출신의 탐험가이다.

② 1926년에 비행선을 타고 북극을 탐험했다.

③ 최초의 남극 탐험대를 이끌었다.

④ Robert Peary보다 먼저 북극을 탐험했다.

⑤ 남극과 북극을 모두 탐험한 최초의 사람이다.

Reading Skill  Sequencing

**2** (A)~(C)를 글의 흐름에 알맞게 배열한 것은?

① (A) – (B) – (C)  ② (B) – (A) – (C)  ③ (B) – (C) – (A)

④ (C) – (A) – (B)  ⑤ (A) – (C) – (B)

**3** 글의 빈칸에 들어갈 말로 가장 알맞은 것은?

① instead of  ② in spite of  ③ because of

④ due to  ⑤ in addition to

서술형

**4** 다음 빈칸에 알맞은 단어를 글에서 찾아 쓰시오.

> Roald Amundsen was a Norwegian _____. He traveled to _____ in 1911 and _____ in 1926. He was the first person to visit both poles.

**V**ocabulary

**explorer** ⑲ 탐험가
*v.* explore 탐험하다

**the North Pole** ⑲ 북극
(≠ the South Pole)

**arrive** ⑧ 도착하다

**Antarctica** ⑲ 남극 대륙

**crew** ⑲ 선원, 승무원

**set out** (여행을) 떠나다, 출발하다

**dogsled** ⑲ 개 썰매

**plant** ⑧ 꽂다, 심다

**go on an expedition**
탐험을 떠나다

**airship** ⑲ 비행선

**lead** ⑧ 이끌다, 안내하다
(lead – led – led)

**expedition** ⑲ 탐험, 탐험대

LEGOs are among the most loved children's toys in the world. They include colorful interlocking plastic blocks as well as wheels, gears, and other pieces. Kids love putting LEGOs together to make buildings, machines, vehicles, and robots.

(A) Over time, the company made more sets with plastic blocks. Soon, children realized ⓐ <u>they</u> could make all kinds of things with LEGOs.

(B) The company started in Denmark in the 1930s. It got its name from the Danish phrase *leg godt*, which means "play well." The company first made wooden toys. In 1949, it <u>began making</u> plastic interlocking blocks. ⓑ <u>They</u> were unpopular at first because children preferred wooden toys.

(C) So the plastic blocks became more popular. Since 1963, LEGO blocks have been made from some special plastic.

Today, LEGOs are very popular because they are not just toys anymore. There are LEGO movies, games, and competitions. There are even amusement parks with LEGO themes.

---

**서술형 핵심 문법**

1행 ▶ **상관 접속사 as well as**: 〈B as well as A〉는 'A뿐만 아니라 B도'라는 의미로 〈not only A but also B〉와 바꿔 쓸 수 있다.
They include <u>colorful interlocking plastic blocks</u> **as well as** wheels, gears, and other pieces.
그것들은 바퀴, 톱니바퀴, 그리고 다른 조각들뿐만 아니라 다양한 색의 플라스틱 결합 블록들도 포함한다.

📝 **우리말과 같은 뜻이 되도록 주어진 말을 바르게 배열하시오.**
당신은 돈뿐만 아니라 시간도 아낄 수 있다. (time / as well as / you / save / can / money)

---

# 1 글의 제목으로 가장 알맞은 것은?

① Who Invented LEGOs

② Kinds of Children's Toys

③ The Origin of LEGO's Name

④ LEGO's History and Its Popularity

⑤ Things You Can Make with LEGOs

**Reading Skill** **Sequencing**

# 2 주어진 글 다음에 이어질 글의 순서로 가장 적절한 것은?

① (A) – (B) – (C)　　② (B) – (A) – (C)　　③ (B) – (C) – (A)

④ (C) – (A) – (B)　　⑤ (A) – (C) – (B)

# 3 글에서 장난감 이외에 LEGO가 활용되는 예로 언급되지 <u>않은</u> 것은?

① 전시회　　　　　② 영화　　　　　③ 게임

④ 경연 대회　　　　⑤ 놀이공원

**서술형**

# 4 글의 밑줄 친 ⓐ와 ⓑ가 가리키는 것을 찾아 쓰시오.

ⓐ _____　　ⓑ _____

**서술형**

# 5 글의 내용과 일치하도록 다음 질문에 답하시오.

Q: What does the name "Lego" mean?

A: It means "_____" in Danish.

**Science** | **150 words** | ★☆☆

The Earth has three layers: the *crust, *mantle, and
*core. The mantle contains large amounts of molten
rock called magma. Sometimes magma rises from
the mantle to the surface. It erupts above the ground
through a mountain called a volcano. Would you
like to see how an eruption happens? How about
making your own volcano?

5

(A) First, light a candle and have the wax melt into a glass container.
(B) After that, cover the wax with 2.5 centimeters of sand. (C) Then,
왁스를 식혀 고체가 되게 하라. Finally, pour water into the container until it is        10
¾ full. Stir the sand a bit, but avoid touching the wax.

Next, put the container on a hot plate and turn it on.
As the wax melts, it pushes through the sand. It is acting
just like magma. Soon, the wax reaches the water and
starts rising. A volcanic eruption has just occurred.        15

*crust 지각  *mantle 맨틀  *core 핵

---

**핵**심 구문 분석 _____

8행  ▸ Light a candle  /  and  /  **have**  /  the wax  /  **melt**  /  into  /  a glass container.
       양초를 켜라 /        그리고 /  ~하게 해라 /  왁스가 /    녹다 /   ~ 속으로 /  유리 용기

사역동사는 어떤 일을 하게 시킨다는 의미를 가진 동사로 make, have, let이 있다. 〈사역동사 + 목적어 + 동사원형〉 형태로
쓰이고, '~가 …하게 만들다/시키다/허락하다'라고 해석한다.

36

**1** 글의 내용과 일치하면 T, 그렇지 않으면 F를 쓰시오.

(1) 핵은 암석이 녹아 만들어진 마그마로 이루어져 있다. _____

(2) 마그마는 화산을 통해서 땅 위로 분출하기도 한다. _____

**Reading Skill** **Sequencing**

**2** (A)~(C)를 글의 흐름에 알맞게 배열한 것은?

① (A) – (B) – (C)      ② (B) – (A) – (C)
③ (B) – (C) – (A)      ④ (C) – (A) – (B)
⑤ (A) – (C) – (B)

**3** 글에 따르면, 화산 실험에서 마그마의 역할을 하는 것은?

① wax          ② sand          ③ water
④ hot plate     ⑤ glass container

서술형

**4** 밑줄 친 우리말과 같은 뜻이 되도록 주어진 말을 바르게 배열하시오.

(the wax, and, let, become solid, cool off)

_____

**V**ocabulary

**layer** 명 층, 겹

**molten** 형 녹은 *v.* melt 녹다

**magma** 명 마그마

**surface** 명 표면, 지면

**erupt** 동 분출하다, 폭발하다
*n.* eruption 분출, 폭발

**volcano** 명 화산

**container** 명 용기, 그릇

**wax** 명 밀랍, 왁스

**cool off** 식히다, 식다

**pour into** ~에 붓다

**stir** 동 젓다

**turn on** (전기, 가스 등을) 켜다

**occur** 동 발생하다, 일어나다

Most young people cannot wait to get their driver's license. However, technology is changing rapidly. By the time they are old enough to drive, cars will be able to drive themselves.

(A) Many people are looking forward to *self-driving cars. They want to relax while their cars drive them to work or home. But there are still many technical problems, and the cars are expensive. So we need to wait more time for self-driving cars.

(B) People have been developing self-driving cars for nearly 100 years. In the 1920s, the first *radio-controlled car was introduced. Later in the 1940s, *cruise control was invented. It let drivers maintain the same speed without pressing the accelerator.

(C) More advances occurred in the 1980s. Some cars were equipped with cameras and sensors. They successfully drove on highways. These days, companies are using Wi-Fi, *GPS satellites, and other technology. They help the cars drive anywhere by themselves.

*self-driving cars 자율주행차  *radio-controlled 원격조정의
*cruise control 속도 유지 장치  *GPS (Global Positioning System) 위치확인시스템

---

서술형 핵심 문법

9행 ▶ **수동태:** 〈be동사 + 과거분사〉의 형태로 주어가 동작을 받을 때 쓰며 '~되다'라고 해석한다. 행위자는 〈by + 목적격〉으로 나타내는데 종종 생략된다.
The company **introduced** the first radio-controlled car.
→ The first radio-controlled car **was introduced** (by the company).
최초의 원격조종차가 (그 회사에 의해) 소개되었다.

✎ 다음 문장을 어법에 맞도록 바르게 고쳐 쓰시오.
This famous song wrote by Elton John. 이 유명한 노래는 Elton John에 의해 쓰였다.

---

38

**1** What is the passage mainly about?

① the benefits of self-driving cars

② who invented self-driving cars

③ how to make self-driving cars safe

④ technical problems with self-driving cars

⑤ the history and the future of self-driving cars

**Reading Skill** **Sequencing**

**2** 주어진 글 다음에 이어질 글의 순서로 가장 적절한 것은?

① (A) – (B) – (C)   ② (B) – (A) – (C)   ③ (B) – (C) – (A)

④ (C) – (A) – (B)   ⑤ (A) – (C) – (B)

**3** 글에서 자율주행차의 상용화에 시간이 걸리는 이유로 언급된 것은? (2가지)

① 수요의 부족   ② 기술적인 문제점

③ 연구개발 인력 부족   ④ 가격의 부담

⑤ 대량 생산 인프라 구축

서술형

**4** 다음 영영풀이에 해당하는 단어를 글에서 찾아 쓰시오.

> a development or an improvement in science, technology, etc.

_____

서술형

**5** cruise control의 기능을 글에서 찾아 우리말로 쓰시오.

_____

**Vocabulary**

**driver's license** 명 운전면허증

**technology** 명 (과학) 기술

**by the time** ~할 때쯤, ~할 때까지

**introduce** 동 소개하다

**maintain** 동 유지하다, 지키다

**press** 동 누르다

**accelerator** 명 가속장치

**advance** 명 발전, 진전

**be equipped with** ~을 갖추고 있다

**successfully** 부 성공적으로

**satellites** 명 위성

**look forward to** ~을 고대하다

**technical** 형 기술적인

**expensive** 형 비싼

**1** 다음 영영풀이가 가리키는 단어로 알맞은 것은?

> the top or outside part of something

① continent    ② gear    ③ surface
④ accelerator    ⑤ volcano

**2** 다음 빈칸에 들어갈 말로 알맞은 것은?

> kind : sort = happen : _____

① occur    ② interlock    ③ erupt
④ press    ⑤ stir

**3** 다음 중 영어 표현과 우리말 뜻이 <u>잘못</u> 연결된 것은?

① turn on: (전기, 가스 등을) 켜다
② set out: (여행을) 떠나다, 출발하다
③ put together: 조립하다
④ look forward to: ~의 앞을 바라보다
⑤ be equipped with: ~을 갖추고 있다

**4** 다음 빈칸에 들어갈 말로 알맞은 것은?

> Mom lets me _____ TV after I finish my homework.

① watch    ② watches    ③ watched
④ watching    ⑤ to watch

서술형

**5** 다음 두 문장의 의미가 같도록 빈칸에 알맞은 말을 쓰시오.

> I can speak Chinese as well as English.
> = I can speak _____ English _____ Chinese.

**6** 다음 중 어법상 <u>어색한</u> 것은?

① The flowers were planted by my grandma.
② Mom had me stir the soup for 15 minutes.
③ I do not have a container to put it in.
④ He was a scientist as well as an artist.
⑤ The accelerator pressed by mistake.

**7** 다음 밑줄 친 부분의 쓰임이 나머지 넷과 <u>다른</u> 것은?

① I have a secret <u>to tell</u> you.
② We have to run <u>to catch</u> the bus.
③ Do you want something <u>to drink</u>?
④ There is no food <u>to eat</u> at home.
⑤ I need a friend <u>to understand</u> me.

서술형

**8** 다음 문장을 어법에 맞도록 바르게 고쳐 쓰시오.

> Dad had me to turn on the air conditioner.

_____

서술형

**9** 다음 우리말과 같은 뜻이 되도록 주어진 말을 바르게 배열하시오.

> 4륜 마차는 말에 의해 끌어진다.

(is, a horse, by, the, pulled, wagon)

_____

[10-12] 다음 글을 읽고 물음에 답하시오.

The Earth has three layers: the crust, mantle, and core. The mantle contains large amounts of molten rock called magma. Sometimes magma rises from the mantle to the surface. It erupts above the ground through a mountain called a volcano. Would you like to see how an eruption happens? How about making your own volcano?

First, light a candle and ⓐ have the wax melt into a glass container. Then, let the wax ⓑ cool off and become solid. After that, cover the wax with 2.5 centimeters of sand. Finally, pour water into the container until it is ¾ full. Stir the sand a bit, but avoid ⓒ to touch the wax.

Next, put the container on a hot plate and ⓓ turn it on. As the wax melts, it pushes through the sand. It is acting just like lava. Soon, the wax reaches the water and starts ⓔ rising. A volcanic eruption has just occurred.

**10** 글에서 화산 실험을 하는 데 필요한 재료로 언급되지 않은 것은?

① 양초　　② 물　　③ 모래
④ 식초　　⑤ 유리 용기

**11** 글의 밑줄 친 ⓐ~ⓔ 중, 어법상 어색한 것은?

① ⓐ　② ⓑ　③ ⓒ　④ ⓓ　⑤ ⓔ

서술형
**12** 다음 영영풀이에 해당하는 단어를 글에서 찾아 쓰시오.

in a liquid state because of heat

_____

[13-15] 다음 글을 읽고 물음에 답하시오.

People have been developing self-driving cars for nearly 100 years. In the 1920s, the first radio-controlled car was introduced. Later in the 1940s, cruise control was invented. It let drivers _____ the same speed without pressing the accelerator. ① More advances occurred in the 1980s. ② They successfully drove on highways. ③ These days, companies are using Wi-Fi, GPS satellites, and other technology. ④ ⓐ They help the cars drive anywhere by themselves. ⑤

Many people are looking forward to self-driving cars. They want to relax while their cars drive them to work or home. But there are still many technical problems, and the cars are expensive. So we need to wait more time for self-driving cars.

**13** 글의 빈칸에 들어갈 말로 가장 알맞은 것은?

① maintain　　② maintained
③ to maintain　　④ maintaining
⑤ maintains

**14** 다음 문장이 들어갈 위치로 가장 알맞은 곳은?

Some cars were equipped with cameras and sensors.

①　　②　　③　　④　　⑤

서술형
**15** 글의 밑줄 친 ⓐ They가 가리키는 것을 찾아 쓰시오.

_____

# Making Inferences
추론하기

**Reading Skill 이해하기**

**Making Inferences**는 글에 직접 언급되어 있지 않은 정보를 논리적인 추론으로 유추하는 리딩 스킬이다. 글에 비유적으로 또는 암시적으로 제시된 정보와 사전 지식을 토대로 글 속에 함축된 내용을 파악한다.

**지시문 유형**

▸ 이 글을 통해 유추할 수 있는 것은?

▸ 밑줄 친 (A)를 통해 유추할 수 있는 것은?

▸ 이 글이 시사하는 바로 가장 알맞은 것은?

**문제 해결 Tips**

▸ 글의 주제나 요지, 글쓴이의 의도 등 글의 중심 내용을 먼저 파악한다.

▸ 앞뒤 문장의 흐름과 전체적인 내용에 근거하여 논리적으로 추론한다.

▸ 주제와 관련된 배경지식을 활용하되 성급한 일반화는 하지 않는다.

**내신 실전 적용 독해**

**밑줄 친 (A)를 통해 유추할 수 있는 것은?**

Adam Walker participated in a long-distance swimming race in 2014. He was swimming off the coast of New Zealand. In the middle of the race, he noticed a large shape beneath him. It was a 2-meter-long shark. Suddenly, he saw more creatures swimming toward him. He was frightened at first, but then he realized they were dolphins. (A) The shark quickly swam off, and the group of ten dolphins stayed near Walker. They swam with him for an hour as he continued the race.

① The shark doesn't attack people.

② The shark is the fastest animal in the sea.

③ The shark was faster than the dolphins.

④ There are many sharks in New Zealand.

⑤ The shark didn't attack him because of the dolphins.

# 13

People | **148 words** | ★ ★ ★

Antoni Gaudi was born in Spain in 1852. He was one of the world's most famous architects. Many people disliked his works during his life. However, architectural students study them today. And his buildings are some of the most popular tourist attractions in Spain.

His most famous design is the Sagrada Familia. It is an enormous *cathedral in Barcelona with a unique appearance. It has numerous towers reaching high into the sky. Inside, many columns resemble trees with branches. They appear to form an indoor forest. The cathedral is still unfinished. It is scheduled to be completed in 2028.

Gaudi got a lot of ideas from nature and studied *geometric forms. He applied these to his works and built many innovative buildings. In fact, seven of his works have been declared *World Heritage Sites by UNESCO. Thanks to Gaudi's creative and imaginative designs, Barcelona has a wonderful landscape.

*cathedral 대성당   *geometric form 기하학적인 형태   *World Heritage Sites 세계문화유산

---

 심 구문 분석 _____

1행  ▸ He / was / **one** / **of the** world's **most famous** architects.
그는 / ~였다 / 한 명 / 세계의 가장 유명한 건축가 중의

〈one of the + 최상급 + 복수명사〉는 '가장 ~한 …중의 하나'라는 의미이며, 주어로 쓰일 경우 뒤에 단수 동사가 온다.

44

**1** What is this passage mainly about?

① popular tourist attractions in Spain

② an unfinished cathedral in Barcelona

③ a great Spanish architect and his works

④ geometric forms applied to architecture

⑤ UNESCO World Heritage Sites

Reading Skill  Making Inferences
**2** 이 글을 통해 유추할 수 <u>없는</u> 것은?

① Barcelona is a city in Spain.

② The Sagrada Familia is the tallest building in Barcelona.

③ Geometric forms are found in Gaudi's works.

④ Gaudi made more than seven buildings during his life.

⑤ People's opinions of Gaudi's works have changed over time.

**3** 글을 읽고 Sagrada Familia에 관해 답할 수 <u>없는</u> 질문은?

① Where is it?

② What does it look like?

③ What kind of building is it?

④ Who designed it?

⑤ When did it start being built?

서술형
**4** 다음 영영풀이에 해당하는 단어를 글에서 찾아 쓰시오.

to look like someone or something

_____

Vocabulary

**architect** 똉 건축가

**architectural** 똉 건축학의

**enormous** 똉 거대한, 엄청난

**numerous** 똉 수많은, 다수의

**column** 똉 기둥

**resemble** 똉 닮다, 비슷하다

**appear to** ~처럼 보이다

**indoor** 똉 실내의, 내부의

**unfinished** 똉 완료되지 않은

**be scheduled to** ~할 예정이다

**complete** 똉 완성하다

**apply to** ~에 적용하다

**innovative** 똉 혁신적인

**imaginative**
똉 창의적인, 상상력이 풍부한

**landscape** 똉 경관, 풍경

There are many mysteries in the art world. One is why Claude Monet painted blurry pictures.

Claude Monet was one of the founders of the *Impressionist art movement. (A) He often painted scenes from his lily pond. He made paintings of it for around thirty years. During that time, his paintings changed. At first, the colors Monet used were bright and fresh. But his later paintings became much darker. The colors changed from green and blue to brown and red.

Monet suffered from *cataracts late in his life. So many people thought the changes were due to vision problems. One scientist used a computer to recreate pictures of Monet's lily ponds. He made images based on 모네가 그것들을 어떻게 보았을 것 같은지 with his poor eyes. Amazingly, the pictures the computer created were similar to Monet's later ones. ⓐ They were _____.

*Impressionist art movement 인상주의 미술 운동  *cataract 백내장

---

서술형 핵심 문법

1행 ▶ **간접의문문**: 의문문이 다른 문장의 일부로 쓰이는 것으로 〈의문사 + 주어 + 동사〉의 어순이다.
One is **why Claude Monet painted** blurry pictures. 하나는 '왜 Claude Monet이 흐릿한 그림들을 그렸나'이다.

✏️ 우리말과 같은 뜻이 되도록 주어진 말을 바르게 배열하시오.

나는 그가 지난밤에 무엇을 먹었는지 모른다. (what / know / last night / I / he / don't / ate)

_____

**1** What is the best title for the passage?

① How Monet's Paintings Changed

② Some Mysteries in the Art World

③ Claude Monet: A Great Impressionist

④ The Reason Why Monet's Paintings Changed

⑤ The Technology Needed to Recreate Monet's Paintings

**2** 글의 빈칸에 들어갈 말로 가장 알맞은 것은?

① very colorful

② dark but vivid

③ dark and blurry

④ green and blue

⑤ bright and fresh

Reading Skill    Making Inferences

**3** 밑줄 친 (A)를 통해 유추할 수 있는 것은?

① Monet's favorite flowers were water lilies.

② Lilies ponds had an effect on Impressionist artists.

③ A pond is a good place to draw pictures.

④ Monet only painted his lily pond for 30 years.

⑤ Monet made many paintings featuring his lily pond.

서술형

**4** 밑줄 친 우리말과 같은 뜻이 되도록 주어진 말을 바르게 배열하시오.

(likely, saw, them, Monet, how)

_____

서술형

**5** 글의 밑줄 친 ⓐ They가 가리키는 것을 찾아 쓰시오.

_____

# Vocabulary

**blurry** 형 흐릿한, 불명료한

**movement** 명 운동, 움직임

**scene** 명 장소, 경치

**pond** 명 연못

**bright** 형 밝은, 선명한

**fresh** 형 산뜻한

**dark** 형 어두운, 짙은

**suffer from** ~로 고통받다

**due to** ~ 때문에

**vision** 명 시력, 눈

**recreate** 통 재현하다, 되살리다

**poor** 형 좋지 않은, 나쁜

**be similar to** ~와 비슷하다

You are in the departure lounge at the airport. Suddenly, you hear an announcement. Your flight has been delayed. You could get upset. Or you could explore the airport.

Depending upon where you are, there are various activities to do. At Hong Kong International Airport, you can play golf. There is a nine-hole golf course

5

beside the terminal. Maybe you want to do something relaxing outside. How about hiking on a nature trail at Singapore's airport? You can enjoy the butterfly garden there, too. It has more than 1,000 butterflies.

10

Perhaps you prefer indoor activities. Then visit the art museum at the Amsterdam airport. It contains paintings by Dutch masters. It is one of the world's best art museums. You can do yoga at Chicago's Midway Airport. And if you are in Sao Paolo, Brazil, visit

15

Terminal 2. You can have the dentist there clean your teeth as you wait.

---

**핵**심 구문 분석 _____

8행 ▸ Maybe / you / want to do / **something** / **relaxing** / outside.
아마도 / 당신은 / 하고 싶다 / 무언가를 / 휴식을 주는 / 실외에서

something과 같이 -thing/body/one으로 끝나는 명사는 형용사가 뒤에서 수식한다.

**1** 이 글의 목적으로 가장 알맞은 것은?

① to apologize      ② to thank      ③ to ask
④ to inform      ⑤ to advertise

**2** 다음 중 비행기가 지연되었을 때 글의 내용을 가장 잘 따르는 사람은?

① Lucas sits back and waits.
② Sonya looks for another flight.
③ Daniel finds activities to do at the airport.
④ Jenny makes a complaint to her airline.
⑤ Emma cancels her trip and goes back home.

**Reading Skill** **Making Inferences**

**3** 이 글을 통해 유추할 수 있는 것은?

① Flight delays occur very often.
② There is not much to do at airports.
③ There should be penalties for flight delays.
④ People enjoy doing indoor activities at airports.
⑤ Many airports have unique activities for travelers to do.

서술형

**4** 다음 빈칸에 알맞은 단어를 글에서 찾아 쓰시오.

> There are many _____ to do when your flight is _____. You can play golf, visit an art museum, or go to the dentist _____ upon where you are.

**V**ocabulary

**departure** 몡 출발

**lounge** 몡 라운지, 대합실

**announcement** 몡 안내 방송, 발표
*v.* announce 알리다

**delay** 동 연기하다, 미루다

**upset** 혱 속상한, 화난

**explore** 동 탐험하다, 답사하다

**depending upon** ~에 따라

**activity** 몡 활동

**beside** 전 ~ 옆에

**terminal** 몡 공항 터미널, 종착역

**relaxing** 혱 휴식을 주는, 편한

**trail** 몡 오솔길, 산길

**master** 몡 대가, 거장

You are playing outside on a hot summer day. Suddenly, you feel a drop of water rolling down your face. You are sweating.

Have you ever wondered why you sweat? The average temperature of the body is 98.6 degrees *Fahrenheit. When your body gets hotter than that, your brain sends a message to your body to produce sweat. Sweat goes to the skin through the *sweat glands. When it reaches the skin, it evaporates. So the sweat becomes a gas. That lowers your body temperature. Sweat is the body's way of cooling you off.

Many people dislike sweating. They do not like the wet feeling it leaves on their skin and clothes. Many people dislike the smell, too. But if you do not sweat, your body could quickly overheat. Then, you could get sick or die in some cases. So we should be _____ that we sweat.

*Fahrenheit 화씨(℉)   *sweat gland 땀샘

---

**서술형 핵심 문법**

12행  ▶ **접속사 if:** 조건을 나타내는 접속사 if는 '만약 ~한다면'이라는 뜻으로 뒤에 주어, 동사가 온다. if가 이끄는 조건절에서는 현재시제가 미래시제를 대신한다.
But **if** you do not sweat, your body could quickly overheat.
하지만 만약 당신이 땀을 흘리지 않는다면, 당신의 몸은 빠르게 과열될 수 있다.

✏️ **우리말과 같은 뜻이 되도록 주어진 말을 바르게 배열하시오.**

만약 비가 온다면, 우리는 집에 머물 것이다. (we / at home / if / it / rains / will / stay)

50

1 이 글이 시사하는 바로 가장 알맞은 것은?

① Sweating a lot can make you sick.

② People sweat a lot on hot days.

③ There are many reasons why we sweat.

④ It is important to avoid sweating.

⑤ Sweating is necessary to cool you off.

2 다음 중 글의 내용과 일치하지 <u>않는</u> 것은?

① 사람의 평균 체온은 화씨 98.6도이다.

② 체온 조절을 위해 뇌에서 땀을 생성한다.

③ 땀은 땀샘을 통하여 피부 표면으로 배출된다.

④ 땀은 피부에서 증발하여 기체가 된다.

⑤ 땀을 흘리지 않으면 병에 걸릴 수도 있다.

3 글의 빈칸에 들어갈 말로 가장 알맞은 것은?

① careful　　② worried　　③ thankful

④ proud　　⑤ embarrassed

서술형

4 많은 사람이 땀을 흘리는 것을 싫어하는 이유를 우리말로 쓰시오. (2가지)

_____

_____

5 글의 내용과 일치하도록 다음 질문에 답하시오.

Q: How does sweating help your body?

A: It _____ when your body gets hot.

## Vocabulary

**drop** 명 방울 동 떨어지다

**roll down** 동 굴러떨어지다, 흘러내리다

**sweat** 동 땀을 흘리다 명 땀

**average** 형 평균의, 보통의

**temperature** 명 체온, 온도

**degree** 명 (온도, 각도 단위인) 도

**evaporate** 동 증발하다

**wet** 형 축축한, 젖은

**leave** 동 남기다, 떠나다

**clothes** 명 옷, 의복

**smell** 명 냄새 동 냄새가 나다

**overheat** 동 과열되다

**case** 명 경우, 사례

**thankful** 형 감사하는, 고맙게 여기는

**1** 다음 영영풀이가 의미하는 단어를 넣어 문장을 완성하시오.

> to cause something to happen at a later time

Because of the heavy snow, my train was _____ed.

**2** 다음 빈칸에 들어갈 말로 알맞은 것은?

> many : numerous = gigantic : _____

① blurry      ② unfinished
③ innovative      ④ enormous
⑤ average

**3** 다음 중 영어 표현과 우리말 뜻이 잘못 연결된 것은?

① apply to: ~에 적응하다
② suffer from: ~로 고통받다
③ depending upon: ~에 따라
④ be scheduled to: ~할 예정이다
⑤ roll down: 흘러내리다

**4** 다음 빈칸에 공통으로 들어갈 말로 알맞은 것은?

> • _____ it is dark, turn on the light.
> • _____ you are tired, get some rest.

① So      ② As      ③ If
④ But      ⑤ Though

**5** 다음 문장을 어법에 맞도록 바르게 고쳐 쓰시오.

> One of the most relaxing activity is yoga.

**6** 다음 중 어법상 어색한 것은?

① Please tell me what should I do.
② There is nothing special in the room.
③ Do you know where he lives?
④ He is one of the fastest men in the world.
⑤ If you don't hurry up, you will be late.

**7** 다음 우리말을 영어로 바르게 옮긴 것은?

> 당신은 왜 그녀가 울었는지 아나요?

① Do you know why she cries?
② Why she cried do you know?
③ Do you know why she cried?
④ Why did she cry do you know?
⑤ Do you know why did she cry?

**8** 다음 우리말과 같은 뜻이 되도록 주어진 단어를 이용해 영작하시오.

> 나는 시원한 무언가를 마시고 싶다.

(cold)

_____

**9** 다음 우리말과 같은 뜻이 되도록 주어진 말을 바르게 배열하시오.

> 만약 네가 그 계획을 연기한다면, 그들은 속상할 것이다.

(they, if, the plan, upset, delay, will, you, be)

_____

You are in the departure lounge at the airport. Suddenly, you hear an announcement. Your flight has been delayed. You could get upset. Or you could explore the airport.

Depending upon where you are, ⓐ there are various activities to do. At Hong Kong International Airport, you can play golf. ⓑ There is a nine-hole golf course beside the terminal. Maybe you want to do ⓒ relaxing something outside. How about hiking on a nature trail at Singapore's airport? You can ⓓ enjoy the butterfly garden there, too. It has more than 1,000 butterflies.

Perhaps you prefer indoor activities. Then visit the art museum at the Amsterdam airport. It contains paintings by Dutch masters. 그것은 세계의 가장 훌륭한 미술관 중의 하나이다. You can do yoga at Chicago's Midway Airport. And if you are in Sao Paolo, Brazil, visit Terminal 2. You can have the dentist there ⓔ clean your teeth as you wait

**10** 공항에서 할 수 있는 활동의 예로 언급되지 않은 것은?

① 요리      ② 요가      ③ 골프
④ 하이킹      ⑤ 미술작품 감상

**11** 글의 밑줄 친 ⓐ~ⓔ 중, 어법상 어색한 것은?

① ⓐ    ② ⓑ    ③ ⓒ    ④ ⓓ    ⑤ ⓔ

서술형
**12** 밑줄 친 우리말과 같은 뜻이 되도록 주어진 말을 바르게 배열하시오.

(art museums, one, best, it, of, the world's, is)

_____

Have you ever wondered why you sweat? The average temperature of the body is 98.6 degrees Fahrenheit. ① When your body gets hotter than ⓐ that, your brain sends a message to your body to produce sweat. ② Sweat goes to the skin through the sweat glands. ③ When it reaches the skin, it evaporates. ④ So the sweat becomes a gas. ⑤ Sweat is the body's way of cooling you off.

Many people _____. They do not like the wet feeling it leaves on their skin and clothes. Many people dislike the smell, too. But if you do not sweat, your body could quickly overheat. Then, you could get sick or die in some cases. So we should thankful that we sweat.

**13** 다음 문장이 들어갈 위치로 가장 알맞은 곳은?

That lowers your body temperature.

①     ②     ③     ④     ⑤

**14** 글의 빈칸에 들어갈 말로 가장 알맞은 것은?

① need to sweat
② dislike sweating
③ sweat a lot in summer
④ think sweating is necessary
⑤ sweat when they are nervous

서술형
**15** 글의 밑줄 친 ⓐ that이 가리키는 것을 찾아 쓰시오.

_____

# Remembering Details
내용 일치 판단

## Reading Skill 이해하기

**Remembering Details**는 글의 핵심 내용인 주제를 뒷받침하는 세부 정보를 파악하는 리딩 스킬이다. 글에 언급된 정보와 선택지의 내용이 일치하는지를 확인하는 유형의 문제가 출제되며, 글에 대한 사실적 이해를 평가하게 된다.

## 지시문 유형

▸ 글의 내용과 일치하는 것은?

▸ 글의 내용과 일치하지 <u>않는</u> 것은?

▸ 글의 내용과 일치하면 T, 일치하지 않으면 F를 쓰시오.

## 문제 해결 Tips

▸ 글을 읽어가면서 주요 정보를 담고 있는 숫자나 장소 등에 밑줄을 그어둔다.

▸ 선택지를 먼저 읽고 글에서 해당 내용이 나오는 곳을 찾아 하나하나 확인한다.

▸ 선택지의 순서는 대체로 본문의 순서대로 제시된다.

▸ 주관적인 생각에 의존하여 추측하지 말고, 주어진 글의 내용만을 가지고 문제를 해결한다.

## 내신 실전 적용 독해

글의 내용과 일치하면 T, 그렇지 않으면 F를 쓰시오.

Have you ever looked at a sign for a restaurant and gotten hungry? What color was the sign? It was probably red and yellow. Many fast-food restaurant signs use those two colors. There is a reason for this. Scientists call it the ketchup and mustard theory. According to them, the colors red and yellow make people hungry. Psychologists say red makes people feel warm and comfortable. Yellow makes people feel happy, excited, and cheerful. When red and yellow are together, people often feel like they need to eat something.

(1) 패스트푸드점의 간판에 빨간색과 노란색이 자주 쓰인다. _____

(2) 빨간색은 사람들을 흥분시켜 행복감을 준다. _____

# 17

🎓 Education | 145 words | ★ ★ ☆

Finland is located in Northern Europe. While its population is small, its students get high test scores. How is ⓐ this possible?

The Finns have some cultural beliefs about children: the work of a child is to play; and children learn best through play. As a result, Finn children don't get *formal schooling until they are seven years old.    5

Before then, they usually attend *daycare centers. There, they play games, sing songs, and have conversations.

The schooldays are short, and the students have little homework. In class, children have fun, giggle,    10 and daydream. They take fifteen-minute outdoor breaks every hour of every day. The Finns consider fresh air, nature, and physical activity important for learning. The teachers have small classes and give lots of one-on-one instruction. They avoid tests but confirm their students' progress each day. This lowers students' stress levels and    15 lets them learn well.

*formal schooling 정규 교육   *daycare center 어린이집

핵심 구문 분석 _____

12행 ▶ The Finns / **consider** / fresh air, nature, and physical activity / **important** / for learning.
핀란드 사람들은 /   여긴다 /   신선한 공기, 자연, 그리고 신체활동이 /   중요하다고 /   배움에
〈consider + 목적어 + 목적격보어〉는 '~를 …라고 여기다'라는 뜻으로 목적격보어 자리에 형용사나 명사가 온다.

1   What is the best title for the passage?

① What a Finnish School Day Is Like

② The Roles of Teachers in Finland

③ Finnish Cultural Beliefs about Tests

④ What Finnish Children Do at Daycare Centers

⑤ The Secret to the Success of Finnish Education

**Reading Skill** **Remembering Details**

2   핀란드 교육에 관한 글의 내용과 일치하지 <u>않는</u> 것은?

① 공교육의 대상은 7세 이상의 아이들이다.

② 유아들은 어린이집에서 놀이하며 시간을 보낸다.

③ 학교에서 수업 시간은 짧지만, 대신 숙제가 많다.

④ 매시간 15분간 야외에서 휴식 시간을 갖는다.

⑤ 선생님으로부터 일대일로 교육받을 기회가 많다.

3   글의 내용과 가장 잘 어울리는 속담은?

① Many hands make light work.

② Don't judge a book by its cover.

③ When the cat is away, the mice will play.

④ All work and no play makes Jack a dull boy.

⑤ If you run after two hares, you will catch neither.

**V**ocabulary

**locate** ⑧ 위치하다

**population** ⑨ 인구

**score** ⑨ (테스트 등의) 점수

**cultural** ⑱ 문화의 *n*. culture 문화

**belief** ⑨ 믿음, 신념

**attend** ⑧ 참석하다, 다니다

**have a conversation** 대화를 나누다

**giggle** ⑧ 키득거리다

**daydream** ⑧ 공상에 잠기다

**physical** ⑱ 육체의, 신체의

**one-on-one** ⑱ 1대 1의

**instruction** ⑨ 가르침, 교육
*v*. instruct 가르치다

**confirm** ⑧ 확인하다

**progress** ⑨ 진보, 발전

**서술형**

4   글의 밑줄 친 ⓐ this가 의미하는 내용을 우리말로 쓰시오.

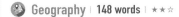

Look at the sky after it stops raining. When the sun comes out, a rainbow will appear. But did you know you can see a rainbow if you look down at the ground, too?

To see that rainbow, you should visit Peru. Around 60 miles southeast of Cusco, you will find Ausangate Mountain. It is more than 5,000 meters high, so climbing it is not easy. You must hike for several hours to reach the top. But when you reach the top of Rainbow Mountain, you will get an ⓐ incredible view.

The slopes of the nearby mountains have stripes in various colors, including gold, green, *maroon, and *turquoise. The mountains appear these colors because of minerals in them. These minerals have given them many colors. ＿＿＿＿＿＿＿, *iron oxide creates red. Other minerals create different colors. As a result, a stunning rainbow is on top of the mountain.

*maroon 적갈색  *turquoise 청록색  *iron oxide 산화철

---

### 서술형 핵심 문법

1·7행 ▶ **동명사의 다양한 쓰임:** 동명사는 동사를 명사처럼 사용하기 위하여 동사원형에 '-ing'를 붙인 것으로 문장에서 주어, 보어, 목적어로 사용된다. 동명사가 주어로 쓰인 경우 단수 취급한다.
Look at the sky after it stops **raining**. 비가 그친 후에 하늘을 보라.
**Climbing** it is not easy. 그것을 오르는 것은 쉽지 않다.

✏ **우리말과 같은 뜻이 되도록 주어진 말을 바르게 배열하시오.**
책을 읽는 것은 나의 큰 즐거움이다. (my / is / reading / pleasure / a book / great)

---

**1** 글에서 Ausangate Mountain에 관해 언급되지 <u>않은</u> 것은?

① 위치          ② 높이          ③ 별명

④ 형성 시기      ⑤ 색깔

**Reading Skill** **Remembering Details**

**2** 글의 내용과 일치하면 T, 그렇지 않으면 F를 쓰시오.

(1) Rainbow Mountain is more than 5,000 meters high.       _____

(2) Different minerals give the mountain various colors.       _____

**3** 글의 빈칸에 들어갈 말로 가장 알맞은 것은?

① Otherwise         ② In addition         ③ On the other hand
④ For example       ⑤ Therefore

서술형

**4** 밑줄 친 ⓐ incredible과 바꿔 쓸 수 있는 단어를 글에서 찾아 쓰시오.

_____

서술형

**5** 다음 빈칸에 알맞은 단어를 글에서 찾아 쓰시오.

> Climb Ausangate Mountain in Peru and look down
> to see a _____. The _____ of nearby
> mountains have colorful stripes because of _____
> in them.

**V**ocabulary

**come out** (해, 달이) 나오다

**appear** 통 나타나다

**look down** 내려다보다

**climb** 통 오르다, 올라가다

**several** 형 몇몇의, 몇 개의

**incredible** 형 믿을 수 없는, 엄청난

**view** 명 경관, 전망, 경치

**slope** 명 비탈, 경사면

**nearby** 형 근처의, 가까운

**mineral** 명 광물, 무기질

**stunning** 형 매우 아름다운, 깜짝 놀랄 만한

**on top of** ~의 위에

 **airbnb** Airbnb is a company for travelers. It connects them with people who want to rent out their homes. Homeowners can make money, and travelers can get cheap, comfortable *accommodations. Booking with Airbnb sounds great, but you should be careful of some things.

First, look carefully at any pictures on the website. Make sure the place 5 is clean and looks nice. Read the reviews of the place you are considering renting, too. If it has more than two poor reviews, find another place.

You do not want a lazy or rude host. Try to have a conversation with your host to find out his or her personality. ① Be sure not to give out lots of personal information either. ② Avoid hosts who ask too many personal 10 questions. ③ Finally, make sure the price is right. ④ Check out the rates at hotels first. ⑤

*accommodations 숙소, 숙박 시설

---

**핵**심 구문 분석 _____

4행 ▸ You / **should** / be careful of / some things.
　　　당신은 / ～해야 한다 / 조심하다 / 몇 가지를
　　조동사 should는 '～해야 한다, ～하는 것이 좋다'라는 뜻으로 의무나 충고를 나타낼 때 사용된다. 뒤에는 동사원형이 오고,
　　부정형은 should 뒤에 not을 쓴다.

**1** Airbnb에 관한 글의 내용과 일치하지 <u>않는</u> 것은?

① 여행객들에게 편의를 제공하는 회사이다.

② 여행객들과 숙소를 임대하려는 집주인을 연결해준다.

③ 집주인의 성격에 대한 자세한 정보를 제공한다.

④ 숙소 사진을 볼 수 있는 웹사이트가 있다.

⑤ 숙소에 대한 투숙객들의 후기를 확인할 수 있다.

**2** 글에서 숙소를 예약할 때 확인해야 할 점으로 언급되지 <u>않은</u> 것은?

① 숙소 사진

② 사용자 후기

③ 주인의 성격

④ 결제 방법

⑤ 가격의 적정 여부

**3** 다음 문장이 들어갈 위치로 가장 알맞은 곳은?

> Then, you can be sure you are getting a good deal.

①          ②          ③          ④          ⑤

서술형

**4** 글의 내용과 일치하도록 다음 질문에 답하시오.

Q: What is the benefit of using Airbnb for travelers?

A: They can _____ .

**V**ocabulary

**traveler** 명 여행자

**homeowner** 명 집주인

**make money** 돈을 벌다

**comfortable** 형 편안한

**book** 통 예약하다

**be careful** 조심하다

**review** 명 논평, 보고

**rent** 통 임대하다 (= rent out)

**lazy** 형 게으른

**host** 명 주인

**personal** 형 개인의, 사적인

**right** 형 적당한, 알맞은

**check out** ~을 확인하다

**rate** 명 요금, 비율

**deal** 명 거래, 계약

# 20

Health | **150 words** | ★ ★ ★

Many people enjoy energy drinks after exercising nowadays. Their makers advertise that they contain vitamins and minerals. And they are good for your health. But is that true?

In fact, energy drinks contain lots of sugar, including 5 *fructose. A bottle of an energy drink has almost as much fructose as a bottle of Coke. When people consume too much fructose, it can cause health problems. For example, it can make people gain weight and become obese. It can also cause *diabetes and heart disease.

Energy drinks contain nutrients such as vitamins B and C. However, 10 most people already get enough of ⓐ them. The body does not store them, so they are wasted. And other nutrients in energy drinks can harm people if they get too much of them.

Overall, energy drinks are not as healthy as their makers claim. ⓑ They are basically junk food, and people should avoid drinking them.

15

*fructose 과당  *diabetes 당뇨병

**서술형 핵심 문법**

10행 ▶ **such as:** such as는 '~와 같은'이라는 뜻으로 예시를 나타낼 때 사용되며 뒤에 명사가 온다.
Energy drinks contain nutrients **such as** vitamins B and C.
에너지 음료는 비타민 B, C와 같은 영양분를 포함하고 있다.

✎ **우리말과 같은 뜻이 되도록 주어진 말을 바르게 배열하시오.**
레몬과 오렌지 같은 과일은 시큼하다. (oranges / and / fruits / are / lemons / sour / such as)

**1** What is the passage mainly about?

① why people enjoy energy drinks

② the kinds of nutrients in energy drinks

③ how energy drinks are advertised

④ the role of fructose in energy drinks

⑤ why energy drinks are unhealthy

**2** Reading Skill Remembering Details

글의 내용과 일치하면 T, 그렇지 않으면 F를 쓰시오.

(1) 과당을 많이 섭취하면, 당뇨병이 생길 수 있다. _____

(2) 비타민 B와 C는 우리 몸에 저장되어 필요할 때 사용된다. _____

**3** 글을 읽고 답할 수 <u>없는</u> 질문은?

① When do people usually have energy drinks?

② How much of vitamins B and C do energy drinks have?

③ What do energy drinks contain?

④ Why is consuming too much fructose bad?

⑤ Should people have energy drinks?

**4** 서술형

다음 영영풀이에 해당하는 단어를 글에서 찾아 쓰시오.

> to announce something to make people buy or use it

_____

**5** 서술형

글의 밑줄 친 ⓐ와 ⓑ가 가리키는 것을 찾아 쓰시오.

ⓐ _____   ⓑ _____

### Vocabulary

**energy drink** 에너지 음료, 강장 음료

**maker** 🔵 만드는 사람, 제조자

**advertise** 🔵 광고하다, 선전하다

**consume** 🔵 소비하다, 먹다

**gain weight** 체중이 늘다

**become obese** 비만이 되다

**store** 🔵 저장하다, 보관하다

**waste** 🔵 낭비하다

**claim** 🔵 주장하다, 요구하다

**basically** 🔵 기본적으로

**junk food** 정크 푸드
(열량은 높지만 영양이 적은 식품)

**1** 다음 영영풀이가 가리키는 단어로 알맞은 것은?

> making you feel physically relaxed

① comfortable      ② lazy
③ incredible      ④ personal
⑤ right

**2** 다음 빈칸에 들어갈 말로 알맞은 것은?

> instruction : teaching = save : _____

① book      ② store      ③ giggle
④ waste      ⑤ confirm

**3** 다음 중 영어 표현과 우리말 뜻이 잘못 연결된 것은?

① check out: 조심하다
② become obese: 비만이 되다
③ gain weight: 체중이 늘다
④ have a converstion: 대화를 나누다
⑤ make money: 돈을 벌다

**4** 다음 빈칸에 공통으로 들어갈 말로 알맞은 것은?

> • You _____ attend the meeting on time.
> • You _____ see a doctor when you get sick.

① be      ② are      ③ can
④ do      ⑤ should

**5** 다음 빈칸에 들어갈 말이 바르게 짝지어진 것은?

> • I consider myself _____.
> • Many people consider him a great _____.

① luck – play      ② lucky – player
③ lucky – to play      ④ luck – player
⑤ luckily – play

**6** 다음 중 어법상 어색한 것은?

① She considers the price right.
② You should avoid eating too much.
③ My hobby is taking pictures.
④ Climbing trees are very dangerous.
⑤ I enjoy junk food such as pizza and Coke.

**7** 다음 밑줄 친 부분의 쓰임이 나머지 넷과 다른 것은?

① We enjoy talking to each other.
② Booking a ticket online is easy.
③ They are playing baseball now.
④ His hobby is writing novels.
⑤ He is worrying about getting a job.

서술형
**8** 다음 문장을 어법에 맞도록 바르게 고쳐 쓰시오.

> You should told the truth to your mom.

_____

서술형
**9** 다음 우리말과 같은 뜻이 되도록 주어진 단어를 이용해 영작하시오.

> 자전거를 타는 것은 좋은 운동이다.

(ride a bike)

_____

(A) You do not want a lazy or rude host. Try to have a conversation with your host to find out his or her personality. Be sure not to give out lots of personal information either. Avoid hosts who ask too many personal questions. Finally, make sure the price is right. Check out the rates at hotels first. Then, you can be sure you are getting a good deal.

(B) Airbnb is a company for travelers. It connects them with people who want to rent out their homes. Homeowners can ⓐ make money, and travelers can get cheap, comfortable accommodations. ⓑ Booking with Airbnb ⓒ sounds great, but you should ⓓ are careful of some things.

(C) First, look carefully at any pictures on the website. Make sure the place is clean and looks nice. Read the reviews of the place you are considering renting, too. If it ⓔ has more than two poor reviews, find another place.

**10** 글의 밑줄 친 ⓐ~ⓔ 중, 어법상 어색한 것은?

① ⓐ　　② ⓑ　　③ ⓒ　　④ ⓓ　　⑤ ⓔ

**11** (A)~(C)를 글의 흐름에 알맞게 배열한 것은?

① (A) – (B) – (C)　　② (B) – (A) – (C)
③ (B) – (C) – (A)　　④ (C) – (A) – (B)
⑤ (A) – (C) – (B)

서술형
**12** 웹사이트에서 숙소 사진들을 살펴봐야 하는 이유를 우리말로 쓰시오.

_____

Many people enjoy energy drinks after exercising nowadays. Its makers advertise that they contain vitamins and minerals. And they are good for your health. ① But is that true?

② When people consume too much fructose, it can cause health problems. ③ For example, it can make people gain weight and become obese. ④ It can also cause diabetes and heart disease. ⑤

Energy drinks contain nutrients _____ vitamins B and C. However, most people already get enough of them. The body does not store them, so they are wasted. And other nutrients in energy drinks can harm people if they get too much of them.

Overall, energy drinks are not as healthy as their makers claim. They are basically junk food, and people should avoid drinking them.

**13** 글에서 과당 과다 섭취로 인한 문제로 언급되지 않은 것은?

① 비만　　② 당뇨병　　③ 심장질환
④ 체중 증가　　⑤ 영양 불균형

**14** 다음 문장이 들어갈 위치로 가장 알맞은 곳은?

In fact, energy drinks contain lots of sugar, including fructose.

①　　②　　③　　④　　⑤

서술형
**15** 글의 빈칸에 들어갈 알맞은 말을 쓰시오. (2단어)

_____

# CHAPTER 06
# Classification
분류하기

## Reading Skill 이해하기

**Classification**은 글에서 언급된 다양한 정보를 특정한 기준에 따라 범주별로 분류하는 리딩 스킬이다. 글 속의 여러 정보를 올바르게 분류하여 정보 간의 관계를 파악하면, 글의 세부내용을 빠르고 정확하게 이해할 수 있다.

### 지시문 유형

▸ 다음 빈칸에 알맞은 단어를 글에서 찾아 쓰시오.
▸ 다음 도표의 내용 중 알맞지 <u>않은</u> 것은?

### 문제 해결 Tips

▸ 글에서 언급된 분류 대상이 어떤 기준으로 분류되는지 먼저 파악한다.
▸ 세부내용을 읽으면서 유사한 특징을 공유하는 대상들을 모아 분류한다.
▸ 글에 제시된 정보와 이를 분류한 도표의 내용을 대조하여 빠지거나 틀린 내용이 무엇인지 찾는다.

### 내신 실전 적용 독해

**다음 빈칸에 알맞은 단어를 글에서 찾아 쓰시오.**

Nowadays, there are two types of books: printed books and e-books. Both can contain the same information. But they have some differences. Printed books have paper pages that are held together by a cover. People can touch them and feel the texture of the pages. But e-books are electronic versions of books. They can only be read on electronic devices such as e-readers, computers, or smartphones. A person can carry hundreds of e-books on an e-reader but can only carry a limited number of printed books.

| Printed Books | E-Books |
|---|---|
| • have paper pages<br>• touch and feel the texture of the pages<br>• carry (1) _____ printed books | • are electronic versions of books<br>• are read on electronic devices<br>• carry (2) _____ e-books |

Psychology | **148 words** | ★ ★ ★

There is an old Japanese belief that each *blood type is associated with a specific personality. It can therefore be used to predict people's behavior. While this idea has not been proved, it is a _____ topic in magazines and on television shows.

People with type A blood are patient, peace-loving, and loyal individuals. They are sensitive and organized but can be pessimistic. What about people with type B blood? They can make decisions quickly but do not take orders well. They focus on their goals and rarely give up even when they have difficult tasks.

People with type AB blood are relatively rare. They combine the characteristics of types A and B. So they could be outgoing or shy. Some are dependable while others are irresponsible. And people with type O blood tend to be strong and honest leaders. They are ambitious but sometimes work too much.

5

10

*blood type 혈액형

**핵**심 구문 분석 _____

12행  ▶ Some / are dependable / **while** / others / are irresponsible.
어떤 사람들은 / 믿음직하다 / ~인 반면에 / 또 다른 사람들은 / 무책임하다

접속사 while은 두 가지 일이 동시에 진행됨을 나타내어 '~하는 동안에'라는 의미로 쓰이거나, 앞뒤 내용이 대조되는 상황에 사용되어 '~인 반면에'라는 의미로 쓰인다.

**1** 글의 내용과 일치하면 T, 그렇지 않으면 F를 쓰시오.

(1) People with type B blood hesitate when making decisions. _____

(2) People with type O blood are likely to work a lot. _____

Reading Skill | Classification

**2** 다음 혈액형에 관한 도표의 내용 중 알맞지 <u>않은</u> 것은?

| | **Personality** |
|---|---|
| **Blood Type A** | ① 인내심이 있고, 평화를 사랑하며, 충성심이 있다. |
| **Blood Type B** | ② 명령을 잘 받아들이지 않는다.<br>③ 어려움에 부닥치면 과감하게 포기한다. |
| **Blood Type AB** | ④ 믿음직하거나 무책임할 수 있다. |
| **Blood Type O** | ⑤ 강하고, 정직한 지도자의 성향을 보인다. |

**3** 글의 빈칸에 들어갈 말로 가장 알맞은 것은?

① boring      ② popular      ③ unusual

④ strange      ⑤ official

서술형

**4** 다음 영영풀이에 해당하는 단어를 글에서 찾아 쓰시오.

> not happening or seen very often

_____

# Vocabulary

**be associated with** ~와 관련되다

**specific** 형 특정한

**predict** 동 예측하다

**behavior** 명 행동

**patient** 형 인내심이 있는

**loyal** 형 충성스러운, 충실한

**individual** 명 개인, 사람 형 개인의

**sensitive** 형 세심한, 민감한

**organized** 형 체계적인, 조직적인

**pessimistic** 형 비관적인

**take orders** 명령을 받다

**focus on** ~에 집중하다

**give up** 포기하다

**rare** 형 드문 *adv.* rarely 거의 ~하지 않는

**characteristic** 명 특징, 특질

**outgoing** 형 외향적인

**shy** 형 수줍음이 많은

**dependable** 형 믿음직한

**irresponsible** 형 무책임한

**tend to** ~하는 경향이 있다

**ambitious** 형 야심적인, 의욕적인

① Mushrooms are a popular food with many nutrients. ② You can often see them in forests. ③ You might want to pick ⓐ them, but you had better be careful. ④ While some mushrooms are edible, others are poisonous and can make you sick or even kill you. ⑤

The easiest way is to look at the *cap. This is the top part. Red mushrooms are almost always poisonous while edible mushrooms have white, tan, or brown caps. Some caps also have spots with dark colors. Be sure to avoid them as they are almost always poisonous. And never eat mushrooms with caps resembling opened umbrellas. They are usually poisonous. ₁₀

Next, look underneath the cap. You can see the *gills. Brown and tan gills are safe, but poisonous mushrooms have white gills. _____, mushrooms with a ring around the stem are dangerous. ₁₅

*cap (버섯의) 갓  *gill (버섯의 갓 밑에 있는) 주름

---

**서술형 핵심 문법**

2행 ▶ **조동사 had better:** '~하는 것이 좋다'라는 뜻으로 강한 조언을 나타낼 때 사용하며, 뒤에는 동사원형이 온다. 부정형은 had better not이다.
You might want to pick them, but you **had better** be careful.
당신은 아마도 그것들을 따고 싶겠지만, 조심하는 것이 좋겠다.

✍ **우리말과 같은 뜻이 되도록 주어진 말을 바르게 배열하시오.**
당신은 우산을 가져가는 것이 좋겠다. (you / take / had / an / umbrella / better)

1  What is the best title for this passage?

① The Parts of Mushrooms
② Ways to Find Edible Food in Forests
③ Mushrooms: A Healthy and Nutritious Food
④ How to Tell If Mushrooms Are Poisonous
⑤ How Poisonous Mushrooms Are Dangerous

2  다음 문장이 들어갈 위치로 가장 알맞은 곳은?

Here are some ways to tell if mushrooms are edible or not.

①          ②          ③          ④          ⑤

Reading Skill   Classification

3  다음 빈칸에 알맞은 단어를 글에서 찾아 쓰시오.

|  | Edible Mushrooms | Poisonous Mushrooms |
|---|---|---|
| Cap | • white, tan, or brown caps | • red caps<br>• (1)_____ spots on caps<br>• resemble (2)_____ |
| Gill | • brown or (3)_____ gills | • white gills |

4  글의 빈칸에 들어갈 말로 가장 알맞은 것은?

① In addition        ② Therefore        ③ However
④ Otherwise          ⑤ In other words

**V**ocabulary

mushroom 명 버섯
forest 명 숲
pick 동 따다
poisonous 형 독이 있는, 해로운
tan 형 황갈색의
underneath 전 ~의 아래에
safe 형 안전한
stem 명 줄기

서술형

5  글의 내용과 일치하도록 다음 질문에 답하시오.

Q: Why should you avoid mushrooms with red caps?
A: Because _____

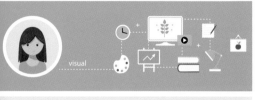

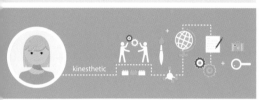

How do you like to learn? If you are like most people, you have a preferred way to learn new things. Experts have identified three different learning styles. They are called VAK: visual, *auditory, and *kinesthetic.

Visual learners prefer to see material to learn it. For instance, they like reading from books, looking at handouts, and writing down information from the blackboard. These students are great at following directions and are usually good at organizing things.

Auditory learners like hearing information to learn it. They enjoy studying with partners or in groups and love participating in class discussions. They are good at oral exams, storytelling, and solving difficult problems.

Kinesthetic learners prefer to move when they are learning. These individuals easily learn by conducting experiments, by acting in plays, and by doing various athletic activities. They are frequently good at sports, art, and drama and have plenty of energy.

*auditory 청각의  *kinesthetic 운동감각의

---

**핵심 구문 분석**

12행 ▸ They / **are good at** / oral exams, storytelling, / and / solving difficult problems.
　　　그들은 / ~에 능숙하다 / 구술시험, 이야기하기 / 그리고 / 어려운 문제를 푸는 것
　　be good at은 '~에 능숙하다, ~을 잘하다'라는 뜻으로 뒤에 명사나 동명사가 온다.

**1**  What is the passage mainly about?

① the way most people prefer to learn

② three different learning styles

③ the way most experts prefer to learn

④ what activities are good for different learners

⑤ the importance of learning styles

Reading Skill   Classification

**2**  다음 학습 유형에 관한 도표에서 (B)에 들어갈 수 있는 것은?

| | Visual Learners | Auditory Learners | Kinesthetic Learners |
|---|---|---|---|
| **Preferred Ways to Learn** | (A) | (B) | (C) |

① acting in plays

② reading from books

③ conducting experiments

④ writing down information

⑤ participating in class discussions

**3**  학습 유형에 관한 글의 내용과 일치하지 <u>않는</u> 것은?

① 시각형 학습자는 지시를 잘 따른다.

② 시각형 학습자는 정리하는 것에 능숙하다.

③ 청각형 학습자는 팀별 활동을 선호한다.

④ 운동감각형 학습자는 활동량이 많아 쉽게 지친다.

⑤ 운동감각형 학습자는 스포츠와 예술에 탁월하다.

서술형

**4**  청각형 학습자가 잘하는 것을 글에서 찾아 우리말로 쓰시오. (3가지)

_____

**V**ocabulary

**expert** ⑲ 전문가

**handout** ⑲ 인쇄물, 유인물

**directions** ⑲ 명령, 지시

**organize** ⑧ 정리하다, 체계화하다

**participate in** ~에 참여하다

**discussion** ⑲ 토론

*v.* discuss 토론하다

**oral exam** 구술시험

**storytelling** ⑲ 이야기하기

**solve** ⑧ 풀다, 해결하다

**conduct** ⑧ 수행하다, 실시하다

**experiment** ⑲ 실험 ⑧ 실험하다

**act** ⑧ 연기하다, 행동하다

**play** ⑲ 연극

**athletic** ⑲ 체육의

**plenty of** 많은, 충분한

There are leaves and sticks in the picture. Is there anything else? There is also a *walking stick. It is hiding by using *camouflage. Camouflage helps prey animals and predators hide from one another.

Some animals have stripes or spots. These stripes ⁵ and spots break up the animals' outlines, so they let animals hide out in the open. For example, zebras' stripes make it difficult for lions to identify individual animals. Tigers' stripes and leopards' spots also help them hide in tall grass while hunting. These types of camouflage are called *disruptive camouflage. ¹⁰

Disguise is another type of camouflage. By using disguise, animals look like other objects, so they blend in with their surroundings. The *thorn bug resembles a thorn on a plant. The *leaf katydid looks like a leaf. And ⓐ the *stonefish resembles a rock. ⓑ Fish swim by ⓒ it without noticing ⓓ it. So ⓔ it is an excellent hunter. ¹⁵

*walking stick 대벌레  *camouflage 위장술  *disruptive camouflage 시선 분산 위장술
*thorn bug 뿔매미  *leaf katydid 잎여치  *stonefish 왕퉁쏠치

---

**서술형 핵심 문법**

3행 ▸ help + 목적어 + (to)동사원형: '~가 …하는 것을 돕다'라는 뜻으로 목적격보어 자리에 to부정사나 동사원형이 온다.
Camouflage **helps** prey animals and predators **hide** from one another.
위장술은 먹이 동물들과 포식자들이 서로에게서 숨는 것을 돕는다.

✏️ 우리말과 같은 뜻이 되도록 주어진 말을 바르게 배열하시오.
나는 그가 그 문제를 푸는 것을 도와주었다. (him / the problem / solve / helped / I)

**1** 글의 내용과 일치하면 T, 그렇지 않으면 F를 쓰시오.

(1) 사자들은 얼룩말들의 줄무늬 때문에 개개의 얼룩말을 쉽게 구별할 수 없다. _____

(2) 변장술을 사용하여 뿔매미는 포식자처럼 보인다. _____

**2** 다음 중 camouflage를 사용하고 있지 <u>않은</u> 것은?

①   ②   ③   ④   ⑤

**3** 글의 밑줄 친 ⓐ~ⓔ 중, 가리키는 대상이 나머지 넷과 <u>다른</u> 것은?

① ⓐ      ② ⓑ      ③ ⓒ      ④ ⓓ      ⑤ ⓔ

**Reading Skill**   **Classification**

**4** 다음 빈칸에 알맞은 단어를 글에서 찾아 쓰시오.

| Disruptive Camouflage | Disguise |
| --- | --- |
| • use animals' stripes or spots<br>• (1) _____ animals' outlines<br>• hide out in the open | • look like other (2) _____<br>• blend in with (3) _____ |

**서술형**

**5** 글에서 disruptive camouflage를 사용하는 동물을 찾아 쓰시오.

_____

**V**ocabulary

**prey animal** 먹이 동물
**predator** 명 포식자
**one another** 서로
**stripe** 명 줄무늬
**break up** 해체하다, 분열시키다
**outline** 명 윤곽, 외곽선
**in the open** 야외에서, 공공연하게
**disguise** 명 변장, 변장술 동 변장하다
**object** 명 물건, 물체
**blend in with** ~와 조화를 이루다, ~에 섞여들다
**surroundings** 명 환경
**thorn** 명 (식물의) 가시
**excellent** 형 훌륭한, 탁월한

**1** 다음 중 단어의 영영풀이가 바르지 않은 것은?

① safe: not likely to cause harm
② conduct: to perform a particular activity
③ expert: a person with special knowledge or skills
④ predict: to say what will happen in the future
⑤ disguise: an animal that kills and eats other animals

**2** 다음 중 나머지 넷을 모두 포함할 수 있는 단어는?

① personality       ② patient
③ loyal             ④ outgoing
⑤ sensitive

**3** 다음 중 영어 표현과 우리말 뜻이 잘못 연결된 것은?

① give up: 포기하다
② plenty of: 많은, 충분한
③ be associated with: ~와 관련되다
④ one another: 차례로
⑤ participate in: ~에 참여하다

**4** 다음 빈칸에 공통으로 들어갈 말로 알맞은 것은?

· He took a walk _____ I was sleeping.
· I am shy _____ my sister is outgoing.

① as          ② so          ③ while
④ th at        ⑤ because

**5** 다음 빈칸에 들어갈 말로 알맞은 것은?

You _____ listen to your parents.

① had         ② had better      ③ better
④ have        ⑤ have better

**6** 다음 중 어법상 어색한 것은?

① My best friend is good at playing soccer.
② You had better get some rest.
③ My brother helps me study English.
④ I like summer while my mom likes winter.
⑤ Exercise helps people staying healthy.

**7** 다음 빈칸에 들어갈 말이 바르게 짝지어진 것은?

· I helped my grandpa _____ oranges.
· You had better _____ careful in the forest.

① to pick – be      ② picks – be
③ picking – be      ④ pick – are
⑤ to pick – are

서술형

**8** 다음 문장을 어법에 맞도록 바르게 고쳐 쓰시오.

You had not better make the same mistake again.

_____

서술형

**9** 다음 우리말과 같은 뜻이 되도록 주어진 단어를 이용해 영작하시오.

나는 과학을 잘하는 반면에, Tom은 수학을 잘한다.

(math, science)

_____

People with type A blood are patient, peace-loving, and loyal individuals. They are sensitive and organized but can be pessimistic. What about people with type B blood? They can make decisions quickly but do not take orders well. They focus on their goals and rarely give up even when they have difficult tasks.

People with type AB blood are relatively rare. ① They combine the characteristics of types A and B. ② Some are dependable while others are irresponsible. ③ And people with type O blood tend to be strong and honest leaders. ④ They are ambitious but sometimes work too much. ⑤

**10** 혈액형에 관한 글의 내용과 일치하지 <u>않는</u> 것은?

① O형은 의욕적이다.
② A형은 민감하고, 체계적이다.
③ AB형은 다른 혈액형에 비해 많다.
④ AB형은 A형과 B형의 특징을 갖고 있다.
⑤ B형은 어려운 일도 쉽게 포기하지 않는다.

**11** 다음 문장이 들어갈 위치로 가장 알맞은 곳은?

> So they could be outgoing or shy.

①      ②      ③      ④      ⑤

서술형
**12** 다음 영영풀이에 해당하는 단어를 글에서 찾아 쓰시오.

> easily upset by things people say or do

_____

Mushrooms are a popular food with many nutrients. You can often see them in forests. You might want to pick them, but you had better ⓐ are careful. __(a)__ some mushrooms are edible, others are poisonous and can make you sick or even kill you. Here are some ways to tell if mushrooms are edible or not.

The easiest way is ⓑ to look at the cap. This is the top part. Red mushrooms are almost always poisonous __(b)__ edible mushrooms have white, tan, or brown caps. Some caps also have spots with dark colors. Be sure ⓒ to avoid them as they are almost ⓓ always poisonous. And ⓔ never eat mushrooms with caps resembling opened umbrellas. They are usually poisonous.

Next, look underneath the cap. You can see the gills. Brown and tan gills are safe, but poisonous mushrooms have white gills. In addition, mushrooms with a ring around the stem are dangerous.

**13** 글에서 독버섯의 특징으로 언급되지 <u>않은</u> 것은?

① 빨간색 갓      ② 갓 위의 짙은색 점
③ 하얀색 주름      ④ 접힌 우산 모양의 갓
⑤ 줄기에 있는 고리

**14** 글의 밑줄 친 ⓐ~ⓔ 중, 어법상 어색한 것은?

① ⓐ    ② ⓑ    ③ ⓒ    ④ ⓓ    ⑤ ⓔ

서술형
**15** 글의 빈칸 (a)와 (b)에 공통으로 들어갈 알맞은 말을 쓰시오. (1단어)

# Reading Skill로 끝내는 중학 내신 독해 ❷

| | |
|---|---|
| **저자** | 플라워에듀 · Michael A. Putlack |
| **초판 1쇄 발행** | 2018년 10월 30일 |
| **초판 2쇄 발행** | 2022년 2월 24일 |
| **편집장** | 조미자 |
| **책임편집** | 김미경 · 정진희 |
| **표지디자인** | 김성희 |
| **디자인** | 김성희 · 임미영 |
| **인쇄** | 삼화 인쇄 |
| **펴낸이** | 정규도 |
| **펴낸곳** | Happy House, an imprint of DARAKWON |

경기도 파주시 문발로 211, 다락원 빌딩
**전화** 02-736-2031 (내선 250)
**팩스** 02-736-2037

ISBN 978-89-6653-556-9  53740

값 11,000원

**구성** 본책 + Workbook + 정답 및 해설
**무료 다운로드** MP3 파일, 단어 리스트, 단어 테스트, 정답 및 해설, Dictation Sheet, 녹음 대본 www.ihappyhouse.co.kr
* Happy House는 다락원의 임프린트 입니다.

# Reading Skill로 끝내는 중학 내신 독해 ②

Level 2

## 정답 및 해설

# Reading Skill로 끝내는 중학 내신 독해 ②

Level

## 정답 및 해설

Happy House

# CHAPTER 01 | Paraphrasing

**정답**     ④

밑줄 친 문장은 꿀벌이 식물의 성장에 꼭 필요하다는 것을 말하고 있으므로 ④ '식물은 잘 자라기 위해 꿀벌의 도움이 필요하다'와 같은 의미이다.

① 식물은 자라서 열매를 맺는다.

② 많은 사람은 과일을 얻기 위해 식물을 기른다.

③ 꿀벌은 종종 식물을 먹고 산다.

⑤ 어떤 사람들은 꿀벌을 기른다.

**지문 해석**     봄마다 꽃들은 피기 시작한다. 그때 사람들은 꿀벌들이 날아다니는 것을 본다. 꿀벌들은 식물이 만드는 꿀을 먹고 산다. 동시에 그것들은 식물에서 식물로 꽃가루를 퍼뜨린다. 이것은 식물이 자라고 열매를 맺는 것에 도움을 준다. 안타깝게도 오늘날 세계 곳곳에서 꿀벌들이 죽어가고 있다. 그것들이 없이는 많은 식물이 자라지 못하고 열매를 맺지 못할 것이다. 이것은 전 세계의 식량 공급에 영향을 끼칠 수 있다. 과학자들은 왜 꿀벌들이 죽어가는지 알지 못한다. 하지만 그들은 꿀벌들을 살리기를 바란다. 꿀벌들이 없는 세상은 많은 문제가 생길 것이다.

# 01

| 정답 | **1** ② | **2** ③ | **3** ⑤ | **4** television and radio broadcasts |
|------|---------|---------|---------|----------------------------------------|

**문제 해설**

**1** 관광 명소인 에펠탑의 건축 이유와 건축 재료, 높이 등 에펠탑에 관한 전반적인 것을 설명하는 내용이므로 ② '에펠탑에 관한 모든 것'이 제목으로 가장 알맞다.

① 세계적인 관광 명소들

③ 에펠탑이 건축된 이유

④ 에펠탑의 아름다움

⑤ 에펠탑은 누가 건축했는가

**2** 프랑스어로 La Dame de Fer는 에펠탑의 원래 이름이 아니라 별명이라고 했다. (7~8행)

**3** 에펠탑이 해체되기로 되어 있다(be taken apart)는 것은 결국 제거된다(be removed)는 의미이므로 ⑤ '에펠탑은 제거되기로 되어 있었다'와 같은 의미이다.

① 에펠탑은 분해하기가 쉬웠다.

② 에펠탑을 세우는 것은 어려웠다.

③ 에펠탑을 세우는 데는 짧은 시간이 걸렸다.

④ 에펠탑은 영원히 유지되기 위해 세워졌다.

**4** 에펠탑은 텔레비전과 라디오 방송에 사용되었기 때문에 유지되도록 허락되었다고 했다. (12~13행)

Q: 사람들은 에펠탑을 어떻게 사용했는가?

A: 그것은 <u>텔레비전과 라디오 방송</u>에 사용되었다.

**구문 해설** **02행** **Since** it opened in 1889, more than 200 million people **have visited** it.
- 접속사 since는 '~한 이후로'라는 의미로 현재완료 시제와 함께 쓰인다.
- have visited는 현재완료 계속으로 '(지금까지) 방문해 왔다'라는 의미이다.

**08행** Hundreds of workers connected 18,000 pieces of iron **with** more than two million rivets **to build** it.
- with는 '~를 가지고, ~로'라는 뜻의 도구나 수단을 나타내는 전치사이다.
- to build는 to부정사의 부사적 용법으로 목적을 나타내며 '~하기 위해서'라는 뜻이다.

**11행** The Eiffel Tower **was supposed to** be taken apart.
- be supposed to는 '~하기로 되어 있다'라는 뜻으로 to 다음에는 동사원형이 온다.

**13행** And now it **is considered** a masterpiece of architecture.
- 〈consider + 목적어 + 목적격보어〉는 '~을 …로 간주하다'라는 뜻이다. 이것의 수동태는 목적어가 수동태 문장의 주어로 나오고 목적격보어는 동사 뒤에 남는다.

**지문 해석** 프랑스 파리의 에펠탑은 유명한 관광 명소이다. 그것이 1889년에 개방된 이후로 2억 명이 넘는 사람들이 그것을 방문해 왔다.

에펠탑은 세계 박람회를 위해 Gustave Eiffel에 의해 건축되었다. 그것은 철제 격자 모양의 탑이며, 높이는 984피트이다. 그것은 Chrysler Building이 뉴욕에 세워진 1930년까지 세계에서 가장 높은 건축물이었다. 프랑스어로 그것의 별명은 La Dame de Fer이다. 그것은 "철의 여인"을 뜻한다. 수백 명의 노동자가 그것을 만들기 위해서 18,000개의 철제 조각을 2백만 개 이상의 대갈못으로 연결했다.

에펠탑은 해체되기로 되어 있었다. 파리 사람들도 또한 처음에는 그것을 좋아하지 않았다. 그러나 그것은 텔레비전과 라디오 방송에 사용되었다. 그래서 그것은 유지되도록 허락되었다. 그리고 이제 그것은 건축의 걸작으로 여겨진다.

# 02

pp.10~11

**서술형 핵심 문법** I like watching movies in my free time.

| 정답 | **1** ③ | **2** (1) F (2) T | **3** ⑤ | **4** outfit | **5** mascot, cheer |
|------|---------|-------------------|---------|--------------|----------------------|

**문제 해설** **1** 1880년대 후반에 아이들과 동물들을 스포츠팀의 마스코트로 사용하기 시작해서, 1974년에 최초의 현대적 마스코트가 등장했다는 내용이므로 ③ '스포츠팀 마스코트의 역사'가 글의 주제로 가장 알맞다.
[문제] 무엇에 관한 글인가?
① "마스코트"라는 단어는 어디에서 왔는가
② 스포츠 경기에서 마스코트의 역할
④ 스포츠팀들이 자신들의 마스코트를 만든 이유
⑤ 최초의 마스코트는 무엇이었나

**2** (1) 최초의 현대적인 마스코트는 1974년에 샌디에이고에서 만들어졌다고 했다. (10~11행)
(2) 마스코트는 가정에 행운을 가져오는 무언가를 가리키는 프랑스 단어라고 했다. (7~8행)
(1) 최초의 현대적인 마스코트는 1880년대 후반에 만들어졌다.
(2) 마스코트는 가정에 행운을 가져오는 물건이다.

**3** 마스코트가 팬들을 위해 공연을 하며 군중들이 응원하게 하기 위해 노력한다는 빈칸 앞의 내용으로 보아 빈칸에는 ⑤ '경기를 아주 재미있게 만든다'가 들어가는 것이 가장 알맞다.

① 팀의 선수들을 소개하다
② 그들을 화나게 하다
③ 많은 돈을 벌다
④ 팀의 제품을 광고하다

**4** 밑줄 친 문장에서 dress up as는 '〜처럼 변장하다'라는 뜻으로 3행에 나온 outfit(특정한 목적을 위해 입는 한 벌로 된 복장)를 사용하면 같은 의미의 문장을 만들 수 있다.
Ted Giannoulas는 닭 복장을 입었다.

**5** 스포츠 경기에서 마스코트를 보기는 쉽다. 그것은 팀의 상징이다. 그것은 군중들이 응원하게 하기 위해 열심히 노력한다.

**구문 해설**

04행 Mascots **try to get** the crowd **to cheer** and **make** games lots of fun.
· 〈try + to부정사〉는 '〜하기 위해 노력하다'라는 뜻으로, to get과 (to) make 두 개의 부정사가 try에 연결되어 있다. make 앞의 to는 생략되어 있다.
· 〈get + 목적어 + to부정사〉는 '〜가 …하게 하다'라는 뜻이다.

07행 It **referred to** something **that** brought good luck to a household.
· refer to는 '〜을 나타내다, 가리키다'라는 뜻으로 뒤에 명사가 온다.
· 관계대명사 that이 이끄는 절은 앞에 나온 선행사 something을 수식하는 형용사절이다.

11행 A man **named** Ted Giannoulas **dressed up as** a chicken.
· named는 '〜라고 불리는, 〜라는 이름의'라는 뜻으로 앞에 나오는 명사를 수식하는 과거분사이다.
· dress up as는 '〜처럼 변장하다'라는 뜻으로 as 뒤에 명사가 온다.

13행 He was funny, so the team **brought** him **back** for every game.
· 대명사 목적어는 동사와 부사 사이에 와야 한다. bring back him은 맞지 않다.

**지문 해석** 언제고 스포츠 경기에 가 보라. 당신은 아마도 마스코트를 보게 될 것이다. 마스코트는 팀의 상징이다. 어떤 사람이 복장을 차려입고 팬들을 위해 공연한다. 마스코트들은 군중이 응원하게 하고 경기를 아주 재미있게 만들기 위해 노력한다.
대부분의 사람은 마스코트가 행운을 가져온다고 생각한다. 사실 "마스코트"라는 단어는 옛 프랑스 단어에서 왔다. 그것은 가정에 행운을 가져오는 무언가를 가리켰다. 1880년대 후반에 미국의 스포츠팀들은 아이들과 동물들을 마스코트로 사용하기 시작했다. 1974년에 최초의 현대적인 마스코트가 샌디에이고에서 만들어졌다. Ted Giannoulas라는 이름의 한 남자가 닭처럼 변장했다. 그러고 나서 그는 샌디에이고 파드리스 야구 경기에서 공연했다. 그가 재미있어서, 그 팀은 경기마다 그를 다시 데려왔다. 곧 다른 팀들도 그들만의 마스코트를 만들었다.

# 03
p.13

**정답**    1 ⑤    2 ③    3 ④    **4** Kalam의 교육에 대한 사랑에 경의를 표하기 위해서

**문제 해설**   **1** 세계 학생의 날은 2010년에 선언되었고, Abdul Kalam은 2015년에 사망했으므로 ⑤ '세계 학생의 날은 그가 사망한 후 선언되었다'는 내용과 일치하지 않는다.
① 그는 가르치는 일을 포함한 많은 일을 했다. (1~4행)
② 그는 가르치는 일을 가장 사랑했다. (3~4행)
③ 그는 수업하던 중에 갑자기 사망했다. (9~11행)
④ 그는 인도의 대통령직을 수행했다. (2~3행)

**2** 첫 번째 문단에서 Abdul Kalam의 직업으로 과학자, 저자, 대통령, 선생님이 언급되어 있지만, 방송인은 언급되어 있지 않다.

**3** 밑줄 친 문장의 Around the nation은 인도 전체를 가리키고, look up to는 respect(존경하다)와 동의어이므로 ④ '인도 전역의 학생들은 그를 존경했다'가 같은 의미의 문장이다.

① 그는 전 세계적으로 인기 있었다.

② 그는 많은 나라에서 존경받았다.

③ 학생들은 사전에서 그를 찾아보았다.

⑤ 그는 평생 모든 인도 학생들을 존중했다.

**4** UN은 Kalam의 교육에 대한 사랑에 경의를 표하기 위해서 그의 생일을 세계 학생의 날로 선언했다고 했다. (13~14행)

**구문 해설**

**01행** During his life, he was **a scientist and author**.
- a A and B는 'A이자 B'라는 뜻으로 동일인을 가리킨다.

**09행** He **encouraged** them **to work** hard and **never to accept** defeat.
- 〈encourage + 목적어 + to부정사〉는 '~가 …하도록 격려하다'라는 뜻으로, to work와 never to accept 두 개의 부정사가 encouraged에 연결되어 있다.
- to부정사의 부정은 to 앞에 not이나 never를 쓴다.

**09행** On July 27, 2015, he suddenly died while he was doing the work **that** he loved the most: teaching.
- that은 the work를 수식하는 형용사절을 이끄는 관계대명사이다.

**13행** In 2010, the United Nations **declared his birthday World Students' Day to honor** Kalam's love of teaching.
- 〈declare + 목적어 + 목적격보어〉는 '~을 …라고 선언하다'라는 뜻이다.
- to honor는 to부정사의 부사적 용법의 목적으로 '~하기 위해서'라는 뜻이다.

**지문 해석** Abdul Kalam은 1931년 10월 15일에 태어났다. 그의 일생 동안, 그는 과학자이자 저자였다. 2002년에 그는 인도의 대통령이 되었다. 하지만 그가 가장 좋아하는 일은 가르치는 일이었다. 그는 세계가 그를 선생님으로 기억하기를 원했다.

그는 학생들을 사랑했고, 교육을 장려했다. 전국의 인도 학생들은 그를 존경했다. 그들은 여전히 그의 말을 인용한 것을 소셜 네트워킹 사이트에서 공유한다. 그는 학생들에게 삶의 목표를 가지라고 말했다. 그는 그들에게 열심히 일하고, 절대 실패를 인정하지 말라고 격려했다. 2015년 7월 27일, 그는 그가 제일 사랑했던 일인 가르치던 일을 하던 중에 갑작스럽게 사망했다. 인도 사람들은 충격을 받았고, 그의 죽음에 슬퍼했다.

2010년에 유엔은 Kalam의 교육에 대한 사랑에 경의를 표하기 위해서 그의 생일을 세계 학생의 날로 선언했다. 이날 덕분에 사람들은 그를 영원히 기억할 수 있다.

# 04

pp.14~15

**서술형 핵심 문법**  My puppy makes me happy.

| 정답 | **1** ⑤ | **2** ② | **3** ④ | **4** hired, glass case | **5** That made the *Mona Lisa* world famous. |

**문제 해설**

**1** 사람들이 흔히 알고 있는 이유 외에 모나리자를 세계적으로 유명하게 만든 또 다른 이유인 도난 사건에 관한 내용이므로 글의 주제는 ⑤가 가장 알맞다.

**2** 모나리자의 도난 사건의 경위에 관해 설명하는 중에 (b) '루브르 박물관은 세계에서 가장 유명한 박물관이다'라는 내용은 글의 흐름과 무관하다.

**3** 모나리자가 유명해진 이유로 모나리자의 보관 장소인 루브르 박물관은 언급되지 않았다.

**4** 밑줄 친 문장을 수동태로 바꾸어 목적어인 him을 문장 주어로 하면 같은 의미의 문장이 된다.
그는 모나리자를 위한 보호 유리 상자를 만들기 위해 고용되었다.

**5** '~을 …하게 만들다'는 〈make + 목적어 + 형용사〉 구문을 사용한다.

**구문 해설**

06행 The fact **that** Leonardo da Vinci painted it?
• that은 앞에 나온 명사 fact의 내용이 무엇인지 설명해주는 동격절을 이끄는 접속사이다.

07행 Those have **helped make** it popular.
• 〈help + (to)동사원형〉은 '~하는 것을 돕다'라는 뜻인데 이때 to가 생략되기도 한다.

13행 They put pictures of it on their front pages **until** it **was returned** in 1913.
• until은 '~할 때까지'라는 의미의 시간을 나타내는 접속사이다.
• 〈be동사 + 과거분사〉 형태인 was returned는 수동태로 '반환되었다'라는 뜻이다.

14행 As a result, people everywhere knew **what it looked like**.
• what이 이끄는 의문문은 동사 knew의 목적어로 쓰인 간접의문문으로 〈의문사 + 주어 + 동사〉의 어순이다.
• look like는 '~처럼 보이다/생기다'라는 의미이다.

**지문 해석** 세계의 가장 유명한 그림은 무엇인가? 당신은 아마도 '모나리자'라고 대답했을 것이다. 그리고 당신은 맞았다. 매년 수백만의 사람들이 그것을 보기 위해 파리를 방문한다. 그것은 왜 그렇게 유명한가? 그것은 모나리자의 미소 때문인가? 레오나르도 다빈치가 그것을 그렸다는 사실? 그녀가 누구인지에 관한 수수께끼? 그것들은 그것을 유명하게 만드는 데 도움을 주었다. 하지만 또 다른 이유가 있다.
1911년, Vincenzo Peruggia는 루브르 박물관에서 모나리자를 훔쳤다. (루브르 박물관은 세계에서 가장 유명한 박물관이다.) 그 박물관은 모나리자를 위한 보호 유리 상자를 만들기 위해서 그를 고용했다. 하지만 그는 그 그림을 훔쳐서 자신의 아파트에 숨겼다. 그 절도 이후, 전 세계의 신문들은 그것에 관해 썼다. 그것들은 1913년에 그것이 반환될 때까지 신문의 제1면에 그것의 사진을 실었다. 그 결과 모든 곳의 사람들이 그것이 어떻게 생겼는지 알게 되었다. 그것은 모나리자를 세계적으로 유명하게 만들었다.

# 내신 대비 **실전 Test**

pp.16~17

**정답**
**1** symbol　**2** ①　**3** ②　**4** ④　**5** ④　**6** ⑤　**7** Jason is the funniest student in our class.　**8** ②　**9** My brother hates to do his homework.　**10** ③　**11** honor
**12** ②　**13** ⑤　**14** ②　**15** It was the world's tallest structure.

**문제 해설**

**1** symbol(상징): 어떤 것을 나타내기 위해 사용되는 모양
비둘기는 평화의 상징이다.

**2** ②, ③, ④, ⑤는 유의어 관계인 반면 ①은 반의어 관계이다.

**3** look up to: ~를 존경하다

**4** like, hate, start, love는 동명사와 to부정사를 둘 다 목적어로 취하지만 ④ expect(기대하다)는 to부정사를 목적어로 취한다.
나는 아침에 조깅하는 것을 _____.
① 좋아했다　　② 싫어했다　　③ 시작했다　　⑤ 아주 좋아했다

**5** 시간을 나타내는 전치사 in은 월/연도/계절 등 비교적 긴 기간 앞에, on은 요일/날짜/특정일 앞에 사용한다.
  - 여름에는 대개 비가 많이 온다.
  - 그는 월요일에 나에게 꽃을 주었다.

**6** ⑤에서 start는 동명사와 to부정사를 둘 다 목적어로 취하는 동사이므로 to learn 또는 learning을 써야 한다.
  ① 나일강은 세계에서 가장 긴 강이다.
  ② 그의 변명은 나를 화나게 했다.
  ③ 그 축제는 9월에 열린다.
  ④ 그것은 가장 강력한 폭풍이었다.
  ⑤ 나는 중국어를 배우기 시작했다.

**7** 최상급 앞에는 the를 붙인다.
  Jason은 우리 반에서 가장 재미있는 학생이다.

**8** ②의 make는 뒤에 목적어만 와서 '만들다'라는 뜻으로 쓰였고, 나머지는 뒤에 목적어와 목적격보어로 형용사가 와서 '~을 …하게 만들다'라는 뜻으로 쓰였다.
  ① 교통 체증은 내가 학교에 지각하게 했다.
  ② 엄마는 내 친구들을 위해 스파게티를 만드셨다.
  ③ 그의 노래는 나를 매우 졸리게 만든다.
  ④ 그 소식은 우리를 충격받게 했다.
  ⑤ 어제 Julie는 그녀의 부모님을 화나게 했다.

**9** hate + to부정사: ~하는 것을 싫어하다

**[10-12]** p.12 **03** 지문 해석 참고
**10** Abdul Kalam이 누구인지 소개하는 (B), 그가 인도에서 존경받는다는 사실과 그의 죽음을 다룬 (C), 그의 교육에 대한 사랑에 경의를 표하기 위해서 세계 학생의 날이 선언되었다는 (A)의 내용으로 이어지는 것이 자연스럽다.
**11** '누군가에게 존경을 보이다'라는 뜻을 가진 단어는 honor(경의를 표하다, 존경하다)이다.
**12** 단락 (B)에서 그가 가장 좋아하는 일은 ② '가르치는 일'이라고 했다.
  ① 글쓰기     ③ 홍보     ④ 네트워킹     ⑤ 자원봉사

**[13-15]** p.8 **01** 지문 해석 참고
**13** 에펠탑의 건축 기간에 관한 내용은 언급되지 않았다.
**14** 에펠탑에 대한 부정적인 시각을 담고 있는 주어진 문장에 also가 있으므로 에펠탑이 원래 해체되기로 되어 있었다는 문장 다음인 ②에 오는 것이 알맞다.
**15** '가장 높은'이라는 최상급 표현이 들어 있으므로 tallest 앞에 the를 쓴다.

# CHAPTER 02 | Insert Sentence

内신 실전 적용 독해

**내신 실전 적용 독해**                                                                 p.18

**정답**  ③

Then(그리고 나서)으로 시작하는 주어진 문장은 방문하기에 좋은 장소들을 알아본다는 내용 다음인 ③에 오는 것이 자연스럽다.

**지문 해석**  Janet은 다른 나라로 여행을 가는 것을 좋아한다. 여행을 가기 전에 그녀는 그녀가 방문할 나라에 대해 배운다. 그녀는 그 나라의 역사에 관한 책을 읽는다. 그녀는 또한 인터넷에서 정보를 찾는다. 그녀는 그 나라의 문화를 공부한다. 그녀는 방문하기에 가장 좋은 장소들에 관해서도 알아본다. <u>그리고 나서 그녀는 그 나라에서 어디를 갈지 결정한다.</u> 그녀는 또한 그 나라 언어를 조금 배우기 위해 노력한다. 몇 가지 문구를 배움으로써, 그녀의 여행은 훨씬 더 좋아질 것이다.

# 05                                                                                    p.21

| **정답** | 1 ④ | 2 ⑤ | 3 ① | 4 재채기할 때 입과 코를 가리는 것 |

**문제 해설**  **1** 매사추세츠 공과대학의 과학자들이 연구를 통해 재채기할 때 방출되는 세균은 생각보다 훨씬 더 멀리 이동할 수 있다는 것을 보여주었다고 했다. (9~10행)

**2** 마지막 문단에서 빈칸이 있는 문장에 나온 상식이 일리가 있으니 다음에 재채기할 때 입과 코를 가리라고 했으므로, 빈칸에는 ⑤ '당신의 입과 코를 가리다'가 들어가는 것이 가장 알맞다.
① 큰 소리를 내다        ② 콧물이 흐르다        ③ 당신의 눈을 감다        ④ 당신의 입을 벌리다

**3** '과학자들은 한때 재채기가 몇 피트 정도만 이동할 수 있다고 생각했다'는 주어진 문장은 이와 대조되는 최근 연구 결과를 설명하는 However로 시작하는 문장 앞 ①에 오는 것이 알맞다.
[문제] 다음 문장이 들어갈 위치로 가장 알맞은 곳은?

**4** ⓐ는 바로 앞 문장에 나오는 내용, 즉 '재채기할 때 입과 코를 가리는 것'을 가리킨다.

**구문 해설**  01행  **It** is common sense **to cover** your mouth and nose when you sneeze.
• 주어로 쓰이는 to부정사구가 긴 경우 문장 뒤로 보내고 그 자리에 가주어 it을 쓴다.

07행  These bubbles **allow** the particles, including germs, **to travel** around 200 feet.
• 〈allow + 목적어 + to부정사〉는 '~가 …하는 것을 허락하다/가능하게 하다'라는 뜻이다.

09행  They showed that germs in sneezes can travel **much farther than** anyone thought.
• 〈farther(부사 far의 비교급) + than ~〉은 '~보다 더 멀리'라는 뜻이다.
• 비교급 앞에 much, even, still, far 등의 부사를 붙여 비교급을 강조하며 '훨씬'이라고 해석한다.

**지문 해석**  당신이 재채기할 때 <u>당신의 입과 코를 가리는 것</u>은 상식이다. 왜 그런 것일까? 당신이 재채기할 때, 공기, 세균, 그리고 수분이 당신의 입과 코를 통하여 방출된다. 그리고 사람들은 그 세균으로 인해 아플 수 있다. <u>과학자들은 한때 재채기가 몇 피트 정도만 이동할 수 있다고 생각했다.</u> 하지만 매사추세츠 공과대학의

8

과학자들은 최근에 발견했다. 그들은 재채기의 입자가 기포 상태로 이동할 수 있다는 것을 알아냈다. 이 기포는 세균을 포함한 입자가 약 200피트 정도를 이동하는 것을 가능하게 한다. 그들은 재채기 속 세균이 생각보다 훨씬 더 멀리 이동할 수 있다는 것을 보여주었다.

이러한 결과들은 상식이 타당하다는 것을 증명했다. 다음에 당신이 재채기해야 할 때, 당신의 입과 코를 가려라. 그렇게 해서 당신은 사방에 세균을 퍼뜨리지 않을 것이다.

# 06

pp.22~23

서술형 핵심 문법    I ran fast to catch the bus.

| 정답 | **1** ⑤    **2** ④    **3** (1) T   (2) F    **4** ⓐ emoticons   ⓑ emojis    **5** Emojis, express, understand |

**문제 해설**

**1** 그림 문자가 발명된 이유와 그 그림 문자를 전 세계의 많은 사람이 사용한다는 내용이므로 ⑤ '그림 문자, 인기 있는 의사소통 수단'이 제목으로 가장 알맞다.
① 이모티콘과 그림 문자의 차이점
② 누가 그림 문자를 발명했는가
③ 사람들이 그들의 감정을 표현하는 방법
④ 그림 문자가 인기 있는 이유

**2** Later(후에)로 시작하는 주어진 문장은 더 많은 그림 문자를 만들기 위해서 일본 만화를 사용했다는 내용으로 초기의 그림 문자에 관한 설명 다음인 ④에 오는 것이 알맞다.

**3** (1) 긴 설명을 입력하는 대신 그림 문자만 보내면 친구들이 당신을 이해할 것이라고 했다. (6~8행)
(2) 그림 문자가 많은 데이터를 사용하지 않고 그림을 보내기 위해서 발명되었다고 했다. (10~11행)

**4** ⓐ는 문맥상 첫 번째 문장에 나온 emoticons를 가리키고, ⓑ는 바로 앞 문장에 나온 emojis를 가리킨다.

**5** 그림 문자는 다양한 감정을 표현하는 간단한 이미지이다. 그것들은 사용하거나 이해하기 쉽다.

**구문 해설**

03행 But **fewer** people use them today.
• fewer는 few(소수의)의 비교급으로 '수가 더 적은, 보다 소수의'라는 뜻이다.

07행 Instead, just **send** emojis, **and** your friends will understand you.
• 명령문 다음에 접속사 and가 오면 '~해라, 그러면 …할 것이다'라는 뜻이다.

10행 He wanted a way **to send** pictures **without using** too much data.
• to send는 to부정사의 형용사적 용법으로 앞의 명사 way를 수식한다. '~하는, ~할'이라는 뜻이다.
• 〈without + v-ing〉는 '~하지 않고'라는 뜻이다.

11행 His first emojis **let** people **describe** the weather, food, and feelings.
• 〈let + 목적어 + 동사원형〉은 '~가 …하게 허락하다'라는 뜻이다.

**지문 해석**

당신은 당신의 글에 :), :(, 그리고 다른 이모티콘을 사용하는가? 많은 사람이 과거에 그것들을 사용했다. 하지만 오늘날 더 적은 수의 사람들이 그것들을 사용한다. 대신에 그들은 ☺와 ☹와 같은 그림 문자를 사용한다.

그림 문자는 그림 또는 간단한 시각 이미지이다. 사람들은 다양한 감정을 표현하기 위해서 그것들을 사용한다. 당신은 긴 설명을 입력할 필요가 없다. 대신에 그냥 그림 문자를 보내라, 그러면 당신의 친구들은 당신을 이해할 것이다.

그림 문자는 1988년에 Shigetaka Kurita에 의해 발명되었다. 그는 너무 많은 데이터를 사용하지 않고 그림을 보낼 방법을 원했다. 그의 첫 그림 문자는 사람들이 날씨, 음식, 그리고 감정을 묘사하게 했다. 후에 그는 더 많은 그림 문자를 만들기 위해서 일본 만화에서 그림, 카툰, 상징들을 사용했다. Kurita의 그림 문자는 일본에서 큰 성공을 거두었다. 그것들은 빠르게 전 세계로 퍼졌다. 오늘날에 그것들은 강력한 의사소통 수단이다.

# 07

| 정답 | **1** ⑤    **2** (1) F (2) F    **3** ③    **4** 기상 상태를 관찰하는 것, 우편물과 소포를 배달하는 것 |
|------|---|

**문제 해설**

**1** 드론의 과거와 현재의 사용에 관한 것을 이야기하면서, 더욱 다양해질 미래의 드론의 용도에 관해 설명하고 있으므로 글의 요지는 ⑤가 가장 알맞다.

**2** (1) 드론은 무인 항공기로 아무도 탑승하지 않지만, 사람들이 그것을 작동해서 여러 가지 일을 하게 만든다고 했다. (7~8행)

(2) 초기의 드론은 군대를 위해 오래전에 만들어졌다고 했다. (8~9행)

(1) 드론은 그것들을 작동하기 위해 누군가가 탑승해 있다.

(2) 드론은 최근에 군대를 위해 만들어졌다.

**3** '드론은 새로운 것이 아니다'라는 주어진 문장은 초기의 드론이 오래전에 군사 목적으로 만들어졌다는 내용 앞인 ③에 오는 것이 자연스럽다.

[문제] 다음 문장이 들어갈 위치로 가장 알맞은 곳은?

**4** 세 번째 단락에 미래의 드론의 용도로 기상 상태를 관찰하는 것과 우편물과 소포를 배달하는 것이 언급되었다.

**구문 해설**

04행 It **is hovering** above everyone and **filming** you.

• 〈be동사 + v-ing〉는 현재진행형으로 '~하고 있다'라는 뜻이다. 주어가 It이므로 be동사는 is가 오고, hovering과 filming이 is에 연결되어 있다.

08행 The first **ones were made** for the military many years ago.

• 부정대명사 one은 앞서 언급된 명사와 같은 종류의 것을 가리키는데, 여기서는 drones를 가리키기 때문에 복수형 ones가 쓰였다.

• 〈be동사 + 과거분사〉의 형태인 were made는 수동태로 '만들어졌다'라는 뜻이다.

15행 In fact, Amazon.com already **plans to deliver** packages with drones.

• 〈plan + to부정사〉는 '~하는 것을 계획하다'라는 뜻이다.

**지문 해석**

당신과 당신의 친구들은 공원에 있다. 당신은 윙윙거리는 소리를 듣지만, 벌은 보이지 않는다. 당신은 위를 올려다보고 카메라가 달린 작은 헬리콥터를 발견한다. 그것은 모든 사람 위를 맴돌면서, 당신을 촬영하고 있다. 그것은 드론이다.

드론은 조종자가 없는 항공기 또는 우주선이다. 아무도 그것들에 타고 있지 않지만, 사람들은 그것들을 작동해서 그것들이 비행, 배회, 또는 길 찾기와 같은 일을 하게 만든다. 드론은 새로운 것이 아니다. 초기의 드론은 오래전에 군대를 위해 만들어졌다. 그것들은 동영상을 찍거나 적군에 폭탄을 떨어뜨렸다.

요즘에는 사람들은 드론을 주로 재미로 조종한다. 하지만 그것들은 미래에 다른 용도로 사용될 것이다. 예를 들어, 그것들은 허리케인과 같은 기상 상태를 관찰할 것이다. 그것들은 또한 우편물과 소포를 배달할 것이다. 실제로 Amazon.com은 이미 드론을 가지고 소포를 배달하는 것을 계획하고 있다.

# 08

**서술형 핵심 문법**    How cute the baby is!

---

**정답**    **1** ⑤    **2** ②    **3** ②    **4** notice    **5** the air at high altitudes could harm humans

---

**문제 해설**

**1** 최초의 열기구가 발명된 배경과 그것의 첫 비행에 관한 내용이므로 ⑤ '최초의 열기구와 그것의 탑승자들'이 제목으로 가장 알맞다.
① 현대적인 비행의 시대
② 현대적인 비행의 역사
③ 열기구의 발명가들
④ 열기구를 만드는 방법

**2** So(그래서)로 시작하는 주어진 문장은 뜨거운 공기가 들어간 종이 가방이 공중으로 떠오른다는 것을 알아차린 것으로 인한 결과에 해당하므로 ②에 오는 것이 알맞다.

**3** 최초의 열기구 비행이 이루어진 장소에 관한 내용은 글에서 언급되어 있지 않다.
① 최초의 열기구 비행은 어떠했는가? (11~12행)
② 어디에서 최초의 열기구는 이륙했는가? (언급되지 않음)
③ 최초의 열기구는 얼마나 오랫동안 비행했는가? (11행)
④ 누가 최초의 열기구 비행을 보았는가? (10~11행)
⑤ 어떤 동물들이 최초의 열기구에 탔는가? (6~7행)

**4** '보거나 느낌으로써 무언가를 인식하다'라는 뜻을 가진 단어는 notice(알아차리다)이다.

**5** 형제는 비행이 가능한 것을 증명해 보이기를 원했지만, 높은 고도에서의 공기가 인간에게 해를 끼칠 수 있다고 걱정했다고 했다. (5~6행)
Q: 왜 형제는 동물들을 탑승시켰는가?
A: 그들은 높은 고도에서의 공기가 인간에게 해를 끼칠 수 있다고 걱정했다.

**구문 해설**

**01행** People **have** long **dreamed of** flying.
• 〈have + 과거분사〉는 현재완료 시제로 여기서는 과거부터 지금까지 계속 '~해왔다'는 의미의 계속적 용법이다.
• dream of는 '~을 꿈꾸다'라는 뜻으로 뒤에 명사나 동명사가 온다.

**04행** They **wanted to prove** (**that**) flight was possible.
• want는 to부정사를 목적어로 취한다.
• prove의 목적어로 쓰인 명사절을 이끄는 that이 생략되었다.

**08행** And the high-flying duck and the low-flying rooster **were unlikely to** be harmed.
• be unlikely to는 '~할 것 같지 않다'라는 뜻으로 뒤에 동사원형이 온다.

**지문 해석**   사람들은 오랫동안 나는 것을 꿈꾸어 왔다. 형제인 Joseph와 Etienne Montgolfier도 그들 중 두 명이었다.
그 형제는 종이 제조업자였다. 어느 날, 그들은 뜨거운 공기가 종이 가방에 들어가면, 그것이 떠오른다는 것을 알아차렸다. 그래서 그들은 열기구를 만들기로 했다. 그들은 비행이 가능하다는 것을 증명하기를 원했다. 하지만 그들은 높은 고도에서의 공기가 인간에게 해를 끼칠 수 있다고 걱정했다. 그래서 그들은 양, 오리, 그리고 수탉을 탑승시켰다. 그것은 정말 멋진 생각이었다! 양의 몸은 인간의 몸과 비슷하다. 그리고 높이 나는 오리와 낮게 나는 수탉은 해를 입을 것 같지 않았다.
1783년 9월 19일, 열기구와 그것의 탑승객들은 루이 16세와 13만 명의 사람들 위로 이륙했다. 비행은 8

분 동안 지속되었고, 3.2km를 날았다. 세 마리의 동물 모두 안전하게 착륙했다. 이것은 현대적인 비행 시대의 시작이었다.

# 내신 대비 **실전 Test**

| | |
|---|---|
| 정답 | **1** ③  **2** ②  **3** ②  **4** ①  **5** How, What  **6** ③  **7** ④  **8** Stella went to Canada to study English.  **9** What an interesting story it is!  **10** ⑤  **11** ③  **12** 데이터를 많이 사용하지 않고 그림을 보낼 방법을 원해서  **13** ⑤  **14** ③  **15** make them do tasks |

**문제 해설**

**1** '누군가 또는 무언가가 어떠한지 말하다'라는 뜻을 가진 단어는 ③ describe(묘사하다)이다.
① 지속하다    ② 배달하다    ④ 관찰하다    ⑤ 방출하다

**2** explain과 describe는 유의어 관계이므로 빈칸에는 spot(발견하다)의 유의어 ② notice(알아차리다)가 알맞다.
① 방출하다    ③ 작동시키다    ④ 착륙하다    ⑤ 증명하다

**3** lift off: 이륙하다

**4** 〈make + 목적어 + 동사원형〉은 '~가 …하게 만들다'라는 의미로 목적격보어에 동사원형이 와야 한다.
그는 우리가 그 큰 상자를 옮기게 했다.

**5** 감탄문은 〈How + 형용사/부사 (+ 주어 + 동사)!〉 또는 〈What (+ a/an) + 형용사 + 명사 (+ 주어 + 동사)!〉의 어순이다.
 • 그 경기는 정말 흥미로웠어!
 • 그는 참 친절한 소년이구나!

**6** ③에서 명사(flight)가 있는 경우 감탄문은 what으로 시작하며 〈What (+ a/an) + 형용사 + 명사 (+ 주어 + 동사)!〉의 어순이다.
① 나는 그 소식을 듣게 되어 슬프다.
② 엄마는 내가 집을 청소하게 했다.
③ 그것은 정말 멋진 비행이었어!
④ 나는 그것이 가능하다는 것을 증명해야 한다.
⑤ 그는 축구를 하기 위해서 일찍 일어났다.

**7** '~해야 한다'는 〈have to + 동사원형〉을 쓴다.

**8** 공부하기 위해서 캐나다에 간 것이므로 목적의 의미를 나타내는 to부정사의 부사적 용법을 쓴다.
Stella는 영어를 공부하기 위해서 캐나다에 갔다.

**9** 명사가 있는 경우 감탄문은 what으로 시작하며 〈What (+ a/an) + 형용사 + 명사 (+ 주어 + 동사)!〉의 어순이다.

**[10-12]** p.22 **06** 지문 해석 참고

**10** 긴 설명을 입력하는 대신 그림 문자만 보내면 친구들이 당신을 이해할 것이라고 했으므로 ⑤는 일치하지 않는다.

**11** '대신에 그들은 😊와 ☹같은 그림 문자를 사용한다'는 주어진 문장은 오늘날 더 적은 수의 사람들이 이모티콘을 사용한다는 내용 뒤인 ③에 오는 것이 자연스럽다.

**12** 그는 데이터를 많이 사용하지 않고 그림을 보낼 방법을 원해서 그림 문자를 발명했다고 했다.

**[13-15]** p.24 **07** 지문 해석 참고

**13** 빈칸 앞에 미래에는 드론이 다른 용도로 사용될 것이라는 내용이 나오고, 빈칸 뒤에 기상 상태의 관찰 등의 용도의 예가 나오고 있으므로 빈칸에는 ⑤ '예를 들어'가 가장 알맞다.
① ~인 반면에    ② 하지만    ③ 게다가    ④ 그렇지 않으면

**14** 일상생활에서 접할 수 있는 드론을 소개하는 (B), 드론이 무엇이며, 과거와 현재의 드론의 사용에 관한 것을 설명하는 (C), 더욱 다양해질 미래의 드론의 용도에 관해 설명하는 (A)의 내용으로 이어지는 것이 자연스럽다.

**15** '~가 …하게 만들다'는 〈make + 목적어 + 동사원형〉 구문을 사용한다.

CHAPTER

# 03 | Sequencing

**정답**    ④

주어진 글의 마지막에 수증기가 상승한다는 내용이 나왔으므로, 그 수증기가 물방울이 된다는 (C), 물방울이 모여 구름이 된다는 (A), 그리고 구름에서 방출된 물이 비가 되어 내린다는 (B)의 내용으로 이어지는 것이 자연스럽다.

**지문 해석**    지구상의 모든 물은 물의 순환의 일부분이다. 먼저, 태양열은 호수, 강, 그리고 바다의 물을 증발하게 만든다. 그것은 수증기라고 불리는 기체가 되어 상승한다. (C) 그러면 차가운 공기가 그 수증기를 응결시킨다. 그래서 그 수증기는 작은 물방울이 된다. (A) 많은 방울이 모여 구름을 형성한다. 구름이 너무 무거워지면, 그것들은 자신들의 물을 방출한다. (B) 그것이 비로 지구에 떨어지고, 물의 순환은 다시 시작된다.

# 09

> **정답**   **1** ④    **2** ⑤    **3** ①    **4** explorer, the South Pole, the North Pole

**문제 해설**    **1** Robert Peary가 Roald Amundsen보다 먼저 북극에 다녀갔다고 했다. (4~5행)

**2** 1911년에 Amundsen이 남극을 탐험하기로 했다는 (A), 1911년의 남극 탐험의 내용을 담은 (C), 1926년의 북극 탐험을 다룬 (B)의 내용으로 이어지는 것이 자연스럽다.

**3** 앞에서 남극을 탐험할 때는 개 썰매를 사용했다는 내용이 나왔는데, 북극 탐험에서는 비행선을 사용했다는 상반되는 내용이 이어지므로 ① '~ 대신에'가 가장 알맞다.
② ~에도 불구하고      ③ ~ 때문에      ④ ~ 때문에      ⑤ ~ 이외에도

**4** Roald Amundsen은 노르웨이 탐험가였다. 그는 1911년에 남극을, 1926년에 북극을 여행했다. 그는 두 극지방을 다녀온 최초의 사람이었다.

**구문 해설**    02행    **As** a boy, he **dreamed of becoming** an explorer.
• as는 '~로서, ~일 때'라는 뜻의 자격을 나타내는 전치사이다.
• dream of 뒤에 동명사가 와서 '~하는 것을 꿈꾸다'라는 뜻이다.

04행    But he heard Robert Peary **had** already **gotten** there.
• 〈had + 과거분사〉는 과거완료 시제로, 과거보다 더 앞선 과거에 일어난 일을 나타낼 때 사용한다.

07행    But **instead of using** dogsleds, he and Umberto Nobile flew **over** the North Pole **in** an airship.
• instead of는 뒤에 동명사가 와서 '~하는 대신에'라는 뜻이다.

• 전치사 over는 '～위로', in은 '～을 타고'라는 뜻으로 쓰였다.

**지문 해석**  Roald Amundsen은 1872년에 노르웨이에서 태어났다. 소년이었을 때, 그는 탐험가가 되는 것을 꿈꾸었다. (A) 1911년에 Amundsen은 북극에 가려고 계획했다. 하지만 그는 Robert Peary가 이미 그곳에 다녀갔다는 소식을 들었다. 그래서 그는 남극을 여행하기로 했다. (C) 1911년 초에 Amundsen의 배는 남극 대륙에 도착했다. 10월에 그와 그의 선원들은 개 썰매를 이용하여 남극 대륙을 가로질러 여행을 떠났다. 그리고는 1911년 12월 14일, Amundsen은 남극에 노르웨이 깃발을 꽂았다. (B) Amundsen은 여전히 북극에 가기를 원했다. 1926년에 그는 북극으로 탐험을 떠났다. 하지만 개 썰매를 이용하는 대신에 그와 Umberto Nobile은 비행선을 타고 북극 위를 날았다.

　　Amundsen은 위대한 탐험가였다. 그는 남극에 도달한 최초의 탐험대를 이끌었다. 그리고 그는 북극과 남극을 다녀온 최초의 사람이었다.

# 10
pp.34~35

**서술형 핵심 문법**　You can save time as well as money.

| 정답 | 1 ④　　2 ②　　3 ①　　4 ⓐ children　ⓑ plastic interlocking blocks　　5 play well |
|---|---|

**문제 해설**  1 LEGO의 탄생과 그것이 인기를 얻게 되는 과정을 설명하는 내용이므로 ④ 'LEGO의 역사와 그것의 인기'가 제목으로 가장 알맞다.
① 누가 LEGO를 발명했는가
② 어린이 장난감의 종류들
③ LEGO 이름의 기원
⑤ 당신이 LEGO로 만들 수 있는 것들

2 LEGO의 탄생과 초기 LEGO가 인기를 얻지 못했다는 (B), 시간이 지나면서 아이들이 LEGO에 관심을 보이게 되었다는 (A), 그래서 LEGO가 점점 더 인기를 얻게 되었다는 (C)의 내용으로 이어지는 것이 자연스럽다.

3 LEGO는 단지 장난감만이 아니기 때문에 인기가 있는데 그 예로 영화, 게임, 경연 대회, 놀이공원이 언급되었다. (14~16행)

4 문맥상 ⓐ는 같은 문장의 주어인 children을 가리키고, ⓑ는 바로 앞 문장의 plastic interlocking blocks를 가리킨다.

5 LEGO라는 이름은 *leg godt*라는 덴마크어에서 왔는데, 그것의 의미는 "play well(잘 놀다)"이라고 했다. (7~8행)
Q: "레고"라는 이름은 무엇을 의미하는가?
A: 그것은 덴마크어로 "잘 놀다"를 의미한다.

**구문 해설**  01행　LEGOs are among **the most loved children's toys in the world**.
• 〈the + 최상급 + in/of〉는 '～에서 가장 …한'이라는 뜻으로 in/of 뒤에 명사가 온다.
05행　Soon, children realized (**that**) they could make all kinds of things with LEGOs.
• 동사 realize의 목적어절을 이끄는 접속사 that이 생략되었다.
07행　It got its name from the Danish phrase *leg godt*, **which** means "play well."
• 쉼표 뒤에 오는 관계대명사 which는 계속적 용법으로 선행사(*led godt*)를 보충 설명해준다.
12행　Since 1963, LEGO blocks **have been made** from some special plastic.
• 〈have been + 과거분사〉는 현재완료 수동태로 '～되어오고 있다'라는 뜻이다.

14

**지문 해석** 세계에서 가장 사랑받는 아이들 장난감 중에 LEGO가 있다. 그것들은 바퀴, 톱니바퀴, 그리고 다른 조각들뿐만 아니라 다양한 색의 플라스틱 결합 블록들도 포함한다. 아이들은 건물, 기계, 탈 것, 그리고 로봇을 만들기 위해서 LEGO를 조립하는 것을 매우 좋아한다.

(B) 그 회사는 1930년대에 덴마크에서 시작되었다. 그것의 이름은 덴마크어 구절인 *leg godt*에서 왔는데, 그것은 "잘 놀다"라는 의미이다. 그 회사는 처음에 나무로 된 장난감을 만들었다. 1949년에 그것은 플라스틱 결합 블록들을 만들기 시작했다. 아이들이 나무로 된 장난감을 선호했기 때문에 그것들은 처음에는 인기가 없었다. (A) 시간이 지나면서, 그 회사는 플라스틱 블록으로 더 많은 세트를 만들었다. 곧 아이들은 그들이 LEGO로 모든 종류의 것을 만들 수 있다는 것을 깨달았다. (C) 그래서 그 플라스틱 블록들은 점점 더 인기를 얻게 되었다. 1963년 이후로, LEGO 블록들은 어떤 특별한 플라스틱으로 만들어지고 있다.

요즘에 LEGO는 더 이상 장난감만이 아니기 때문에 매우 인기가 있다. LEGO 영화, 게임, 그리고 경연대회가 있다. 심지어 LEGO를 주제로 한 놀이공원도 있다.

# 11

p.37

| 정답 | **1** (1) F (2) T  **2** ⑤  **3** ①  **4** let the wax cool off and become solid |
|---|---|

**문제 해설** **1** (1) 녹은 암석인 마그마를 포함하고 있는 것은 맨틀이라고 했다. (2~3행)

(2) 때때로 마그마는 맨틀에서 지표면으로 올라와서, 화산을 통해 땅 위로 분출한다고 했다. (3~5행)

**2** 화산 실험의 처음으로 양초를 녹여 왁스를 만드는 과정을 설명한 (A), 왁스를 식혀 고체로 만드는 (C), 그런 다음에 왁스 위를 모래로 덮는 (B)의 내용으로 이어지는 것이 자연스럽다.

**3** 화산 실험에서 ① '왁스'가 녹으면서 모래를 밀어내는데, 그것은 꼭 마그마와 같은 역할을 한다고 했다. (13~14행)
② 모래     ③ 물     ④ 불판     ⑤ 유리 용기

**4** '~가 …하게 만들다/허락하다'는 〈let + 목적어 + 동사원형〉 구문을 사용한다.

**구문 해설** 02행 The mantle contains large amounts of molten rock **called** magma.

• called는 '~라고 불리는'이라는 뜻으로 앞에 위치한 명사를 수식하는 과거분사이다.

05행 Would you like to see **how an eruption happens**?

• how 이하는 동사 see의 목적어로 쓰인 간접의문문으로 〈의문사 + 주어 + 동사〉의 어순이다.

06행 **How about making** your own volcano?

• how about은 뒤에 동명사가 와서 '~하는 것은 어떠한가?'라는 뜻이다.

15행 A volcanic eruption **has just occurred**.

• 〈have + 과거분사〉는 현재완료 시제로 just와 함께 쓰여 완료의 의미를 나타내어 '지금 막 ~했다'라는 뜻이다.

**지문 해석** 지구는 지각, 맨틀, 그리고 핵의 3개의 층을 가지고 있다. 맨틀은 마그마라고 불리는 많은 양의 녹은 암석을 포함하고 있다. 때때로 마그마는 맨틀에서 지표면으로 올라온다. 그것은 화산이라고 불리는 산을 통해 땅 위로 분출한다. 어떻게 분화가 발생하는지 보고 싶은가? 당신만의 화산을 만들어 보면 어떨까?

(A) 먼저, 양초를 켜서 왁스가 유리 용기 속으로 녹아들게 하라. (C) 그리고 나서 왁스를 식혀 고체가 되게 하라. (B) 그런 다음에 왁스를 2.5cm의 모래로 덮어라. 마지막으로, 용기의 3/4이 찰 때까지 용기에 물을 부어라. 모래를 살짝 저어라, 하지만 왁스를 건드리는 것을 피하라.

다음에, 용기를 불판에 올리고 불을 켜라. 왁스가 녹으면서, 그것은 모래를 밀어낸다. 그것은 꼭 마그마와 같은 역할을 한다. 곧 왁스는 물에 도달하고 올라오기 시작한다. 화산 폭발이 지금 막 발생했다.

# 12

**서술형 핵심 문법**　　This famous song was written by Elton John.

---

| 정답 | **1** ⑤　　**2** ③　　**3** ②, ④　　**4** advance |
| --- | --- |
| | **5** 운전자들이 가속장치를 밟지 않고 같은 속도를 유지하게 해준다. |

---

**문제 해설**

**1** 자율주행차가 발전해 온 과정과 상용화의 어려움을 소개하는 내용이므로 글의 주제는 ⑤ '자율주행차의 역사와 미래'가 가장 알맞다.
[문제] 무엇에 관한 글인가?
① 자율주행차의 이점들
② 누가 자율주행차를 발명했는가
③ 자율주행차를 안전하게 만드는 법
④ 자율주행차의 기술적인 문제점들

**2** 자율주행차의 초기(1920~1940년대) 개발에 대한 (B), 1980년대 이후 발전에 관한 (C), 하지만 여전히 자율주행차의 상용화에 시간이 필요하다는 (A)의 내용으로 이어지는 것이 자연스럽다.

**3** 자율주행차 상용화에 시간이 걸리는 이유로 기술적인 문제점과 비싼 가격이 언급되었다. (5~6행)

**4** '과학이나 기술 등에서의 발달 또는 향상'이라는 뜻을 가진 단어는 advance(발전, 진전)이다.

**5** cruise control(속도 유지 장치)은 운전자들이 가속장치를 밟지 않고 같은 속도를 유지하게 해주었다고 했다. (10~11행)

**구문 해설**

02행　**By the time** they are **old enough to drive**, cars will be able to drive themselves.
　　• by the time은 '~할 때쯤, ~할 때까지'라는 뜻으로 뒤에 주어와 동사가 온다.
　　• 〈형용사 + enough + to부정사〉는 '~하기에 충분히 …한'이라는 뜻이다.

08행　People **have been developing** self-driving cars for nearly 100 years.
　　• 〈have been + v-ing〉는 현재완료 진행시제로 과거부터 현재까지 어떤 동작이 계속 진행되고 있는 경우에 사용되어 '~해오고 있다'라고 해석한다.

10행　It **let** drivers **maintain** the same speed **without pressing** the accelerator.
　　• 〈let + 목적어 + 동사원형〉은 '~가 …하게 허락하다'라는 뜻이다.
　　• without은 뒤에 명사가 와서 '~하지 않고'라는 뜻이다.

15행　They **help** the cars **drive** anywhere **by themselves**.
　　• 〈help + 목적어 + (to)동사원형〉은 '~가 …하도록 돕다'라는 뜻이다.
　　• 〈by + 재귀대명사〉는 '홀로, 혼자서'라는 뜻이다.

**지문 해석**

대부분의 젊은이는 그들의 운전면허증을 빨리 갖고 싶어 기다리지 못한다. 하지만 기술은 급속하게 변화하고 있다. 그들이 운전하기에 충분한 나이가 될 때쯤, 차들은 스스로 운전할 수 있게 될 것이다.

(B) 사람들은 거의 100년 동안 자율주행차를 개발해오고 있다. 1920년대에 최초의 원격조종차가 소개되었다. 1940년대 후반에 속도 유지 장치가 개발되었다. 그것은 운전자들이 가속장치를 밟지 않고 같은 속도를 유지하게 해주었다. (C) 1980년대에 더 많은 발전이 일어났다. 어떤 차들은 카메라들과 감지장치들을 갖추었다. 그것들은 고속도로에서 성공적으로 운행했다. 요즘에는 회사들이 Wi-Fi와 위치확인시스템 위성, 그리고 다른 기술을 이용하고 있다. 그것들은 차들이 혼자서 어디든지 운전해서 가도록 도와준다.

(A) 많은 사람이 자율주행차를 고대하고 있다. 그들은 그들의 차가 직장 혹은 집에 태워주는 동안에 쉬기를 원한다. 하지만 여전히 많은 기술적인 문제들이 있고, 그 차들은 비싸다. 그래서 우리는 자율주행차를 타기 위해 더 많은 시간을 기다려야 한다.

| 정답 | |
|---|---|
| **1** ③    **2** ①    **3** ④    **4** ①    **5** not only, but also    **6** ⑤    **7** ②    **8** Dad had me turn on the air conditioner.    **9** The wagon is pulled by a horse.    **10** ④    **11** ③    **12** molten    **13** ①    **14** ②    **15** Wi-Fi, GPS satellites, and other technology | |

**문제 해설**

**1** '어떤 것의 맨 위 또는 바깥 부분'이라는 뜻을 가진 단어는 ③ surface(표면, 지면)이다.
    ① 대륙     ② 톱니바퀴, 기어     ④ 가속장치     ⑤ 화산

**2** kind와 sort는 유의어 관계이므로 빈칸에는 happen(발생하다)의 유의어 ① occur(발생하다)가 알맞다.
    ② 결합하다     ③ 분출하다     ④ 누르다     ⑤ 젓다

**3** look forward to: ~을 고대하다

**4** let + 목적어 + 동사원형: ~가 …하게 허락하다
엄마는 내가 숙제를 끝낸 후에 TV 보는 것을 허락하신다.

**5** B as well as A = not only A but also B
나는 영어뿐만 아니라 중국어도 말할 수 있다.

**6** ⑤에서 주어가 동작을 받고 있으므로 〈be동사 + 과거분사〉 형태인 수동태(was pressed)를 써야 한다.
    ① 그 꽃들은 나의 할머니에 의해 심어졌다.
    ② 엄마는 내가 그 수프를 15분 동안 젓게 했다.
    ③ 나는 그것을 넣을 그릇을 갖고 있지 않다.
    ④ 그는 예술가일 뿐만 아니라 과학자였다.
    ⑤ 그 가속장치는 실수로 밟아졌다.

**7** ②의 to부정사는 부사적 용법(~하기 위해서)으로 사용되었고, 나머지는 형용사적 용법(~하는, ~할)으로 사용되었다.
    ① 나는 당신에게 말할 비밀을 갖고 있다.
    ② 우리는 그 버스를 잡기 위해서 뛰어야 한다.
    ③ 당신은 마실 어떤 것을 원하나요?
    ④ 집에는 먹을 음식이 없다.
    ⑤ 나는 나를 이해할 친구가 필요하다.

**8** 어떤 일을 하게 시킨다는 의미를 가진 사역동사 have는 목적격보어 자리에 동사원형이 온다.
아빠는 내가 에어컨을 켜게 하셨다.

**9** 주어가 동작을 받을 때 〈be동사 + 과거분사〉의 형태인 수동태를 쓴다. 행위자는 〈by + 목적격〉으로 나타낸다.

**[10-12]** p.36 **11** 지문 해석 참고

**10** 화산 실험에서 필요한 재료로 식초는 언급되지 않았다.

**11** avoid는 동명사를 목적어로 취하는 동사이므로 ⓒ는 touching이 되어야 한다.

**12** '열로 인해 액체 상태에 있는'이라는 뜻을 가진 단어는 molten(녹은)이다.

**[13-15]** p.38 **12** 지문 해석 참고

**13** let + 목적어 + 동사원형: ~가 …하게 허락하다

**14** '어떤 차들은 카메라들과 감지장치들을 갖추었다'라는 주어진 문장은 1980년대에 일어난 발전의 예시이므로 ②에 들어가는 것이 가장 알맞다.

**15** 문맥상 ⓐ는 앞 문장에 나온 Wi-Fi, GPS satellites, and other technology를 가리킨다.

# CHAPTER 04 | Making Inferences

**정답**        ⑤

상어가 나타나자 돌고래 떼들이 주인공에게 다가왔고, 그 이후에 상어가 빠르게 헤엄쳐 갔다고 했으므로 ⑤ '상어는 돌고래 때문에 그를 공격하지 않았다'는 것을 유추할 수 있다.

① 상어는 사람들을 공격하지 않는다.

② 상어는 바다에서 가장 빠른 동물이다.

③ 상어는 돌고래들보다 더 빨랐다.

④ 뉴질랜드에는 많은 상어가 있다.

**지문 해석**    Adam Walker는 2014년에 장거리 수영 경주에 참가했다. 그는 뉴질랜드 해안에서 떨어진 곳에서 수영하고 있었다. 경주하던 도중에 그는 자기 아래 커다란 형체가 있다는 것을 알아차렸다. 그것은 2m 길이의 상어였다. 갑자기 그는 더 많은 생물이 그를 향해 헤엄쳐오고 있는 것을 보았다. 그는 처음에 겁에 질렸으나, 곧 그것들이 돌고래라는 것을 깨달았다. 상어는 빠르게 헤엄쳐 멀어져 갔고, 열 마리의 돌고래 떼들은 Walker 근처에 머물렀다. 그것들은 그가 경주를 계속하는 동안 그와 함께 1시간 동안 헤엄쳤다.


# 13

| 정답 | 1 ③ | 2 ② | 3 ⑤ | 4 resemble |
|---|---|---|---|---|

**문제 해설**  **1** 스페인의 위대한 건축가 Antoni Gaudi와 그의 작품들을 소개한 내용이므로 ③ '위대한 스페인 건축가와 그의 작품들'이 주제로 가장 알맞다.

[문제] 무엇에 관한 글인가?

① 스페인의 인기 있는 관광 명소들

② 바르셀로나의 미완성 대성당

④ 건축에 적용된 기하학적인 형태들

⑤ UNESCO 세계문화유산

**2** Sagrada Familia가 하늘 높이 뻗어 있는 수많은 탑을 가지고 있다고는 했지만 ② 'Sagrada Familia는 바르셀로나에서 가장 높은 건물이다'라는 것은 이 글을 통해 유추할 수 없다.

① 바르셀로나는 스페인의 도시이다. (글 전체)

③ 기하학적인 형태들이 Gaudi의 작품에서 발견된다. (11~12행)

④ Gaudi는 그의 생애 동안 7개 이상의 건축물을 만들었다. (12~13행)

⑤ Gaudi의 작품들에 대한 사람들의 의견들은 시간이 흐르면서 변했다. (2~5행)

**3** Sagrada Familia가 지어지기 시작한 때는 글에서 언급되지 않았다.

① 그것은 어디에 있나? (6~7행)

② 그것은 어떻게 생겼는가? (7~9행)

③ 그것은 어떤 종류의 건물인가? (6~7행)

④ 누가 그것을 설계했는가? (6행)

⑤ 그것은 언제 지어지기 시작했는가? (언급되지 않음)

**4** '어떤 사람이나 사물처럼 보이다'라는 뜻을 가진 단어는 resemble(닮다, 비슷하다)이다.

**구문 해설**

07행 It has numerous towers **reaching high into the sky**.
- reaching high into the sky는 현재분사구로 앞의 명사 towers를 수식한다.

09행 They **appear to form** an indoor forest.
- 〈appear + to부정사〉는 '~인 것처럼 보이다'라는 뜻으로 〈seem + to부정사〉와 바꿔 쓸 수 있다.

10행 It **is scheduled to be completed** in 2028.
- be scheduled to는 '~할 예정이다'라는 뜻이다.
- 〈to be + 과거분사〉는 to부정사의 수동형으로 to be completed는 '완성될'로 해석한다.

12행 In fact, seven of his works **have been declared** World Heritage Sites by UNESCO.
- 〈have been + 과거분사〉는 현재완료 수동태로 '~되었다'라고 해석한다.

**지문 해석**

Antoni Gaudi는 1852년에 스페인에서 태어났다. 그는 세계의 가장 유명한 건축가 중이 한 명이었다. 많은 사람이 그의 생애 동안 그의 작품들을 싫어했다. 하지만 오늘날 건축학과 학생들은 그것들을 배운다. 그리고 그의 건축물들은 스페인에서 가장 인기 있는 관광 명소 중 일부이다.

그의 가장 유명한 설계는 Sagrada Familia이다. 그것은 바르셀로나에 있는 독특한 외관의 거대한 대성당이다. 그것은 하늘 높이 뻗어 있는 수많은 탑을 가지고 있다. 내부에는 많은 기둥이 가지가 달린 나무들과 닮았다. 그것들은 실내의 숲을 이룬 것처럼 보인다. 그 대성당은 아직 완성되지 않았다. 그것은 2028년에 완성될 예정이다.

Gaudi는 자연에서 많은 아이디어를 얻었으며, 기하학적인 형태들을 연구했다. 그는 이것들을 그의 작품들에 적용했고, 많은 혁신적인 건축물들을 지었다. 사실 그의 작품 중 7개는 UNESCO에 의해서 세계문화유산으로 지정되었다. Gaudi의 창의적이고 상상력이 풍부한 설계들 덕분에, 바르셀로나는 멋진 경관을 갖게 되었다.

# 14

pp.46~47

**서술형 핵심 문법** I don't know what he ate last night.

| 정답 | **1** ④  **2** ③  **3** ⑤  **4** how Monet likely saw them  **5** the pictures the computer created |
| --- |

**문제 해설**

**1** Monet의 후기 그림의 변화와 그 이유를 설명하는 내용이므로 ④ 'Monet의 그림들이 변화한 이유'가 제목으로 가장 알맞다.

[문제] 글의 제목으로 가장 알맞은 것은?
① Monet의 그림들이 어떻게 변화했는가
② 예술 세계의 몇 가지 수수께끼들
③ 위대한 인상주의자, Claude Monet
⑤ Monet의 그림들을 재현하기 위해 필요한 기술

**2** 앞 문장에서 컴퓨터가 만들어낸 그림들이 Monet의 후기 그림들과 비슷하다고 했으므로 빈칸에는 Monet의 후기 그림들의 특징인 ③ '어둡고 흐릿한'이 들어가는 것이 가장 알맞다.
① 매우 다채로운      ② 어둡지만 선명한      ④ 초록색과 파란색인      ⑤ 밝고 산뜻한

**3** Monet이 거의 30년 동안 수련 연못의 경치를 그렸다는 것을 통해 ⑤ 'Monet은 그의 수련 연못을 주제로 한 많은 그림을 그렸다'는 것을 유추할 수 있다.

① Monet이 가장 좋아하는 꽃은 수련이다.

② 수련 연못은 인상주의 화가들에게 영향을 미쳤다.

③ 연못은 그림을 그리기에 좋은 장소이다.

④ Monet은 30년 동안 그의 수련 연못만을 그렸다.

**4** 의문문이 다른 문장 일부로 쓰인 간접의문문으로 〈의문사 + 주어 + 동사〉의 어순으로 쓴다.

**5** 문맥상 ⓐ는 바로 앞 문장의 the pictures the computer created를 가리킨다.

**구문 해설**

03행 Claude Monet was **one of the founders** of the Impressionist art movement.
- 〈one of the + 복수명사〉는 '~ 중의 하나'라는 뜻이다.

06행 At first, the colors **Monet used** were bright and fresh.
- Monet used는 목적격 관계대명사가 생략된 형용사절로 앞의 명사 colors를 수식한다.

06행 But his later paintings became **much darker**.
- 비교급을 강조할 때 앞에 much, even, still, far, a lot 등을 쓴다.

12행 Amazingly, the pictures **the computer created were similar to** Monet's later ones.
- the computer created는 목적격 관계대명사가 생략된 형용사절로 앞의 명사 pictures를 수식한다.
- 〈be similar to + 명사〉는 '~와 비슷하다'라는 의미이다.

**지문 해석**

예술 세계에는 많은 수수께끼가 있다. 하나는 '왜 Claude Monet이 흐릿한 그림들을 그렸는가'이다.

Claude Monet은 인상주의 미술 운동의 창립자 중의 한 명이다. 그는 자주 그의 수련 연못의 경치를 그렸다. 그는 그것에 대한 그림들을 거의 30년 동안 그렸다. 이 기간 동안, 그의 그림들은 변했다. 처음에 Monet이 사용한 색들은 밝고 산뜻했다. 하지만 그의 후기 그림들은 훨씬 더 어두워졌다. 색들은 초록색과 파란색에서 갈색과 빨간색으로 바뀌었다.

Monet은 그의 생애 후반에 백내장으로 고통을 받았다. 그래서 많은 사람은 그 변화들이 그의 시력 문제들로 인한 것으로 생각했다. 한 과학자는 Monet의 수련 연못 그림들을 재현하기 위해서 컴퓨터를 사용했다. 그는 모네가 그의 좋지 않은 눈으로 그것들을 어떻게 보았을 것 같은지에 근거하여 이미지들을 만들었다. 놀랍게도 컴퓨터가 만들어낸 그림들은 모네의 후기 것들과 비슷했다. 그것들은 <u>어둡고 흐릿했다</u>.

# 15

p.49

| 정답 | 1 ④ | 2 ③ | 3 ⑤ | 4 activities, delayed, depending |
|------|------|------|------|----------------------------------|

**문제 해설**

**1** 비행기가 갑자기 지연되었을 때 세계 곳곳의 공항에서 할 수 있는 다양한 활동들에 대한 정보를 제공해 주는 글로 이 글의 목적은 ④ '정보를 제공하기 위해서'가 가장 알맞다.

① 사과하기 위해서    ② 감사하기 위해서    ③ 문의하기 위해서    ⑤ 홍보하기 위해서

**2** 글에서 비행기가 지연되었을 때 기분이 상할 수도 있지만, 공항에서 할 수 있는 활동을 찾아 둘러보라고 했다.

① Lucas는 편안히 앉아서 기다린다.

② Sonya는 다른 비행기를 알아본다.

③ Daniel은 공항에서 할 수 있는 활동들을 찾는다.

④ Jenny는 항공사에 불만을 제기한다.

⑤ Emma는 여행을 취소하고 집에 돌아간다.

**3** 비행기가 지연되었을 때 공항에서 할 수 있는 다양한 활동을 소개하고 있는 이 글을 통해 유추할 수 있는 것은 ⑤ '많은 공항에는 여행객들이 할 수 있는 독특한 활동들이 있다'이다.

① 비행기 지연은 매우 자주 일어난다.

② 공항에서 할 수 있는 일은 많지 않다.

③ 비행기 지연에 대한 위약금이 있어야 한다.

④ 사람들은 공항에서 실내 활동을 하는 것을 즐긴다.

**4** 당신의 비행기가 <u>지연되었을</u> 때 할 수 있는 많은 <u>활동</u>이 있다. 당신이 어디에 있는지<u>에 따라</u> 당신은 골프를 치거나, 미술관을 방문하거나, 또는 치과에 갈 수 있다.

**구문 해설**　02행　You **could** get upset. Or you **could** explore the airport.

- 조동사 could는 추측이나 가정을 나타낼 때 사용되어 '~할 지도 모른다, ~할 수도 있다'라는 의미이다.

04행　Depending upon **where you are**, there are various activities **to do**.

- where가 이끄는 의문사절이 전치사 upon의 목적어로 쓰였다. '당신이 어디에 있는지'로 해석한다.
- to do는 to부정사의 형용사적 용법으로 명사를 뒤에서 수식하며 '~하는, ~할'로 해석한다.

13행　It is **one of the** world's **best** art museums.

- 〈one of the + 최상급 + 복수명사〉는 '가장 ~한 …중의 하나'라는 뜻이다.

16행　You can **have** the dentist there **clean** your teeth as you wait.

- 〈have + 목적어 + 동사원형〉은 '~가 …하게 하다'라는 뜻으로 사역동사 have의 목적격보어 자리에는 동사원형이 온다.

**지문 해석**　당신은 공항의 출발 라운지에 있다. 갑자기 당신은 안내 방송을 듣는다. 당신의 비행기가 지연되었다. 당신은 기분이 상할 수도 있다. 아니면 당신은 공항을 둘러볼 수도 있다.

　당신이 어디 있는지에 따라 할 수 있는 다양한 활동들이 있다. 홍콩 국제공항에서 당신은 골프를 칠 수 있다. 공항 터미널 옆에 9홀 골프 코스가 있다. 아마도 당신은 실외에서 휴식을 주는 무언가를 하고 싶을 수도 있다. 싱가포르 공항에 있는 자연 등산로에서 하이킹하는 것은 어떤가? 당신은 그곳에서 나비 정원도 즐길 수 있다. 그곳은 천 마리 이상의 나비들을 갖고 있다.

　어쩌면 당신은 실내 활동을 선호할 수도 있다. 그러면 암스테르담 공항의 미술관을 방문해 보라. 그곳은 네덜란드 대가들이 그린 그림들을 보유하고 있다. 그곳은 세계 최고의 미술관 중의 하나이다. 당신은 시카고 미드웨이 공항에서 요가를 할 수 있다. 그리고 만약 당신이 브라질 상파울루에 있다면, 2번 공항 터미널을 방문해 보라. 당신은 기다리는 동안에 그곳의 치과의사가 당신의 치아를 깨끗하게 할 수 있다.

# 16

pp.50~51

**서술형 핵심 문법**　If it rains, we will stay at home. [We will stay at home if it rains.]

| 정답 | **1** ⑤　**2** ②　**3** ③　**4** 땀이 피부와 옷에 남기는 축축한 느낌, 땀 냄새<br>**5** lowers your body temperature |
| --- | --- |

**문제 해설**　**1** 우리가 땀을 흘려야 하는 이유를 설명하고 있는 이 글이 시사하는 바는 ⑤ '땀을 흘리는 것은 당신을 식히기 위해 필요하다'가 가장 알맞다.

① 땀을 많이 흘리는 것은 당신을 아프게 할 수 있다.

② 사람들은 더운 날에 땀을 많이 흘린다.

③ 우리가 땀을 흘리는 많은 이유가 있다.

④ 땀을 흘리는 것을 피하는 것은 중요하다.

**2** 우리 몸이 화씨 98.6도 이상이 되면, 뇌에서 몸에 땀을 생성하라는 메시지를 보낸다고 했으므로 뇌에서 땀을 생

성한다는 ②는 내용과 일치하지 않는다. (6~7행)

**3** 땀을 흘리지 않으면 우리 몸이 과열되어서 심하면 사망에 이른다고 했으므로 빈칸에는 ③ '감사하는'이 들어가는 것이 가장 알맞다.
① 조심스러운　　② 걱정하는　　④ 자랑스러워하는　　⑤ 당황스러운

**4** 사람들은 땀이 그들의 피부와 옷에 남기는 젖은 느낌과 땀 냄새를 싫어한다고 했다. (11~12행)

**5** 체온이 화씨 98.6도 이상이 되면 땀이 생성되고 피부에서 증발하여 기체가 되면서 체온을 낮춰준다고 했다. (6~9행)
Q: 땀을 흘리는 것은 어떻게 당신의 몸을 돕는가?
A: 그것은 당신의 몸이 더워질 때 당신의 체온을 낮춰준다.

**구문 해설**

02행 Suddenly, you **feel** a drop of water **rolling** down your face.
- 〈feel + 목적어 + 현재분사〉는 '~가 …하는 것을 느끼다'라는 의미로 목적격보어로 동사원형이나 현재분사가 올 수 있는데, 현재분사가 올 때는 동작이 진행 중임을 나타낸다.

04행 **Have** you ever **wondered why you sweat**?
- 〈Have + 주어 + (ever) + 과거분사〉는 '~해 본 적이 있는가?'라는 뜻의 현재완료 시제로 경험을 물어볼 때 사용된다.
- why가 이끄는 절은 wondered의 목적어로 쓰인 간접의문문으로 〈의문사 + 주어 + 동사〉의 어순이다.

06행 When your body **gets hotter** than that, your brain sends a message to your body **to produce** sweat.
- 〈get + 주격보어〉는 '~되다'라는 뜻이다.
- to produce는 to부정사의 부사적 용법의 목적으로 '~하기 위해서'라는 뜻이다.

11행 They do not like the wet feeling **it leaves on their skin and clothes**.
- 목적격 관계대명사가 생략된 형용사절로 앞의 명사 feeling을 수식한다.

**지문 해석**

당신은 어느 더운 여름날 밖에서 놀고 있다. 갑자기 당신은 물 한 방울이 당신의 얼굴을 타고 흘러내리는 것을 느낀다. 당신은 땀을 흘리고 있다.

당신이 왜 땀을 흘리는지 궁금해 본 적이 있는가? 몸의 평균 체온은 화씨 98.6도이다. 당신의 몸이 그것보다 더 뜨거워질 때, 당신의 뇌는 땀을 생성하기 위해서 당신의 몸에 메시지를 보낸다. 땀은 땀샘을 통해 피부로 간다. 그것이 피부에 도달하면, 그것은 증발한다. 그래서 땀은 기체가 된다. 그것이 당신의 체온을 낮춰준다. 땀은 당신을 식혀주는 신체의 방법이다.

많은 사람은 땀을 흘리는 것을 싫어한다. 그들은 그것이 그들의 피부와 옷에 남기는 젖은 느낌을 좋아하지 않는다. 많은 사람은 그 냄새도 싫어한다. 하지만 만약 당신이 땀을 흘리지 않는다면, 당신의 몸은 빠르게 과열될 수 있다. 그러면 당신은 병에 걸리거나 어떤 경우에는 사망에 이를 수도 있다. 그래서 우리는 우리가 땀을 흘리는 것에 감사해야 한다.

# 내신 대비 실전 Test

pp.52~53

**정답**

**1** delay　　**2** ④　　**3** ①　　**4** ③　　**5** One of the most relaxing activities is yoga.
**6** ①　　**7** ③　　**8** I want to drink something cold.　　**9** If you delay the plan, they will be upset. [They will be upset if you delay the plan.]　　**10** ①　　**11** ③　　**12** It is one of the world's best art museums.　　**13** ⑤　　**14** ②　　**15** 98.6 degrees Fahrenheit

**문제 해설**

**1** delay(연기하다, 미루다): 어떤 것이 나중에 일어나게 만들다

폭설 때문에 나의 기차는 지연되었다.

**2** many와 numerous는 유의어 관계이므로 빈칸에는 gigantic(거대한)의 유의어 ④ enormous(거대한, 엄청난)가 알맞다.

① 흐릿한       ② 완료되지 않은       ③ 혁신적인       ⑤ 평균의

**3** apply to: ~에 적용하다

**4** 조건을 나타내는 접속사 if는 '만약 ~한다면'이라는 뜻으로 뒤에 주어, 동사가 온다.

• 만약 어두우면, 불을 켜라.

• 만약 당신이 피곤하다면, 좀 쉬어라.

① 그래서       ② ~하는 동안에       ④ 그러나       ⑤ ~이긴 하지만

**5** 〈one of the + 최상급 + 복수명사〉는 '가장 ~한 …중의 하나'라는 의미로 최상급 뒤에는 복수명사 activities가 와야 한다.

**6** ①에서 what 이하는 다른 문장의 일부로 쓰인 간접의문문으로 〈의문사 + 주어 + 동사〉의 어순이 되어야 한다.

① 내가 무엇을 해야 할지 나에게 말해주세요.

② 방에는 특별한 것이 없다.

③ 당신은 그가 어디에 사는지 아나요?

④ 그는 세계에서 가장 빠른 사람 중의 한 명이다.

⑤ 서두르지 않는다면, 당신은 늦을 것이다.

**7** know의 목적어로 간접의문문이 오는 문장으로 간접의문문은 〈의문사 + 주어 + 동사〉의 어순이고, 시제는 과거시제가 되어야 한다.

**8** something과 같이 -thing/body/one으로 끝나는 명사는 형용사가 뒤에서 수식한다.

**9** 조건을 나타내는 접속사 if는 '만약 ~한다면'이라는 뜻으로 뒤에 주어, 동사가 온다. if가 이끄는 절이 문장 앞에 올 경우에는 절 뒤에 콤마(,)를 쓴다.

**[10-12]** p.48 **15** 지문 해석 참고

**10** 공항에서 할 수 있는 활동의 예로 ① '요리'는 언급되지 않았다.

**11** ⓒ의 something은 형용사가 뒤에서 수식한다.

**12** one of the + 최상급 + 복수명사: 가장 ~한 …중의 하나

**[13-15]** p.50 **16** 지문 해석 참고

**13** '그것이 당신의 체온을 낮춰준다'는 주어진 문장은 땀이 생성된 후 증발하여 기체가 된다는 문장 다음인 ⑤에 오는 것이 알맞다.

**14** 빈칸 뒤에 많은 사람이 땀을 흘리는 것을 싫어하는 이유들이 나오고 있으므로 빈칸에는 ② '땀을 흘리는 것을 싫어한다'가 들어가야 알맞다.

① 땀을 흘려야 한다

③ 여름에 땀을 많이 흘린다

④ 땀을 흘리는 것이 필요하다고 생각한다

⑤ 그들이 긴장할 때 땀을 흘린다

**15** 문맥상 ⓐ는 바로 앞 문장에 나온 98.6 degrees Fahrenheit를 가리킨다.

**정답**

(1) T  (2) F

(1) 많은 패스트푸드점의 간판이 빨간색과 노란색을 사용한다고 했다. (2~3행)

(2) 빨간색은 사람들이 따뜻함과 편안함을 느끼도록 만든다고 했다. (5행)

**지문 해석**

식당의 간판을 보고 배가 고파진 적이 있는가? 그 간판은 무슨 색이었는가? 그것은 아마도 빨간색과 노란색이었을 것이다. 많은 패스트푸드점의 간판이 그 두 가지 색깔을 사용한다. 이것에는 이유가 있다. 과학자들은 그것을 '케첩과 머스터드 이론'이라고 부른다. 그들에 따르면 빨간색과 노란색은 사람들이 배가 고프게 만든다. 심리학자들은 빨간색이 사람들로 하여금 따뜻함과 편안함을 느끼도록 한다고 말한다. 노란색은 사람들을 행복하고, 신이 나고, 그리고 유쾌하도록 만든다. 빨간색과 노란색이 함께 하면, 사람들은 종종 그들이 무언가를 먹어야 할 것 같은 기분이 든다.

# 17

**정답**     1 ⑤     2 ③     3 ④     4 인구는 적지만, 핀란드 학생들이 높은 시험 점수를 받는 것

**문제 해설**

**1** 핀란드의 인구는 적지만, 그 나라 학생들이 어떻게 시험에서 높은 점수를 받는지에 관해 설명하는 글이므로 ⑤ '핀란드 교육 성공의 비밀'이 제목으로 가장 알맞다.

[문제] 글의 제목으로 가장 알맞은 것은?

① 핀란드 학교의 하루는 어떠한가

② 핀란드에서 교사의 역할

③ 시험에 관한 핀란드 사람들의 문화적 믿음

④ 핀란드 어린이들은 어린이집에서 무엇을 하는가

**2** 수업 시간은 짧고, 학생들은 숙제가 거의 없다고 했으므로 ②는 글의 내용과 일치하지 않는다. (9~10행)

**3** 핀란드의 학교는 학습 부담을 최소화하고, 놀이를 통해 학생들이 높은 성취도를 보이도록 이끌고 있다는 글의 내용과 가장 잘 어울리는 속담은 ④ '공부만 하고 놀지 않으면 바보가 된다'이다.

① 백지장도 맞들면 낫다.

② 겉을 보고 속을 판단하지 말라.

③ 호랑이 없는 굴에는 토끼가 왕이다.

⑤ 두 마리 토끼를 쫓으면, 한 마리도 잡지 못한다.

**4** 문맥상 ⓐ는 바로 앞 문장에 나오는 내용, 즉 '인구는 적지만, 핀란드 학생들이 높은 시험 점수를 받는 것'을 가리킨다.

**구문 해설**

01행 **While its** population is small, **its** students get high test scores.

• 접속사 while은 앞뒤 내용이 대조되는 상황에 사용되어 '~인 반면에'라는 의미이다.

• its는 대명사 it의 소유격으로 앞 문장에 나온 Finland를 가리킨다.

03행 The Finns have some cultural beliefs about children: the work of a child is **to play**; and children learn best through play.
- :(콜론)은 목록을 열거하거나 인용 또는 보충설명에 쓰인다.
- to play는 주어를 보충 설명하는 주격보어로 쓰인 to부정사의 명사적 용법이다.

09행 The schooldays are short, and the students have **little** homework.
- 수량형용사 little은 '거의 없는'이라는 뜻으로 셀 수 없는 명사 앞에 쓰인다.

15행 This lowers students' stress levels and **lets** them **learn** well.
- 〈let + 목적어 + 동사원형〉은 '~이 …하게 허락하다'라는 의미로 목적격보어 자리에 동사원형이 온다.

**지문 해석**
핀란드는 북유럽에 있다. 그 나라의 인구는 적지만, 그 나라의 학생들은 높은 시험 점수를 받는다. 어떻게 이것이 가능한가?

핀란드 사람들은 아이들에 대한 몇 가지 문화적 믿음이 있는데 그것은 아이들의 일은 노는 것이며, 아이들은 놀이를 통해 가장 잘 배운다는 것이다. 그 결과 핀란드 아이들은 그들이 7세가 될 때까지 정규 교육을 받지 않는다. 그 전에 그들은 대개 어린이집에 다닌다. 거기에서 그들은 놀이하고, 노래를 부르고, 대화를 나눈다.

수업 시간은 짧고, 학생들은 숙제가 거의 없다. 수업 시간에 아이들은 재미있게 놀고, 키득거리고, 그리고 공상에 잠긴다. 그들은 매일 매시간 15분간 야외에서 휴식 시간을 갖는다. 핀란드 사람들은 신선한 공기, 자연, 그리고 신체활동이 배움에 중요하다고 여긴다. 선생님들은 소규모 수업을 하고, 일대일로 많은 가르침을 준다. 그들은 시험을 피하지만, 그들의 학생들의 발달사항을 매일 확인한다. 이것은 학생들의 스트레스 수준을 낮추고, 그들이 잘 배울 수 있게 해준다.

# 18
pp.58~59

**서술형 핵심 문법** Reading a book is my great pleasure.

| 정답 | 1 ④   2 (1) T (2) T   3 ④   4 stunning   5 rainbow, slopes, minerals |
| --- | --- |

**문제 해설**

**1** Ausangate Mountain이 언제 형성되었는가에 대해서는 언급되지 않았다.
① 위치 (4~6행)
② 높이 (6~7행)
③ 별명 (8~9행)
④ 형성 시기 (언급되지 않음)
⑤ 색깔 (10~11행)

**2** (1) 산의 높이가 5,000m 이상이라 등반하기가 쉽지 않다고 했다. (6~7행)
(2) 산이 포함하고 있는 여러 가지 광물들로 인하여 다양한 색깔들을 나타낸다고 했다. (11~12행)
(1) Rainbow Mountain은 높이가 5,000m 이상이다.
(2) 각각 다른 광물들은 그 산에 다양한 색깔을 준다.

**3** 빈칸 뒤에 산화철이 빨간색을 만든다는 것은 빈칸 앞의 광물들은 산에 많은 색깔을 주었다는 것의 예시에 해당하므로 ④ '예를 들어'가 가장 알맞다.
① 그렇지 않으면   ② 게다가   ③ 반면에   ⑤ 그러므로

**4** incredible은 '믿을 수 없는, 엄청난'이라는 뜻으로 글에 나온 stunning(매우 아름다운, 깜짝 놀랄 만한)과 바꿔 쓸 수 있다.

**5** 무지개를 보기 위해서 페루에 있는 Ausangate Mountain에 올라 아래를 내려다봐라. 근처 산들의 <u>경사면들</u>은 그것들 안의 <u>광물들</u>로 인해 다채로운 색깔의 줄무늬들을 갖고 있다.

**구문 해설**

01행 **When** the sun **comes** out, a rainbow will appear.
· 시간을 나타내는 접속사 when이 있는 부사절에서는 현재시제가 미래시제를 대신한다.

07행 You **must** hike for several hours **to reach** the top.
· must는 '~해야 한다'라는 뜻의 의무를 나타내는 조동사이다.
· to reach는 to부정사의 부사적 용법의 목적으로 '~하기 위해서'라는 뜻이다.

12행 These minerals **have given them many colors**.
· 〈have + 과거분사〉의 현재완료 시제로 과거의 일이 현재까지 영향을 미칠 때 쓴다.
· give는 두 개의 목적어를 취하는 동사로 〈give + 간접목적어 + 직접목적어〉는 '~에게 …을 주다'라는 뜻이다.

**지문 해석**

비가 그친 후에 하늘을 보라. 해가 나오면, 무지개가 나타날 것이다. 그러나 당신은 땅을 내려다보아도 무지개를 볼 수 있다는 것을 알고 있었는가?

그 무지개를 보려면 당신은 페루에 가야 한다. Cusco에서 남동쪽으로 약 60마일 떨어진 곳에서 당신은 Ausangate Mountain을 발견할 것이다. 그것은 5,000m 이상이라서 그곳을 올라가기는 쉽지 않다. 당신은 정상에 도달하기 위해서 여러 시간 동안 하이킹해야 한다. 그러나 당신이 Rainbow Mountain의 정상에 도착하면, 당신은 믿을 수 없는 경관을 마주하게 될 것이다.

근처 산들의 경사면들은 금색, 초록색, 적갈색, 그리고 청록색을 포함한 다양한 색깔의 줄무늬를 갖고 있다. 그 산들은 그것들 안에 있는 광물들로 인하여 이러한 색깔들을 나타낸다. 이 광물들은 그것들에 많은 색깔을 주었다. <u>예를 들어, 산화철은 빨간색을 만든다.</u> 다른 광물들은 각기 다른 색깔들을 만든다. 그 결과 매우 아름다운 무지개가 그 산 위에 있다.

# 19

p.61

| 정답 | 1 ③ | 2 ④ | 3 ⑤ | 4 get cheap, comfortable accommodations |
|------|------|------|------|------|

**문제 해설**

**1** 집주인의 성격을 알아내기 위해서 주인과 대화를 나누도록 하라는 것으로 보아 ③은 내용과 일치하지 않는다. (8~9행)

**2** 결제 방법 확인에 관한 내용은 언급되지 않았다.
① 숙소 사진 (5행)
② 사용자 후기 (6~7행)
③ 결제 방법 (언급되지 않음)
④ 주인의 성격 (8~9행)
⑤ 가격의 적정 여부 (11행)

**3** '그러면 당신이 좋은 거래를 하고 있다는 것을 확신할 수 있을 것이다'는 주어진 문장은 숙소 가격이 적당한지 알아보기 위해 먼저 호텔 요금을 확인하라는 내용에 이어지는 것이 자연스러우므로 ⑤에 오는 것이 알맞다.

**4** Airbnb를 통해 여행객들은 저렴하고 편안한 숙소를 얻을 수 있다고 했다. (2~3행)
Q: 여행자들이 Airbnb를 이용하는 것의 이득은 무엇인가?
A: 그들은 <u>저렴하고 편안한 숙소를 얻을</u> 수 있다.

01행 It **connects** them **with** people **who want to rent out their homes**.
- 〈connect A with B〉는 'A와 B를 연결하다'라는 뜻이다.
- 주격 관계대명사 who가 이끄는 형용사절이 앞의 명사 people을 수식한다.

05행 **Make sure (that)** the place is clean and looks nice.
- make sure은 '~을 확인하다'라는 뜻으로 보통 뒤에 that절이나 to부정사가 온다. 여기서는 that이 생략되었다.

06행 Read the reviews of the place **you are considering renting**, too.
- 목적격 관계대명사가 생략된 형용사절이 앞의 명사 place를 수식한다.
- consider는 동명사를 목적어로 취하는 동사이다.

09행 **Be sure not to give out** lots of personal information either.
- be sure는 '반드시 ~하다'라는 뜻으로 뒤에 to부정사가 온다.
- to부정사의 부정은 to부정사 앞에 not을 쓴다.

**지문 해석**  Airbnb는 여행객들을 위한 회사이다. 그것은 그들과 자신들의 집을 임대하고 싶은 사람들을 연결해준다. 집주인들은 돈을 벌 수 있고, 여행객들은 저렴하고 편안한 숙소를 얻을 수 있다. Airbnb로 예약하는 것은 멋지게 들리지만, 당신은 몇 가지를 조심해야 한다.

첫째로, 웹사이트에 있는 사진들을 신중하게 보라. 숙소가 깨끗하고 괜찮아 보이는지 확인하라. 당신이 임대를 고려하고 있는 숙소의 후기들도 읽어라. 만약 그것이 두 개 이상의 좋지 않은 후기를 갖고 있다면, 다른 숙소를 찾아라.

당신은 게으르거나 무례한 집주인을 원치 않을 것이다. 집주인의 성격을 알아내기 위해서 주인과 대화를 나누도록 노력해라. 또한 반드시 많은 개인 정보를 주지 않도록 하라. 너무 많은 개인적인 질문을 하는 집주인을 피하라. 마지막으로, 가격이 적당한지 확인하라. 먼저 호텔에서의 요금을 확인하라. 그러면 당신이 좋은 거래를 하고 있다는 것을 확신할 수 있을 것이다.

# 20

pp.62~63

**서술형 핵심 문법**  Fruits such as lemons and oranges are sour.

| 정답 | 1 ⑤    2 (1) T  (2) F    3 ②    4 advertise<br>5 ⓐ nutrients such as vitamins B and C  ⓑ energy drinks |
|------|-----|

**문제 해설**

**1** 에너지 음료는 설탕을 많이 포함하고 있어 질병을 유발할 수 있기 때문에 광고와는 달리 건강에 좋지 않다는 내용이므로 ⑤ '왜 에너지 음료가 건강에 좋지 않은가'가 주제로 가장 알맞다.

[문제] 무엇에 관한 글인가?
① 왜 사람들은 에너지 음료를 즐기는가
② 에너지 음료에 있는 영양분의 종류들
③ 에너지 음료는 어떻게 광고되는가
④ 에너지 음료에 있는 과당의 역할

**2** (1) 과당을 많이 섭취하면, 체중 증가, 비만, 당뇨병, 심장질환과 같은 질병이 생길 수 있다고 했다. (7~9행)
(2) 몸은 비타민 B, C와 같은 영양분을 저장하지 않는다고 했다. (11~12행)

**3** 에너지 음료가 비타민 B와 C를 함유하고 있다고는 했지만 얼마나 많은 양을 포함하고 있는지는 언급되지 않았다.
① 사람들은 보통 언제 에너지 음료를 마시는가? (1~2행)

② 에너지 음료는 얼마나 많은 비타민 B와 C를 포함하고 있는가? (언급되지 않음)

③ 에너지 음료는 무엇을 포함하고 있는가? (5~6행, 10행)

④ 너무 많은 과당을 섭취하는 것은 왜 나쁜가? (7~9행)

⑤ 사람들은 에너지 음료를 마셔야 하는가? (15~16행)

**4** '사람들이 무언가를 사거나 사용하게 만들기 위해서 그것을 알리다'라는 뜻을 가진 단어는 advertise(광고하다, 선전하다)이다.

**5** 문맥상 ⓐ는 바로 앞 문장의 nutrients such as vitamins B and C를 가리키고, ⓑ는 바로 앞 문장의 energy drinks를 가리킨다.

**구문 해설**

06행 **A bottle of** an energy drink has almost **as** much fructose **as** a bottle of Coke.
- a bottle of는 셀 수 없는 명사와 함께 쓰는 단위 명사로 '~ 한 병'이라는 뜻이다.
- 〈as + 형용사 + 명사 + as〉는 명사를 수식하는 형용사 원급 비교로 '…만큼 ~한 명사'라는 뜻이다.

08행 For example, it can **make** people **gain** weight and **become** obese.
- 〈make + 목적어 + 동사원형〉은 '~가 …하게 만들다'라는 뜻으로, gain과 become 두 개의 동사원형 목적격보어가 and로 연결되어 있다.

14행 Overall, energy drinks are not **as** healthy **as** their makers claim.
- 〈as + 형용사 + as〉는 원급 비교로 '~만큼 …한'이라는 뜻이다.

**지문 해석**

요즘에는 많은 사람이 운동을 한 후에 에너지 음료를 즐긴다. 그것들의 제조업자들은 그것들이 비타민과 무기질을 포함하고 있다고 광고한다. 그리고 그것들이 당신의 건강에 좋다고 한다. 그러나 그것이 정말일까?

사실 에너지 음료는 과당을 포함한 많은 설탕을 함유하고 있다. 에너지 음료 한 병은 거의 콜라 한 병만큼의 많은 과당을 갖고 있다. 사람들이 너무 많은 과당을 섭취하면, 그것은 건강 문제를 일으킬 수 있다. 예를 들어, 그것은 사람들이 체중이 늘고 비만이 되게 만들 수 있다. 그것은 또한 당뇨병과 심장질환을 유발할 수도 있다.

에너지 음료는 비타민 B, C와 같은 영양분을 포함하고 있다. 그러나 대부분의 사람은 이미 그것들을 충분히 얻고 있다. 몸은 그것들을 저장하지 않으므로, 그것들은 낭비된다. 또한 사람들이 에너지 음료에 있는 다른 영양소들을 너무 많이 섭취하게 되면, 그것들은 사람들에게 해를 끼칠 수 있다.

종합적으로 에너지 음료는 그것들의 제조업자들이 주장하는 것만큼 건강에 유익하지 않다. 그것들은 기본적으로 정크 푸드이며, 사람들은 그것들을 마시는 것을 피해야 한다.

# 내신 대비 **실전 Test**

**정답**

**1** ① **2** ② **3** ① **4** ⑤ **5** ② **6** ④ **7** ③ **8** You should tell the truth to your mom. **9** Riding a bike is good exercise. **10** ④ **11** ③ **12** 숙소가 깨끗하고 괜찮아 보이는지 확인하기 위해서 **13** ⑤ **14** ② **15** such as

**문제 해설**

**1** '당신이 신체적으로 편안함을 느끼게 만드는'이라는 뜻을 가진 단어는 ① comfortable(편안한)이다.
② 게으른   ③ 믿을 수 없는   ④ 개인의   ⑤ 적당한

**2** instruction과 teaching은 유의어 관계이므로 빈칸에는 save(아끼다, 저장하다)의 유의어 ② store(저장하다)가 알맞다.
① 예약하다   ③ 키득거리다   ④ 낭비하다   ⑤ 확인하다

**3** check out: ~을 확인하다

**4** 조동사 should는 '~해야 한다, ~하는 것이 좋다'라는 뜻으로 의무나 충고를 나타낼 때 사용되고, 뒤에는 동사 원형이 온다.
- 당신은 제시간에 회의에 참석해야 한다.
- 당신은 아플 때 병원에 가야 한다.

**5** ⟨consider + 목적어 + 목적격보어⟩는 '~를 …라고 여기다'라는 뜻으로 목적격보어 자리에 형용사나 명사가 온다.
- 나는 나 자신을 운이 좋다고 여긴다.
- 많은 사람은 그를 훌륭한 선수라고 여긴다.

**6** ④에서 동명사가 주어로 쓰인 경우 단수 취급하므로 단수 동사인 is를 써야 한다.
① 그녀는 그 가격을 적당하다고 여긴다.
② 당신은 너무 많이 먹는 것을 피해야 한다.
③ 나의 취미는 사진을 찍는 것이다.
④ 나무에 올라가는 것은 매우 위험하다.
⑤ 나는 피자, 콜라와 같은 정크 푸드를 즐긴다.

**7** ③에서 동사원형에 '-ing'를 붙인 playing은 현재분사로 진행형으로 쓰였고, 나머지는 동명사로 쓰였다.
① 우리는 서로 대화하는 것을 즐긴다. (동명사: 동사의 목적어)
② 온라인으로 표를 예매하는 것은 쉽다. (동명사: 주어)
③ 그들은 지금 야구를 하고 있다. (현재분사: 현재진행형)
④ 그의 취미는 소설을 쓰는 것이다. (동명사: 보어)
⑤ 그는 일을 구하는 것에 대해 걱정하고 있다. (동명사: 전치사의 목적어)

**8** 조동사 should 뒤에는 동사원형이 온다.
당신은 당신의 엄마에게 사실을 말해야 한다.

**9** 자전거를 타는 것(ride a bike)이 문장의 주어로 동사원형 ride에 '-ing'를 붙여 동명사로 만들고, 동명사가 주어 이므로 단수 동사를 쓴다.

**[10-12] p.60 19 지문 해석 참고**

**10** ⓓ에서 조동사 should 뒤에는 동사원형인 be를 써야 한다.

**11** Airbnb가 어떤 회사인지 소개하는 (B), Airbnb를 통해 예약할 때 주의할 점에 대해 처음(First) 언급하는 (C), (C)에 이어 주의할 점을 추가로 알려주는 (A)의 내용으로 이어지는 것이 자연스럽다.

**12** 웹사이트에서 사진들을 신중하게 살펴보고 숙소가 깨끗하고 괜찮아 보이는지 확인하라고 했다.

**[13-15] p.62 20 지문 해석 참고**

**13** 사람들이 너무 많은 과당을 섭취하면, 체중 증가, 비만, 당뇨병, 심장질환과 같은 질병이 생길 수 있다고 했지만 영양 불균형은 언급되지 않았다.

**14** '사실 에너지 음료는 과당을 포함한 많은 설탕을 함유하고 있다'는 주어진 문장은 에너지 음료가 건강에 좋다는 광고에 관한 의문 뒤인 ②에 들어가는 것이 알맞다.

**15** 빈칸 뒤에 에너지 음료가 포함하고 있는 영양분에 대한 예시로 명사인 비타민 B와 C가 나오므로 빈칸에는 such as가 들어가는 것이 알맞다.

# CHAPTER 06 | Classification

**내신 실전 적용 독해**

p.66

**정답**
(1)a limited number of  (2)hundreds of

(1) 종이책은 제한된 수만 휴대할 수 있다고 했다. (7행)

(2) 전자책 단말기에 수백 권의 전자책을 휴대할 수 있다고 했다. (6행)

**지문 해석**
요즘에는 두 가지 형태의 책이 있는데 종이책과 전자책이 그것이다. 두 가지 모두 같은 정보를 담을 수 있다. 하지만 그것들은 몇 가지 차이점이 있다. 종이책들은 표지에 의해 묶인 종이 페이지들을 갖고 있다. 사람들은 그것들을 만질 수 있고, 페이지의 질감을 느낄 수 있다. 그러나 전자책들은 책의 전자판이다. 그것들은 전자책 단말기, 컴퓨터, 또는 스마트폰과 같은 전자 기기에서만 읽을 수 있다. 한 사람이 전자책 단말기에 수백 권의 전자책을 휴대할 수 있지만, 종이책은 제한된 수만 휴대할 수 있다.

| 종이책 | 전자책 |
|---|---|
| • 종이로 된 페이지를 가짐<br>• 페이지를 만지고 페이지의 질감을 느낌<br>• (1)제한된 수의 종이책을 휴대함 | • 책의 전자판임<br>• 전자 기기에서 읽힘<br>• (2)수백 권의 전자책을 휴대함 |

# 21

p.69

| **정답** | **1** (1) F (2) T   **2** ③   **3** ②   **4** rare |
|---|---|

**문제 해설**
**1** (1) 혈액형이 B형인 사람들은 결정을 빨리 내릴 수 있다고 했다. (7~8행)

(2) 혈액형이 O형인 사람들은 의욕적이지만 때때로 과도하게 일한다고 했다. (13~14행)

(1) 혈액형이 B형인 사람들은 결정을 내릴 때 망설인다.

(2) 혈액형이 O형인 사람들은 일을 많이 할 가능성이 있다.

**2** 혈액형별 성격의 특징을 소개하고 있는 글의 세부내용과 표의 내용을 순서대로 대조해 보면 B형 혈액형의 성격이 일치하지 않음을 알 수 있다. B형은 어려운 일을 맡게 되어도 좀처럼 포기하지 않는다고 했다. (8~9행)

**3** 빈칸 앞 대조를 나타내는 접속사 while절의 내용이 혈액형과 성격의 연관성이 증명되지는 않았다는 것으로, 빈칸에는 이와 대조적으로 그 주제가 잡지와 TV 프로그램에서 ② '인기 있는'이 들어가야 알맞다.

① 지루한    ③ 특이한    ④ 이상한    ⑤ 공식적인

**4** '빈번히 일어나지 않거나 보이지 않는'이라는 뜻을 가진 단어는 rare(드문)이다.

**구문 해설**
01행 There is an old Japanese belief **that** each blood type is associated with a specific personality.

• 접속사 that이 이끄는 절은 앞의 명사 belief를 설명하는 동격절이다.

03행 **While** this idea **has not been proved**, it is a popular topic in magazines and on television shows.

30

- 접속사 while은 대조를 나타내는 부사절을 이끌어 '~인 반면에'라는 뜻이다.
- 〈have been + 과거분사〉는 현재완료 수동태로 부정형은 have 뒤에 not을 쓴다.

08행 They focus on their goals and **rarely** give up even when they have difficult tasks.
- rarely는 '거의 ~하지 않는'이라는 뜻의 빈도부사로 조동사나 be동사 뒤, 일반동사 앞에 온다.

**지문 해석**   각 혈액형이 특정한 성격과 관련이 있다는 일본인들의 오래된 믿음이 있다. 그러므로 그것이 사람들의 행동을 예측하기 위해서 사용될 수 있다는 것이다. 이러한 생각은 증명되지는 않았지만, 그것은 잡지와 TV 프로그램에서 <u>인기 있는</u> 주제이다.

혈액형이 A형인 사람들은 인내심이 있고, 평화를 사랑하며, 충성심이 있는 사람들이다. 그들은 민감하고 체계적이지만, 비관적일 수 있다. 혈액형이 B형인 사람들은 어떠한가? 그들은 결정을 빨리 내릴 수 있지만, 명령을 잘 받아들이지 않는다. 그들은 그들의 목표에 집중하고, 어려운 일을 맡게 될지라도 좀처럼 포기하지 않는다.

혈액형이 AB형인 사람들은 상대적으로 드물다. 그들은 A형과 B형의 특징을 겸비하고 있다. 그래서 그들은 외향적이거나 수줍음이 많을 수 있다. 어떤 사람들은 믿음직한 반면에, 또 다른 사람들은 무책임하다. 그리고 혈액형이 O형인 사람들은 강력하고 정직한 지도자가 되는 경향이 있다. 그들은 의욕적이지만 때때로 과도하게 일한다.

# 22

pp.70~71

**서술형 핵심 문법**   You had better take an umbrella.

| 정답 | **1** ④   **2** ⑤   **3** (1) dark  (2) opened umbrellas  (3) tan   **4** ①  <br> **5** they are almost always poisonous |
| --- | --- |

**문제 해설**   **1** 독버섯을 구별하는 여러 가지 방법들을 설명한 내용이므로 ④ '버섯이 독을 갖고 있는지 구별하는 방법'이 제목으로 가장 알맞다.

[문제] 글의 제목으로 가장 알맞은 것은?
① 버섯의 부위들
② 숲에서 먹을 수 있는 음식을 찾는 방법
③ 건강에 좋고 영양분이 풍부한 음식, 버섯
⑤ 독버섯은 어떻게 위험한가

**2** '여기에 버섯이 먹을 수 있는 것인지 아닌지를 구별하는 몇 가지 방법들이 있다'는 주어진 문장은 버섯이 독을 갖고 있는지 구별하는 방법들이 본격적으로 나오는 두 번째 단락 바로 앞 ⑤에 오는 것이 가장 알맞다.

**3** 식용버섯과 독버섯의 특징을 정리한 표로 글에 제시된 정보에서 빠진 정보를 찾는다.
(1) 독버섯의 갓은 색깔이 짙은 점을 갖고 있다고 했다. (7행)
(2) 펼쳐진 우산을 닮은 갓을 가진 버섯은 독버섯이므로 먹지 말라고 했다. (8~10행)
(3) 식용버섯은 갈색이나 황갈색의 주름을 갖고 있다고 했다. (12행)

|  | 식용버섯 | 독버섯 |
| --- | --- | --- |
| 갓 | • 하얀색, 황갈색, 또는 갈색 갓 | • 빨간색 갓<br>• 갓에 (1) 색깔이 짙은 점<br>• (2) 펼쳐진 우산을 닮음 |
| 주름 | • 갈색이나 (3) 황갈색의 주름 | • 하얀색 주름 |

**4** 빈칸 앞에 독버섯의 주름에 대한 설명이 나오고, 빈칸 뒤에 독버섯의 줄기에 대한 추가적인 설명이 나오므로 ① '게다가'가 가장 알맞다.

② 그러므로　　③ 하지만　　④ 그렇지 않으면　　⑤ 다시 말하면

**5** 빨간색 갓을 가진 버섯은 거의 항상 독이 있는 반면에 식용버섯은 하얀색, 황갈색, 또는 갈색 갓을 갖고 있다고 했다. (5~7행)

Q: 당신은 왜 빨간색 갓의 버섯을 피해야 하는가?

A: 그것들은 거의 항상 독이 있기 때문에

**구문 해설**

03행 While **some** mushrooms are edible, **others** are poisonous and can **make** you **sick** or even kill you.

• 〈some ~ others …〉는 '어떤 것들은 ~, 또 다른 것들은 …'이라는 뜻이다.

• 〈make + 목적어 + 형용사〉는 '~을 …하게 만들다'라는 뜻으로 형용사 sick이 목적격보어로 쓰였다.

05행 **The easiest** way is **to look at** the cap.

• 형용사나 부사의 최상급은 -(e)st 또는 most를 붙여서 만들고, 앞에 the를 쓴다.

• to look at은 주어를 보충 설명하는 주격보어 역할을 하는 to부정사의 명사적 용법이다. '~하는 것'으로 해석한다.

08행 **Be sure to avoid** them **as** they are almost always poisonous.

• 〈be sure + to부정사〉는 '반드시 ~하다'라는 뜻이다.

• 접속사 as는 '~하기 때문에'라는 이유를 나타낸다.

08행 And **never eat** mushrooms with caps resembling opened umbrellas.

• 부정명령문은 동사원형 앞에 never나 don't를 쓰고 '~하지 마라'라고 해석한다.

**지문 해석**

버섯은 많은 영양분을 가진 인기 있는 음식이다. 당신은 숲에서 종종 그것들을 볼 수 있을 것이다. 당신은 아마도 그것들을 따고 싶겠지만, 조심하는 것이 좋겠다. 어떤 버섯들은 먹을 수 있는 반면에, 또 다른 것들은 독이 있어서 당신을 아프게 하거나 심지어는 당신을 죽일 수 있다. <u>여기에 버섯이 먹을 수 있는 것인지 아닌지를 구별하는 몇 가지 방법들이 있다.</u>

가장 쉬운 방법은 갓을 보는 것이다. 이것은 윗부분을 말한다. 빨간색 버섯은 거의 항상 독이 있는 반면에, 식용버섯은 하얀색, 황갈색, 또는 갈색 갓을 갖고 있다. 어떤 갓은 또한 색깔이 짙은 점을 갖고 있다. 그것들은 거의 항상 독이 있기 때문에 반드시 피하도록 하라. 그리고 절대 펼쳐진 우산을 닮은 갓을 가진 버섯들을 먹지 마라. 그것들은 대개 독이 있다.

다음으로, 갓 아래를 보라. 당신은 주름을 볼 수 있을 것이다. 갈색과 황갈색 주름은 안전하지만, 독버섯들은 하얀색 주름을 갖고 있다. <u>게다가</u> 줄기 주변에 고리가 있는 버섯들은 위험하다.

# 23

p.73

| 정답 | 1 ②　　2 ⑤　　3 ④　　4 구술시험, 이야기하기, 어려운 문제 풀기 |
| --- |

**문제 해설**

**1** 세 가지의 다른 학습 유형과, 각 유형의 특징을 설명하는 내용이므로 ② '세 가지의 다른 학습 유형'이 주제로 가장 알맞다.

[문제] 무엇에 관한 글인가?

① 대부분의 사람이 선호하는 학습 방법

③ 대부분의 전문가가 선호하는 학습 방법

④ 각각 다른 학습자들에게 어떤 활동들이 좋은가

⑤ 학습 유형의 중요성

**2** 각각의 학습 유형자가 선호하는 학습 방법을 분류한 표로 (B)의 청각형 학습자가 선호하는 학습 방법은 ⑤ '학급 토론에 참여하기'이다.

① 연극에서 연기하기 (운동감각형 학습자 → (C))

② 책을 읽는 것 (시각형 학습자 → (A))

③ 실험하기 (운동감각형 학습자 → (C))

④ 정보 받아쓰기 (시각형 학습자 → (A))

**3** 운동감각형 학습자는 학습할 때 움직이는 것을 선호하고, 많은 에너지를 갖고 있다고 했으므로 쉽게 지친다는 내용은 글의 내용과 일치하지 않는다. (14~17행)

**4** 청각형 학습자는 구술시험, 이야기하기, 그리고 어려운 문제 푸는 것에 능숙하다고 했다. (12~13행)

**구문 해설**

01행 If you are **like** most people, you have a preferred way **to learn** new things.

• 진지사 like는 '~와 같은'이라는 뜻이다.

• to learn은 앞에 나온 명사 way를 수식하는 to부정사의 형용사적 용법으로 '~할, ~하는'이라는 뜻이다.

05행 Visual learners **prefer to see** material **to learn** it.

• 〈prefer + to부정사〉는 '~하는 것을 선호하다'라는 뜻이다.

• to learn은 to부정사의 부사적 용법의 목적으로 '~하기 위해서'라는 뜻이다.

10행 They **enjoy studying** with partners **or** in groups and love participating in class discussions.

• enjoy는 동명사를 목적어로 취하는 동사이다.

• 등위접속사 or는 '또는'이라는 뜻으로, studying을 꾸며주는 전치사구 with partners와 in groups를 대등하게 연결해 준다.

**지문 해석**

당신은 어떻게 배우는 것을 좋아하는가? 만약 당신이 대부분의 사람과 같다면, 당신은 새로운 것들을 배우는 선호하는 방식을 갖고 있다. 전문가들은 세 가지의 다른 학습 유형을 발견했다. 그것들은 VAK, 즉 시각형, 청각형, 그리고 운동감각형이라고 불린다.

시각형 학습자들은 자료를 학습하기 위해 그것을 보는 것을 선호한다. 예를 들어, 그들은 책을 읽는 것, 인쇄물을 보는 것, 그리고 칠판에서 정보를 받아쓰는 것을 좋아한다. 이러한 학생들은 지시를 따르는 것을 매우 잘하며, 대개 사물을 정리하는 것에 능숙하다.

청각형 학습자들은 정보를 배우기 위해 그것을 듣는 것을 좋아한다. 그들은 파트너들과 함께 또는 그룹으로 공부하는 것을 즐기며, 학급 토론에 참여하는 것을 매우 좋아한다. 그들은 구술시험, 이야기하기, 그리고 어려운 문제를 푸는 것에 능숙하다.

운동감각형 학습자들은 학습할 때 움직이는 것을 선호한다. 이러한 사람들은 실험함으로써, 연극에서 연기함으로써, 그리고 다양한 체육 활동을 함으로써 쉽게 배운다. 그들은 종종 스포츠, 예술, 그리고 연극에 능숙하며 많은 에너지를 갖고 있다.

# 24

pp.74~75

**서술형 핵심 문법**     I helped him solve the problem.

| 정답 | **1** (1) T  (2) F     **2** ①     **3** ②     **4** (1) break up  (2) objects  (3) surroundings<br>**5** zebras, tigers, leopards |
| --- | --- |

**1** (1) 얼룩말의 줄무늬는 사자가 개개의 동물을 구별하는 것을 어렵게 만든다고 했다. (7~8행)

(2) 뿔매미는 변장술을 사용하여 식물의 가시처럼 보임으로써 주변과 구별되지 않는다고 했다. (12~13행)

**2** 동물들은 줄무늬나 점으로 윤곽선을 분열시켜서 위장하거나 다른 물체처럼 보이도록 변장하는 위장술을 사용한다고 했는데 ①의 푸른 초원 위의 흰말은 어느 경우에도 해당하지 않는다.

② 호랑이 (시선 분산 위장술)

③ 뿔매미 (변장술)

④ 잎여치 (변장술)

⑤ 왕퉁쏠치 (변장술)

**3** ⓑ는 stonefish 옆을 지나가는 물고기들을 가리키지만, 나머지는 stonefish를 가리킨다.

**4** 시선 분산 위장술과 변장술의 특징을 정리한 표로 글에 제시된 정보에서 빠진 정보를 찾는다.

(1) 시선 분산 위장술은 동물들의 윤곽선을 분열시킨다고 했다. (5~7행)

(2) 변장술을 사용하여 다른 물체처럼 보이게 된다고 했다. (11~12행)

(3) 동물들은 변장술을 사용하여 주위 환경에 섞여든다고 했다. (11~12행)

| 시선 분산 위장술 | 변장술 |
|---|---|
| • 동물들의 줄무늬나 점을 사용함<br>• 동물들의 윤곽선을 (1) 분열시킴<br>• 벌판에서 숨음 | • (2) 다른 물체처럼 보임<br>• (3) 주위 환경에 섞여듦 |

**5** 시선 분산 위장술을 사용한 동물로 zebras, tigers, leopards가 언급되었다. (7~9행)

05행 These stripes and spots break up the animals' outlines, so they **let** animals **hide** out in the open.

• 〈let + 목적어 + 동사원형〉은 '~가 …하게 해주다/허락하다'라는 뜻이다.

07행 For example, zebras' stripes make **it** difficult **for** lions **to identify** individual animals.

• to부정사구 목적어가 긴 경우 문장 뒤로 보내고 그 자리에 가목적어 it을 쓴다.

• to부정사의 의미상 주어는 to부정사 앞에 〈for + 목적격〉으로 나타낸다.

08행 Tigers' stripes and leopards' spots also **help** them **hide** in tall grass **while hunting**.

• 〈help + 목적어 + (to)동사원형〉은 '~가 …하는 것을 돕다'라는 뜻이다.

• while 뒤에는 they are가 생략되어 있다. 이처럼 접속사 뒤에 오는 주어와 be동사는 종종 생략된다.

14행 Fish swim **by** it **without** noticing it.

• 전치사 by는 '~을 지나'라는 뜻으로 쓰였다.

• 〈without + 동명사〉는 '~하지 않고'라는 뜻이다.

사진에 나뭇잎과 나뭇가지들이 있다. 그 외에 다른 것이 있는가? 대벌레도 있다. 그것은 위장술을 사용하여 숨어 있다. 위장술은 먹이 동물들과 포식자들이 서로에게서 숨는 것을 도와준다.

어떤 동물들은 줄무늬 또는 점을 갖고 있다. 이러한 줄무늬와 점은 그 동물들의 윤곽선을 분열시켜서 그들이 벌판에서 숨을 수 있게 해준다. 예를 들어, 얼룩말의 줄무늬는 사자들이 개개의 동물들을 구별하는 것을 어렵게 만든다. 호랑이의 줄무늬와 표범의 점도 그들이 사냥하는 동안 키가 큰 풀 속에 숨는 것을 도와준다. 이러한 유형의 위장술은 시선 분산 위장술이라고 불린다.

변장술은 또 다른 유형의 위장술이다. 변장술을 사용함으로써 동물들은 다른 물체처럼 보이게 되고, 그리하여 그것들은 주위 환경에 섞여든다. 뿔매미는 식물의 가시와 비슷하다. 잎여치는 나뭇잎처럼 보인다. 그리고 왕퉁쏠치는 바위와 비슷하다. 물고기들은 왕퉁쏠치를 알아보지 못하고 그것을 지나 헤엄친다. 그래서 그것은 훌륭한 사냥꾼이다.

# 내신 대비 **실전 Test**

**정답**

**1** ⑤  **2** ①  **3** ④  **4** ③  **5** ②  **6** ⑤  **7** ① **8** You had better not make the same mistake again.  **9** Tom is good at math while I am good at science. [While I am good at science, Tom is good at math.]  **10** ③  **11** ②  **12** sensitive  **13** ④

**14** ①  **15** while

**문제 해설**

**1** disguise(변장, 변장술): a way of hiding one's appearance(모습을 숨기는 방법)

① 안전한: 해를 입히지 않을 것 같은   ② 수행하다: 특정한 활동을 행하다

③ 전문가: 특별한 지식이나 기술을 가진 사람   ④ 예측하다: 미래에 무엇이 일어날지 말하다

**2** '성격'을 의미하는 단어인 ① personality는 ② 인내심이 있는, ③ 충성스러운, ④ 외향적인, ⑤ 세심함을 모두 포함할 수 있다.

**3** one another: 서로

**4** 접속사 while은 '~하는 동안에'라는 의미로 쓰이거나, 앞뒤 내용이 대조되는 상황에 사용되어 '~인 반면에'라 는 의미로 쓰인다.

• 내가 잠을 자는 동안에 그는 산책했다.

• 내 여동생은 외향적인 반면에, 나는 수줍음이 많다.

**5** 조동사 had better는 '~하는 것이 좋다'라는 뜻으로 뒤에 동사원형이 온다.

당신은 부모님의 말씀을 듣는 것이 좋겠다.

**6** ⑤에서 help는 목적격보어 자리에 to부정사나 동사원형이 온다.

① 나의 가장 친한 친구는 축구를 잘한다.

② 당신은 휴식을 좀 취하는 것이 좋겠다.

③ 나의 형은 내가 영어 공부하는 것을 도와준다.

④ 엄마는 겨울을 좋아하는 반면에, 나는 여름을 좋아한다.

⑤ 운동은 사람들이 건강을 유지하는 것을 돕는다.

**7** help는 목적격보어 자리에 to부정사나 동사원형이 오고, had better 뒤에는 동사원형이 온다.

• 나는 할아버지가 오렌지 따는 것을 도와드렸다.

• 당신은 숲에서 조심하는 것이 좋겠다.

**8** had better의 부정형은 had better not이다.

당신은 같은 실수를 다시 하지 않는 것이 좋겠다.

**9** '~인 반면에'는 접속사 while을, '~에 능숙하다, ~을 잘하다'는 be good at을 쓴다.

**[10-12]** p.68 **21** 지문 해석 참고

**10** 혈액형이 AB형인 사람들은 상대적으로 드물다고 했다. (9~10행)

**11** '그래서 그들은 외향적이거나 수줍음이 많을 수 있다'는 주어진 문장은 AB형이 A형과 B형의 특징을 겸비하고 있다는 문장 다음인 ②에 오는 것이 자연스럽다.

**12** '사람들이 말하거나 한 것에 쉽게 기분이 상하는'이라는 뜻을 가진 단어는 sensitive(세심한, 민감한)이다.

**[13-15]** p.70 **22** 지문 해석 참고

**13** 독버섯은 펼쳐진 우산을 닮은 갓을 갖고 있다고 했다. (14~16행)

**14** had better 뒤에는 동사원형이 와야 한다.

**15** (a), (b)에는 상반되는 내용의 두 개의 절을 연결하는 접속사 while이 공통으로 들어갈 수 있다.

# WORKBOOK ANSWER KEYS

**A**
1 건축물, 구조
2 여기다, 간주하다
3 격려하다
4 교육
5 허락하다
6 hire
7 mystery
8 accept
9 crowd
10 perform

**B**
1 hide
2 connect
3 modern
4 defeat
5 steal
6 promote

**C**
1 looks like
2 tries to
3 are supposed to
4 look up to
5 refers to

**D**
1 in → on, 내가 제일 좋아하는 TV 프로그램은 금요일에 방송된다.
2 most famous → the most famous, 그는 한국에서 가장 유명한 저자이다.
3 popularity → popular, 그 수수께끼는 그 그림을 유명하게 만들었다.
4 cheer → cheering [to cheer], 많은 사람이 우리 팀을 응원하기 시작했다.

**E**
1 He liked taking apart things
[He liked taking things apart]
2 The funniest nickname for Mackenzie
3 Sunglasses make your eyes safe

**F**
1 The flowers start to bloom [blooming] in April.
2 Rainy days often make people gloomy.
3 On Halloween, children dress up as ghosts.
[Children dress up as ghosts on Halloween.]

**A**
1 고도, 높이
2 방출하다
3 군대
4 도구, 수단
6 discovery
7 enemy
8 various
9 moisture

5 항공기
10 powerful

**B**
1 germ
2 prove
3 visual
4 spot
5 operate
6 last

**C**
1 in the past
2 lift off
3 common sense
4 find out
5 weather conditions

**D**
1 to understand → understand, 그의 설명은 내가 그것을 쉽게 이해하게 했다.
2 How → What, 그가 참으로 훌륭한 발견을 했구나!
3 have deliver → have to deliver, 당신은 그 소포를 12시 전에 배달해야 한다.
4 entering → to enter, 우리는 이 건물에 들어가기 위해서 비밀번호가 필요하다.

**E**
1 She has to prove
2 to explain difficult things
3 He made the nurse monitor the patient

**F**
1 You have to express your feelings.
2 She exercises every day to lose weight.
3 What an amazing film it is!
[How amazing the film is!]

**A**
1 유지하다, 지키다
2 (색이) 다채로운
3 소개하다
4 표면, 지면
5 대륙
6 explorer
7 unpopular
8 occur
9 technical
10 competition

**B**
1 expensive
2 layer
3 crew
4 stir
5 container
6 interlock

**C**
1 is equipped with
2 set out
3 put together
4 look forward to
5 By the time

**D** 1 pouring → to pour, 당신은 물을 부을 그릇을 준비해야 한다.

2 lead → led, 관광객들은 안내원에 의해 박물관으로 안내되었다.

3 as well → as well as, 그 남자는 북극뿐만 아니라 남극도 탐험했다.

4 to plant → plant, 엄마는 내가 정원에 꽃들을 심게 만드셨다.

**E** 1 a driver's license as well as a car

2 let me turn on the air conditioner

3 a special theme to use

**F** 1 The new technology was introduced by a young scientist.

2 I need a spoon to stir my tea.

3 The earthquake made the volcano erupt.

---

**CHAPTER 04** pp.10~11

**A** 1 재현하다, 되살리다    6 average

2 체온, 온도    7 vision

3 건축가    8 numerous

4 감사하는, 고맙게 여기는    9 overheat

5 혁신적인    10 master

**B** 1 blurry    4 complete

2 evaporate    5 terminal

3 enormous    6 explore

**C** 1 due to

2 is scheduled to

3 appears to

4 are similar to

5 Depending upon

**D** 1 is she → she is, 나는 왜 그녀가 내게 화가 났는지 알고 싶다.

2 Unless → If, 만약 당신이 땀을 많이 흘리고 있다면, 당신은 물을 마셔야 한다.

3 dark something → something dark, 그는 기둥 옆에서 어두운 무언가를 보았다.

4 technology → technologies, 이것은 오늘날 가장 혁신적인 기술 중의 하나이다.

---

**E** 1 why the building was still unfinished

2 If you reach the top of the mountain

3 You should wear something bright

**F** 1 something, strange

2 most, relaxing, activities

3 If, suffer, from

---

**CHAPTER 05** pp.12~13

**A** 1 인구    6 cultural

2 나타나다    7 locate

3 몇몇의, 몇 개의    8 right

4 개인의, 사적인    9 store

5 확인하다    10 physical

**B** 1 consume    4 claim

2 progress    5 book

3 incredible    6 score

**C** 1 take a break

2 gain weight

3 have a conversation

4 On top of

5 check out

**D** 1 unhealthily → unhealthy, 많은 사람은 정크 푸드가 건강에 해롭다고 여긴다.

2 climb → climbing, 그의 취미는 전 세계의 높은 산들을 오르는 것이다.

3 are → be, 너는 자전거를 탈 때 조심해야 한다.

4 for example → such as, 오이나 당근과 같은 채소에는 다양한 무기질이 들어 있다.

**E** 1 daydreaming is important for creativity

2 We should accept the cultural differences

3 Animals such as rabbits and squirrels

**F** 1 I consider myself lazy and weak.

2 Countries such as China and Japan are located in Asia.

3 I should attend after-school activities twice a week.

**A**  **1** 특정한                    **6** expert

　　**2** 물건, 객체                 **7** excellent

　　**3** 개인, 사람, 개인의        **8** experiment

　　**4** 야심적인, 의욕적인        **9** behavior

　　**5** 명령, 지시                 **10** patient

**B**  **1** solve                      **4** characteristic

　　**2** predator                   **5** organize

　　**3** poisonous                  **6** pessimistic

**C**  **1** tend to

　　**2** is associated with

　　**3** give up

　　**4** participate in

　　**5** focus on

**D**  **1** careful → be careful, 그 꽃은 가시가 있기 때문에 당신은 조심하는 것이 좋겠다.

　　**2** conducting → to conduct [conduct], 과학 선생님은 우리가 실험하는 것을 도와주셨다.

　　**3** take → taking, 나의 개는 충성스러우며, 그는 명령을 받는 것을 잘한다.

　　**4** when → while, 어떤 학생들은 수줍음이 많은 반면에, 다른 학생들은 외향적이다.

**E**  **1** You had better practice

　　**2** I helped my grandmother pick mushrooms

　　**3** while I like acting in plays

**F**  **1** I helped our teacher to give [give] handouts.

　　**2** The detective is good at solving mysterious cases.

　　**3** You had better organize these things before your mom comes.

Memo

Reading Skill로
끝내는
중학 내신
독해 **2**
Level

정답 및 해설